I0242657

# NOTICES STATISTIQUES

SUR

# LES COLONIES FRANÇAISES

NANCY. — IMPRIMERIE BERGER-LEVRAULT ET C$^{ie}$.

MINISTÈRE DE LA MARINE ET DES COLONIES

# NOTICES STATISTIQUES

SUR LES

# COLONIES FRANÇAISES

PARIS

BERGER-LEVRAULT ET C<sup>ie</sup>

Éditeurs de la Revue maritime et coloniale et de l'Annuaire de la Marine

5, RUE DES BEAUX-ARTS, 5

MÊME MAISON A NANCY

1883

# AVANT-PROPOS

Les *Notices statistiques sur les Colonies françaises* ont été rédigées par la Direction des colonies d'après les documents fournis par les administrations locales. Un certain nombre des renseignements sont extraits des publications suivantes :

1° *Catalogue des produits des Colonies françaises envoyés à l'Exposition universelle de* 1878. Paris, Challamel, 1878. In-8°.

2° *Annuaires des colonies* (publiés par chaque colonie).

3° *Tableaux de population, de culture, de commerce et de navigation des Colonies françaises,* publiés annuellement par le Ministre de la marine et des colonies. Paris, imp. nat. In-8°.

4° *Compte de l'administration de la justice dans les Colonies françaises.* Paris, imp. nat. In-4°.

5° *Notice sur la transportation.* Paris, imp. nat. In-8°.

6° *Notice sur la déportation.* Paris, imp. nat. In-8°.

On peut consulter utilement, pour compléter ces renseignements, les ouvrages suivants :

*Notices statistiques sur les Colonies françaises* (publication officielle). Paris, imp. roy., 1837-1840. 4 vol. in-8°.

*Notice sur les Colonies françaises en* 1858 : *histoire, commerce, productions,* par M. Roy. Paris, Dupont, 1858. In-8°.

*Notices sur les Colonies françaises.* Paris, Dupont, 1866. In-8° et atlas in-4°.

*Les Colonies françaises : leur organisation, leur administration,* par M. J. Delarbre. Paris, Berger-Levrault, 1878. In-8°.

*Recueil des actes organiques des Colonies* (publication officielle). Paris, imp. nat. 1881. In-8°.

*Revue maritime et coloniale,* publiée par le ministère de la marine. Paris, Berger-Levrault et C$^{ie}$.

# LES
# COLONIES FRANÇAISES

### NOTICE PRÉLIMINAIRE.

Les colonies françaises sont :

En Asie : les établissements de l'Inde et les établissements de l'Indo-Chine ;

En Afrique : la Réunion et ses dépendances, Mayotte, Nossi-bé, le Sénégal et ses dépendances, les établissements de la Côte-d'Or et du Gabon ;

En Amérique : la Martinique, la Guadeloupe et ses dépendances, la Guyane française, les îles Saint-Pierre et Miquelon ;

En Océanie : la Nouvelle-Calédonie, les établissements de l'Océanie.

Au point de vue législatif et financier, ces diverses colonies sont soumises à des règles présentant beaucoup d'analogies, il est par suite utile de réunir dans une notice préliminaire les dispositions principales qui leur sont communes.

*Législation.* — Au début de l'occupation des colonies, le gouvernement a été en général placé entre les mains des propriétaires du sol. A partir de 1635, nos établissements coloniaux se trouvèrent en la possession de compagnies et furent administrés par des gouverneurs généraux nommés par le roi, mais ne pouvant s'entremettre dans les questions de commerce ou de distribution des terres. Des dissentiments s'étant élevés entre ces gouverneurs et les officiers des compagnies, le gouvernement des colonies devint purement royal à partir de la fin du xvii⁰ siècle. En 1679, à côté de chaque gouverneur fut placé un intendant, pour s'occuper des détails de l'administration. En 1787, furent instituées les assemblées coloniales qui participèrent à l'administration par des décrets que sanctionnaient les gouverneurs.

La constitution de 1791 ne régla pas la question coloniale, mais un décret du 28 septembre suivant décida que nos possessions seraient placées sous un régime spécial. La constitution de l'an III avait proclamé que les colonies françaises seraient partie intégrante du territoire et soumises à la même loi constitutionnelle, mais la constitution de l'an VIII disposa, dans son article 91, que le régime des colonies serait déterminé par des lois spéciales, et le sénatus-consulte du 16 thermidor an X délégua au Sénat la constitution coloniale. Les pouvoirs conférés autrefois aux gouverneurs furent attribués à des capitaines généraux ayant sous leurs ordres, dans chaque colonie, un préfet colonial et un grand juge.

La charte de 1814 portait que les colonies sont régies par des lois et des règlements particuliers : elles furent par suite de nouveau placées sous l'autorité des gouverneurs ayant à côté d'eux des intendants. On comprit, cependant, la nécessité de mettre fin à la situation arbitraire où se trouvait l'administration coloniale, et l'on s'occupa de régler les attributions des différentes autorités afin de mettre fin aux dissentiments qu'avait fait naître jusqu'alors le défaut de législation. Trois ordonnances furent publiées successivement : la première, le 21 août 1825, sur le gouvernement de l'île Bourbon ; la seconde, le 9 février 1827, sur le gouvernement de la Martinique et de la Guadeloupe; enfin, la troisième, le 28 août 1828, sur le gouvernement de la Guyane française.

La charte de 1830 décida que les colonies seraient régies par des lois particulières. Le gouvernement de la métropole n'entendait pas les laisser placées sous le régime exclusif des ordonnances, mais il ne voulait pas non plus les soumettre d'une manière absolue à toutes les lois métropolitaines. C'est sous ce régime qu'intervint la loi du 24 avril 1833 qui donna aux colonies une plus grande somme de liberté et à la faveur de laquelle furent instituées, dans nos principales possessions, les libertés municipales. D'autres de nos possessions furent dotées d'une organisation : ainsi, l'ordonnance du 23 juillet 1840 réglementa le gouvernement de nos établissements de l'Inde, l'ordonnance du 7 septembre 1840 celui du Sénégal et dépendances, et enfin l'ordonnance du 18 septembre 1844 celui de Saint-Pierre et Miquelon.

En 1848, l'esclavage fut aboli et, à la suite de ce grand fait qui devait exercer sur nos principales colonies une influence considérable, une commission fut instituée afin d'étudier les mesures propres à assurer le succès de la transformation sociale et économique qui avait été accomplie. La constitution de 1848 consacra le droit des principales colonies à se faire représenter au Parlement, mais elle déclara, en même temps, que nos établissements conserveraient une législation particulière jusqu'au jour où une loi spéciale les placerait sous le régime de la constitution.

La constitution du 14 janvier 1852 rétablit en quelque sorte l'état de choses consacré par la constitution de l'an VIII en disposant que le Sénat réglerait par sénatus-consulte la constitution des colonies. C'est sous ce régime qu'intervint le sénatus-consulte du 3 mai 1854, destiné à remplacer la loi du 24 avril 1833. Cet acte dispose que, pour les grandes colonies de la Martinique, de la Guadeloupe et de la Réunion, des sénatus-consultes doivent intervenir pour régler tout ce qui concerne :

L'exercice des droits politiques ;

L'état civil des personnes ;

La distinction des biens et les différentes modifications de la propriété ;

Les contrats et les obligations conventionnelles en général ;

Les manières dont s'acquiert la propriété par successions, donations entre vifs, testaments, contrats de mariage, ventes, échanges et prescriptions ;

L'institution du jury ;

La législation en matière criminelle ;

L'application du principe du recrutement des armées de terre et de mer.

Sont réservées aux décrets rendus en Conseil d'État toutes les questions relatives :

A la législation civile et criminelle, sauf les matières du domaine du sénatus-consulte ;

A l'organisation judiciaire ;

A l'exercice des cultes ;

A l'instruction publique ;

Au mode de recrutement des armées de terre et de mer ;

A la presse ;

Aux pouvoirs extraordinaires des gouverneurs, en ce qui concerne les mesures de haute police et de sûreté générale ;

A l'administration municipale ;

Aux matières domaniales ;

Au régime monétaire ;

Au taux de l'intérêt et aux institutions de crédit ;

A l'organisation et aux attributions des pouvoirs administratifs ;

Au notariat, aux officiers ministériels et aux tarifs judiciaires;

A l'administration des successions vacantes.

Les autres matières sont réglées par des décrets simples ou des arrêtés des gouverneurs.

Les colonies autres que la Martinique, la Guadeloupe et la Réunion sont régies par des décrets simples.

Le sénatus-consulte du 3 mai 1854 fut complété par le sénatus-consulte du 4 juillet 1866 et par le décret du 11 août suivant, qui déterminèrent les pouvoirs des conseils généraux dans les grandes colonies.

En même temps, le système commercial fut modifié. Jusqu'alors, en vertu du pacte colonial, la France se réservait le droit exclusif d'approvisionner ses colonies de tous les objets dont elles avaient besoin et obligeait ces dernières à vendre leurs produits dans la métropole. Le transport entre celle-ci et les colonies était réservé aux seuls bâtiments français. En échange de ces obligations, les colonies rencontraient en France pour le placement de leurs produits une sorte de monopole, remplacé plus tard par un traitement de faveur. Le pacte colonial fut supprimé par la loi du 3 juillet 1861, et les immunités des colonies en matière commerciale furent encore augmentées par les pouvoirs accordés aux conseils généraux en matière d'octroi de mer et de douane.

La liberté d'action des colonies, préparée par le sénatus-consulte du 4 juillet 1866, fut augmentée par le décret du 3 décembre 1870, qui consacra l'établissement du suffrage universel pour les élections aux conseils généraux et aux conseils municipaux des colonies de la Martinique, de la Guadeloupe et de la Réunion. En même temps, ces colonies, ainsi que le Sénégal, la Guyane et l'Inde eurent le droit d'envoyer des représentants à l'Assemblée nationale. Enfin, la constitution républicaine du 25 février 1875 maintint le principe de la représentation en France pour la Martinique, la Guadeloupe, la Réunion et l'Inde. Ce droit fut étendu par la loi du 8 avril 1879 à la Guyane et au Sénégal, et par celle du 28 juillet 1881 à la Cochinchine française.

A partir de 1870, il y eut un très grand mouvement pour doter non seulement les anciennes colonies, mais encore les colonies nouvelles d'institutions libérales. Ainsi, aux Antilles et à la Réunion, la législation des conseils généraux fut assimilée en quelque sorte à celle de France par le décret du 3 décembre 1870. Une commission coloniale fut instituée sur les mêmes bases que les commissions départementales par le décret du 12 juin 1879.

A la Guyane, le décret du 29 décembre 1878 institua un conseil général, et celui du 28 avril 1882 créa une commission coloniale.

Des conseils généraux furent créés : au Sénégal, par le décret du 4 février 1879 ; dans nos établissements de l'Inde par celui du 25 janvier 1879 ; un conseil colonial en Cochinchine par le décret du 8 février 1880.

L'administration communale existait aux Antilles et à la Réunion depuis 1837. Elle fut placée sur les mêmes bases qu'en France à partir de 1870. Enfin, des institutions municipales furent créées à Saint-Pierre et Miquelon par le décret du 13 mai 1872 ; au Sénégal (décret du 10 août 1872) ; en Cochinchine (décret du 8 janvier 1877) ; en Nouvelle-Calédonie (décret du 8 mars 1879) ; à la Guyane (décret du 15 octobre 1879), et dans l'Inde (décret du 12 mars 1880.

L'organisation de la Nouvelle-Calédonie fut réglée par le décret du 12 décembre 1874. Déjà les colonies de Mayotte, de

Nossi-bé et l'établissement du Gabon avaient été dotés d'une organisation empruntée à celles des autres colonies et avaient été pourvus d'un conseil d'administration chargé de seconder le commandant dans l'exercice de ses pouvoirs. Quant aux établissements français de l'Océanie, ils furent, après leur annexion à la France (loi du 30 décembre 1880), placés sous l'autorité d'un gouverneur et pourvus d'une direction de l'intérieur chargée de centraliser l'administration civile et d'un comité des finances dont font partie les représentants de la population.

En résumé, les colonies françaises se divisent, au point de vue législatif, en deux parties : 1° celles qui sont régies, sous le rapport de leur législation organique, par la loi et les décrets rendus en Conseil d'État ; ce sont : la Martinique, la Guadeloupe et la Réunion ; 2° celles qui sont soumises au régime des décrets simples.

Au point de vue de leur organisation intérieure, les colonies peuvent également être partagées en deux classes : celles qui sont dotées d'institutions représentatives qui règlent les questions d'impôts et celles où ces questions sont réglées par le gouverneur et le conseil d'administration.

Dans les premières, comprenant la Martinique, la Guadeloupe, la Réunion, la Guyane, le Sénégal, l'Inde, la Cochinchine, l'administration est organisée de la manière suivante. Le commandement et la haute administration sont confiés à un gouverneur ; des chefs d'administration ou de service dirigent, sous ses ordres, les différentes branches du service ; ce sont : le directeur de l'intérieur, le chef du service judiciaire, le chef du service administratif, le vice-recteur (dans certaines colonies, cet emploi n'existe pas et se trouve réuni aux attributions du directeur de l'intérieur), le chef du service de santé.

Un inspecteur des services administratifs veille à la régularité du service et à l'exécution des lois et règlements.

Un conseil privé, placé près du gouverneur, éclaire ses décisions ou participe à ses actes.

Le conseil privé est composé du gouverneur, président, des chefs d'administration et de deux habitants notables nommés, soit par le chef de l'État, soit par le gouverneur. Les chefs de service ont accès au conseil privé lorsqu'il y est traité des matières de leur compétence. Le conseil privé, avec l'adjonction de deux magistrats, est constitué en conseil du contentieux administratif pour juger les questions contentieuses, sauf recours au Conseil d'État.

Les conseils généraux sont investis à peu près des mêmes attributions que les conseils généraux de France; ils sont composés de membres élus par le suffrage universel parmi les électeurs âgés de 21 ans révolus.

Dans une circulaire du 25 août 1866, qui transmettait aux trois colonies intéressées des instructions pour l'exécution du sénatus-consulte du 4 juillet et du règlement d'administration publique du 11 août 1866, le ministre de la marine (M. le comte de Chasseloup-Laubat) s'exprimait ainsi, au sujet de la situation faite à ces législatures locales : « Vous savez quelle est la pensée libérale qui a dicté ces articles. Le Gouvernement a voulu donner aux colonies une grande liberté d'action. Désormais, *elles pourront régler elles-mêmes la plupart de leurs affaires ; maîtresses de tous leurs impôts, appelées à voter leur budget, elles ont tous les pouvoirs nécessaires pour développer leurs ressources comme aussi pour diminuer leurs dépenses.... Pour leurs rapports commerciaux comme pour leurs intérêts intérieurs, elles pourront faire ce qui leur paraîtra le plus avantageux.* »

Les conseils statuent sur toutes les matières qui concernent spécialement la colonie, votent les taxes et les contributions ; ils délibèrent sur les questions qui peuvent intéresser la colonie dans ses rapports avec la métropole. Ils votent le budget, dont une partie des dépenses, d'ailleurs, considérées comme obligatoires, ne peuvent être réduites au-dessous d'un certain chiffre ; ils fixent les taxes et les contributions, sous la réserve d'un certain cas d'approbation par le pouvoir métropolitain.

En résumé, les assemblées locales statuent sur toutes les matières qui concernent spécialement la colonie, votent les taxes et contributions. Elles délibèrent sur les questions qui peuvent intéresser la colonie dans ses rapports avec la métropole. Elles délibèrent sur le budget local de la colonie ; leurs séances sont publiques (sauf en Cochinchine) et elles peuvent adresser au ministre de la marine les réclamations qu'elles ont à présenter dans l'intérêt spécial de la colonie, ainsi que leur opinion sur l'état et les besoins des différents services publics. Les conseils généraux des colonies peuvent provoquer entre eux une entente sur des objets d'utilité commune. Ces questions peuvent être débattues soit par écrit, soit verbalement entre les présidents des conseils généraux dûment accrédités à cet effet, mais aucune décision ne peut être prise qu'après avoir été ratifiée par les conseils généraux intéressés, et dans la forme et sous les conditions prévues par les actes organiques.

La commission coloniale, qui correspond aux commissions départementales de France, est élue chaque année. Elle se compose de quatre membres au moins et de sept au plus; elle est présidée par le plus âgé de ses membres et élit son secrétaire. Elle se réunit une fois par mois au moins; ses fonctions sont gratuites. Elle règle les affaires qui lui sont renvoyées par le conseil général; elle vérifie l'état des archives et du mobilier; fixe l'époque et le mode d'adjudication des emprunts coloniaux et l'époque de l'adjudication des travaux d'utilité publique. Elle fait un rapport sur l'ensemble de ses travaux au conseil général à l'ouverture de la session ordinaire. Le directeur de l'intérieur ou son représentant assiste aux séances de la commission, et celle-ci peut se faire donner par les chefs de service tous les renseignements qui lui sont nécessaires.

Dans les autres colonies (Saint-Pierre et Miquelon, Nouvelle-Calédonie, Établissements français de l'Océanie, Mayotte, Nossi-bé, Gabon), l'administration est organisée dans les mêmes conditions que dans les premières, sauf en ce qui concerne les conseils généraux, qui n'existent pas. Mais, à Saint-Pierre et Miquelon et à la Nouvelle-Calédonie, qui sont dotés d'institutions municipales, des délégués nommés par les conseils municipaux prennent part aux délibérations des conseils privés ou d'administration, lorsqu'ils s'occupent de questions relatives au budget de la colonie et à l'administration intérieure du pays.

L'administration intérieure dans chaque colonie est placée sous les ordres du directeur de l'intérieur. Cette administration, réglée par un décret du 23 décembre 1857, a été réorganisée récemment par le décret du 25 janvier 1883, qui a constitué un corps d'administration civil apte à faire face aux obligations du service dans tous les établissements d'outre-mer.

L'organisation administrative des colonies a toujours comporté, au nombre de ses rouages essentiels, un service de surveillance et de vérification. Ce service, qui a été appelé successivement inspection et contrôle, était recruté dans le personnel du commissariat colonial. Les fonctions inconciliables d'administrateur et de contrôleur passaient alternativement dans les mêmes mains, et il en est résulté une situation fâcheuse à laquelle on a remédié par la suppression du contrôle colonial et son remplacement, en 1873, par une inspection mobile des services administratifs et financiers des colonies. Mais cette organisation elle-même n'a pas produit tous les résultats qu'on en avait attendus et elle a été remplacée par un nouveau système qui consiste à rattacher l'inspection coloniale au corps de l'inspection des services administratifs de la marine et à assurer l'action de l'inspection mobile, parallèlement à l'inspection sur place dans les colonies. C'est dans ce but qu'est intervenu le décret du 23 juillet 1879, qui a fusionné les deux inspections et appelé le personnel du corps à servir indistinctement en France et dans les principales colonies. Deux inspecteurs en chef sont spécialement affectés à l'inspection mobile de l'administration des établissements d'outre-mer.

De plus, des inspecteurs permanents sont institués dans les colonies de la Martinique, de la Guadeloupe, de la Réunion, de l'Inde, de la Guyane, de la Nouvelle-Calédonie, du Sénégal et de la Cochinchine. Les inspecteurs permanents sont chargés de l'inspection et du contrôle des services administratifs et financiers; ils sont subordonnés aux gouverneurs sous le rapport hiérarchique, mais ils ne relèvent, pour l'exercice de leurs fonctions, que du ministre de la marine, avec lequel ils correspondent directement. Ils veillent à la régularité du fonctionnement de toutes les parties des services administratifs et financiers, dépendant soit de la métropole, soit de la colonie.

*Finances. Recettes et dépenses des services coloniaux compris dans le budget de l'État.* — Le régime financier des colonies part de ce principe que les dépenses de souveraineté, d'administration générale et de protection sont à la charge de l'État et toutes les autres dépenses à la charge des colonies.

Le décret du 12 décembre 1882 a réglé les détails des recettes et des dépenses.

D'après ce décret, sont comprises et classées distinctement dans le budget de l'État les recettes et les dépenses qui suivent :

*Recettes.* — 1° Le contingent à fournir, s'il y a lieu, au Trésor public par les colonies, en exécution de l'article 6 du sénatus-consulte du 4 juillet 1866 et des lois annuelles de finances ; 2° le produit de la rente de l'Inde ; 3° les retenues sur les traitements pour le service des pensions civiles en vertu de la loi du 9 juin 1853 ; 4° les produits de ventes et cessions d'objets appartenant à l'État, les restitutions des sommes indûment payées, et en général tous les autres produits perçus dans les colonies pour le compte de l'État.

La perception des recettes comprises dans le budget de l'État est faite, sous la direction du ministre des finances, par les trésoriers-payeurs des colonies ou pour leur compte par tous les autres comptables du Trésor dans les colonies.

*Dépenses.* — Les dépenses de gouvernement et de protection, les subventions à l'instruction publique, les subventions accordées au service local des colonies, et généralement toutes les dépenses dans lesquelles l'État a un intérêt direct et qui sont mises à la charge de la métropole par les lois annuelles des finances ou par des lois spéciales.

Pour les dépenses de gouvernement et de protection, nos colonies sont divisées en deux groupes.

Dans les unes, qui possèdent des législatures locales et une plus complète autonomie (Martinique, Guadeloupe, Réunion, Inde, Guyane, Sénégal et Cochinchine), les dépenses à la charge de l'État comprennent : le traitement du gouverneur, du personnel de la justice et des cultes, les services du trésorier-payeur et les services militaires.

En Cochinchine, toutefois, ces dépenses ne comprennent que le traitement du gouverneur, du trésorier-payeur et les services militaires, sauf les troupes indigènes.

Dans les autres colonies, ces mêmes dépenses comprennent le gouvernement, l'administration générale, la justice et les cultes (personnel et matériel), les subventions à l'instruction publique, les travaux et les services des ports, les agents divers et les dépenses dans lesquelles l'État aura un intérêt direct. Elles sont mises à la charge de la métropole par les lois annuelles de finances ou par des inscriptions spéciales au budget du ministère de la marine.

Les dépenses faites aux colonies au titre du service Marine et les dépenses payables sur revues peuvent être acquittées en traites sur le Trésor public, dites traites de la marine. Ces traites ne peuvent être négociées ; elles sont émises par le trésorier-payeur, avec l'attache de l'administration ; elles ne sont payables qu'après avoir été revêtues du visa d'acceptation du ministre de la marine.

*Service local des colonies.* — Toutes les dépenses autres que celles qui ont été spécifiées plus haut sont à la charge des colonies, qui y pourvoient au moyen des recettes locales. Ces dépenses et ces recettes sont établies par le conseil général dans les colonies qui sont pourvues de cette institution, et par les gouverneurs et commandants en conseil privé ou d'administration dans les autres colonies. Elles constituent le budget local.

*Budgets locaux.* — Le budget local de chaque colonie est préparé par le directeur de l'intérieur et délibéré par le conseil général, et, dans les colonies où il n'existe pas de conseil général, par le conseil privé ou d'administration.

Il est arrêté et rendu exécutoire par le gouverneur en conseil avant l'ouverture de chaque exercice, et il est rendu public par la voie de l'impression et notifié au trésorier-payeur.

Le budget local se divise en recettes ordinaires, recettes extraordinaires, dépenses ordinaires et dépenses extraordinaires.

Les recettes ordinaires sont : les taxes et contributions de toute nature votées par les conseils compétents ; les droits de douane dont les tarifs sont rendus exécutoires par décrets sous forme de règlement d'administration publique ;

Les revenus des propriétés coloniales ; les produits divers dévolus au service local ;

Les subventions accordées, s'il y a lieu, par la métropole, en exécution de l'article 6 du sénatus-consulte du 4 juillet 1866.

*Dépenses locales.* — Les dépenses locales ordinaires se divisent en deux sections : la première comprend les dépenses obligatoires et la seconde les dépenses facultatives. Les dépenses obligatoires sont déterminées par les actes organiques en vigueur dans chaque colonie.

*Recettes et dépenses extraordinaires.* — Les recettes extraordinaires sont les contributions extraordinaires, les prélèvements sur les fonds de réserve, le produit des emprunts et autres ressources extraordinaires spécialement affectées à des travaux ou entreprises d'utilité publique.

Les contributions locales extraordinaires sont autorisées, votées, approuvées et perçues dans les mêmes formes, par les mêmes autorités et sous les mêmes conditions que les contributions ordinaires.

Les emprunts à contracter par les colonies et les garanties pécuniaires à consentir dans l'intérêt de ces colonies sont délibérés par les conseils généraux et approuvés par des décrets rendus en Conseil d'État.

Les dépenses extraordinaires sont celles à l'acquittement desquelles il est pourvu au moyen des ressources spéciales fournies par les recettes extraordinaires.

Les directeurs de l'intérieur disposent, seuls et sous leur responsabilité, des crédits ouverts par les budgets locaux ou par des autorisations supplémentaires. Ils ne peuvent, également sous leur responsabilité, dépenser au delà de ces crédits.

Les virements de crédits d'un chapitre à un autre ne peuvent être opérés que sur les dépenses obligatoires et doivent être autorisés par des arrêtés des gouverneurs délibérés en conseil privé.

Ces arrêtés sont notifiés aux trésoriers-payeurs, qui les produisent à la Cour des comptes avec les copies du budget local.

Ils sont régularisés par les conseils généraux.

Aucune créance ne peut être définitivement liquidée, à la charge du service local, que par les directeurs de l'intérieur.

Les dépenses du service local sont mandatées par les directeurs de l'intérieur et acquittées par les trésoriers-payeurs.

Néanmoins, les dépenses à faire hors des colonies auxquelles elles incombent sont autorisées à titre d'opérations de trésorerie, en France par le ministre de la marine et des colonies, ou, d'après ses ordres, par ses ordonnateurs secondaires, et dans les colonies par les directeurs de l'intérieur. Elles sont successivement rattachées à la comptabilité de la colonie qu'elles concernent au moyen de mandats du directeur de l'intérieur.

*Recettes et dépenses faites hors des colonies.* — Les recettes à effectuer hors des colonies auxquelles elles appartiennent sont réalisées par les comptables du Trésor, qui en tiennent compte au trésorier-payeur de l'établissement créancier au moyen d'un récépissé ou d'un mandat sur le Trésor qui est envoyé par l'intermédiaire du ministre de la marine et des colonies. Ces recettes font l'objet d'ordres de recette délivrés, en France, par le ministre de la marine et des colonies ou par ses ordonnateurs secondaires, et aux colonies par les directeurs de l'intérieur.

Les dépenses à faire hors d'une colonie, pour le service local de cette colonie, sont autorisées, lorsqu'elles doivent être acquittées en France, par le ministre de la marine et des colonies, ou par ses ordonnateurs secondaires; et, lorsqu'elles doivent avoir lieu dans les colonies, par les directeurs de l'intérieur.

Ces dépenses sont effectuées en dehors des crédits en vertu d'ordres de paiement ; elles sont acquittées, savoir :

A Paris, par le caissier-payeur central du Trésor public ;

Dans les départements, par les trésoriers-payeurs généraux ;

Dans les colonies, par les trésoriers-payeurs.

*Clôture des exercices.* — Toutes les dépenses d'un exercice concernant le service local doivent être liquidées et mandatées au plus tard le 20 juin de la seconde année de l'exercice.

*Fonds de réserve.* — Les excédents de recettes que le règlement de chaque exercice fait ressortir sur les produits du service local forment, dans chaque colonie, un fonds de réserve et de prévoyance. Le maximum du fonds de réserve est fixé ainsi qu'il suit, savoir :

| | |
|---|---|
| Martinique . . . . . . . . . . . . . . . . . . | 1,500,000 fr. |
| Guadeloupe. . . . . . . . . . . . . . . . . . | 1,500,000 |
| Réunion . . . . . . . . . . . . . . . . . . . | 1,500,000 |
| Guyane. . . . . . . . . . . . . . . . . . . . | 1,000,000 |
| Sénégal et dépendances . . . . . . . . . . | 1,300,000 |
| Gabon . . . . . . . . . . . . . . . . . . . . | 500,000 |
| Saint-Pierre et Miquelon . . . . . . . . . . | 400,000 |
| Sainte-Marie de Madagascar . . . . . . . . | 100,000 |
| Mayotte . . . . . . . . . . . . . . . . . . . | 200,000 |
| Nossi-bé . . . . . . . . . . . . . . . . . . . | 200,000 |

Établissements français de l'Océanie (Taïti) . . 400,000
Nouvelle-Calédonie. . . . . . . . . . . . . 400,000
Établissements français de l'Inde. . . . . . . 1,000,000
Cochinchine . . . . . . . . . . . . . . . 9,000,000

Les prélèvements sur les fonds de réserve ont pour objet de subvenir à l'insuffisance des recettes de l'exercice et de faire face aux dépenses extraordinaires que des événements imprévus peuvent nécessiter.

Il ne peut être fait emploi des fonds de réserve qu'en rentes sur l'État ou en valeurs du Trésor exclusivement.

Tous prêts à des particuliers ou à des établissements publics, sur les fonds de réserve, sont interdits.

Les comptes établis par les directeurs de l'intérieur, à la fin de chaque exercice, sont présentés aux conseils généraux et approuvés par le conseil privé.

*Contrôle de la Cour des comptes.* — La Cour des comptes juge les comptes des recettes et des dépenses qui lui sont présentés chaque année par les trésoriers-payeurs.

Le conseil privé juge les comptes des autres comptables des colonies.

La Cour des comptes statue, en outre, sur les pourvois qui lui sont présentés contre les jugements prononcés par le conseil privé, à l'égard des comptes annuels des comptables soumis à la juridiction de ce conseil.

Elle constate et certifie, en ce qui concerne les services exécutés aux colonies et compris dans le budget de l'État, l'exactitude des comptes publiés par le ministre des finances et par le ministre de la marine et des colonies.

Elle présente, dans ses rapports annuels, les observations qui résultent de la comparaison des dépenses avec les crédits.

Elle consigne, dans ces mêmes rapports, ses vues de réformes et d'amélioration sur toutes les parties du service financier des colonies.

*Régime financier de la Cochinchine.* — Le régime financier de la Cochinchine a été réglé par le décret du 10 janvier 1863, qui a mis à la charge de la colonie toutes les dépenses autres que celles des services militaires et de la marine, les traitements du gouverneur et du trésorier-payeur. Les dispositions du décret du 12 décembre 1882 sur le service financier des colonies sont, d'ailleurs, applicables à la Cochinchine.

*Subventions et contingents.* — Des subventions peuvent être accordées aux colonies sur le budget de l'État. Des contingents peuvent leur être imposés. — La loi annuelle de finances règle la quotité de ces subventions et de ces contingents. (Sénatus-consulte de 1866, art. 6.)

*Trésoriers-payeurs et trésoriers particuliers.* — Au premier rang des comptables coloniaux chargés de la recette et de la dépense pour le compte de l'État ou pour celui des colonies, figurent les trésoriers-payeurs et les trésoriers particuliers. Il y a dans chaque colonie un trésorier-payeur qui a sous ses ordres un ou plusieurs trésoriers particuliers. Les trésoriers-payeurs sont chargés de la recette et de la dépense des services de l'État et du service local.

Ils perçoivent ou font percevoir pour leur compte et centralisent tous les produits réalisés, soit au profit de l'État, soit au profit de la colonie, et pourvoient au paiement de toutes les dépenses publiques.

Ils sont nommés par le président de la République. Les trésoriers particuliers sont nommés par le ministre des finances. Le ministre de la marine donne son avis sur ces nominations.

Les trésoriers particuliers gèrent sous la surveillance et la direction du trésorier-payeur de la colonie, auquel ils rendent compte de leurs opérations.

Les uns et les autres reçoivent un traitement fixe prélevé sur le budget de l'État; il leur est alloué, en outre, des remises proportionnelles pour la perception directe et pour la centralisation des produits du service local.

Les trésoriers-payeurs déposent des cautionnements s'élevant dans les grandes colonies à 100,000 fr.

*Receveurs des contributions.* — Le trésorier-payeur est chargé, dans chaque colonie, de la perception des produits directs et des droits de douane, de celle des produits divers, et, en général, du recouvrement de tous les droits, produits et impôts appartenant au service local, toutes les fois que ce recouvrement n'a pas été attribué à d'autres comptables. En Cochinchine, ces attributions sont dévolues à un trésorier particulier, qui prend le titre de receveur spécial du service local.

Ils sont responsables, ainsi que les trésoriers particuliers, de la gestion des percepteurs des contributions directes. Ils sont tenus de couvrir le Trésor des débets ou des déficits constatés à la charge de ces préposés.

En Cochinchine, la trésorerie est assimilée à celle de l'Algérie, tant pour l'organisation de son personnel que pour ses rapports avec les autorités coloniales.

Les agents de formation locale ou sous-agents, tels que secrétaires militaires, interprètes, facteurs, gardiens de caisse, etc., sont nommés, soit par le gouverneur, sur la proposition du trésorier-payeur, soit par le trésorier-payeur lui-même, selon les dispositions des règlements particuliers de la colonie à ce sujet.

Après six années de séjour en Cochinchine, les agents dont les services ont toujours été satisfaisants ont droit, dans le service du Trésor en France, à un emploi d'un produit net égal au traitement fixe de l'emploi qu'ils occupent dans la colonie.

Les agents qui, ayant accompli six années de service en Cochinchine, ne sont pas proposés, à leur retour en France, pour un emploi de la trésorerie des départements, ainsi que ceux qui sont renvoyés en France soit pour raison de santé, soit par mesure disciplinaire, avant l'achèvement du séjour réglementaire de six années, sont réintégrés, à l'expiration de leur congé, s'il leur en est accordé, dans les cadres du service auquel ils appartenaient avant leur nomination en Cochinchine.

*Percepteurs.* — Les percepteurs sont chargés, sous la surveillance et la responsabilité des trésoriers-payeurs et des trésoriers particuliers, de la perception des contributions directes aux colonies. Ils peuvent être chargés, en outre, du recouvrement des divers autres produits locaux.

Les percepteurs sont nommés par les gouverneurs, sur la proposition des trésoriers-payeurs; ils doivent être agréés par les trésoriers particuliers de l'arrondissement auquel ils sont rattachés.

Ils fournissent des cautionnements en numéraire.

Les percepteurs reçoivent des remises proportionnelles dont la quotité est fixée par des arrêtés des gouverneurs, sauf l'approbation du ministre de la marine et des colonies. Cette approbation est donnée sur l'avis du ministre des finances.

Le ministre des finances correspond directement avec les trésoriers-payeurs des colonies. Lorsqu'il s'agit d'affaires ayant un caractère général, ou de dispositions réglementaires intéressant le régime financier des colonies, le ministre de la marine et le ministre des finances se concertent avant d'adresser des instructions aux administrations coloniales et aux trésoriers-payeurs. Ceux-ci correspondent directement avec le ministre des finances pour tout ce qui concerne leur service.

*Banques coloniales.* — Au régime financier des colonies se rattachent les banques coloniales.

L'article 7 de la loi du 30 avril 1849 sur l'indemnité allouée aux propriétaires coloniaux en suite de la grande mesure qui supprime l'esclavage dans nos établissements d'outre-mer, stipula que le huitième de la portion afférente aux colonies de la Martinique, de la Guadeloupe et de la Réunion serait prélevé pour servir à l'établissement d'une banque de prêt et d'escompte dans chacune de ces colonies.

Les titres de rente ainsi prélevés devaient être déposés dans les caisses de ces banques comme gages et garanties des billets qu'elles seraient autorisées à émettre.

La loi du 11 juillet 1851, promulguée à la Martinique le 14 octobre 1851, à la Guadeloupe le 14 novembre de la même année, à la Guyane le 12 novembre, à la Réunion le 16 décembre 1851, puis au Sénégal trois ans plus tard, c'est-à-dire le 21 février 1854, a déterminé les conditions de fonctionnement des banques coloniales.

Le capital des banques de la Martinique, de la Guadeloupe et de la Réunion fut fixé à 3 millions de francs.

Celui de la Guyane, primitivement établi à 700,000 fr., puis réduit à 300,000 fr. par décret du 1er février 1854, a été porté à 600,000 fr. en 1863.

Celui de la banque du Sénégal a été fixé à 230,000 fr. par le décret du 21 décembre 1853.

Chacune de ces banques fut autorisée, à l'exclusion de tous autres établissements, à émettre dans chacune des colonies où elle était instituée, des billets au porteur de 500, de 100 et de 25 fr., remboursables à vue, au siège de la banque.

Ces billets devaient être reçus comme monnaie légale, dans l'étendue de chaque colonie, par les caisses publiques ainsi que par les particuliers.

Le montant cumulé des billets en circulation, des comptes courants et des autres dettes des banques ne pouvait excéder le triple du capital réalisé. D'autre part, le montant des billets en circulation ne devait en aucun cas dépasser le triple de l'encaisse métallique.

Les banques furent autorisées à prêter sur nantissement de marchandises, et, à cet effet, les entrepôts de douanes et tous autres magasins désignés par les gouverneurs en conseil privé furent considérés comme magasins publics. Les marchandises déposées en nantissement furent représentées par des recépissés à ordre, transmissibles par endossement.

Des prêts sur récoltes pendantes purent être consentis, dans des conditions déterminées, à tout propriétaire et cultivateur. A défaut de remboursement à l'échéance, les banques furent autorisées, huitaine après une simple mise en demeure, à faire vendre aux enchères publiques, nonobstant toute opposition, soit les marchandises, soit les matières d'or ou d'argent données en nantissement, soit les récoltes cédées ou leur produit.

Une commission de surveillance fut instituée auprès du ministre chargé des colonies, avec mission de contrôler les opérations des banques, de donner son avis sur les actes de leur gestion, de provoquer toutes les mesures de vérification qui lui paraîtraient utiles et de rendre un compte annuel au chef du Gouvernement des résultats de sa surveillance et de la situation des établissements.

Par une nouvelle loi organique du 24 juin 1874, le privilège concédé aux banques coloniales a été prorogé de vingt années, à partir du 11 septembre de ladite année.

Quelques modifications furent apportées à leurs statuts :

Le capital des banques de la Martinique, de la Guadeloupe et de la Réunion continua à être fixé à 3 millions, celui de la banque de la Guyane fut réduit à 425,000 fr. et celui du Sénégal porté à 300,000 fr.

Les banques, autorisées à émettre des billets au porteur de 500, 100 et 25 fr., purent ajouter à ces coupures celle de 5 fr.

Par une disposition bienveillante, la faculté d'emprunt sur récoltes, réservée par la loi de 1851 aux propriétaires d'habitations, fut étendue aux fermiers, métayers, locataires de terrain ou entrepreneurs de plantation, sous réserve de l'adhésion du propriétaire foncier.

Pour augmenter la sécurité des avances sur récoltes, l'article 404 du Code pénal fut déclaré applicable à tout propriétaire, usufruitier, gérant ou administrateur, à tout fermier, métayer, locataire ou entrepreneur de plantation ayant détourné ou dissipé en tout ou partie, au préjudice de la banque, la récolte pendante cédée à cet établissement.

La Commission de surveillance instituée auprès du ministre, composée primitivement de sept membres, fut portée à neuf et composée ainsi qu'il suit :

Un conseiller d'État élu par le Conseil d'État en assemblée générale ;

Quatre membres, dont deux au moins actionnaires en résidence à Paris, désignés par le ministre chargé des colonies ;

Deux membres désignés par le ministre des finances ;

Deux membres élus par le conseil général de la banque de France.

Les opérations des banques consistent :

1° A escompter des billets à ordre ou effets de place à une ou plusieurs signatures ;

2° A négocier, escompter ou acheter des traites ou des mandats directs ou à ordre sur la métropole ou l'étranger ;

3° A escompter des obligations négociables ou non négociables garanties :

Par des warrants ou des récépissés de marchandises déposées soit dans des magasins publics, soit dans des magasins particuliers dont les clés ont été régulièrement remises à la banque ;

Par des récoltes pendantes ;

Par des connaissements à ordre ou régulièrement endossés ;

Par des transferts de rentes ou d'actions de la banque de la colonie ;

Par des dépôts de lingots, de monnaies ou de matières d'or et d'argent ;

4° A se charger, pour le compte des particuliers ou pour celui des établissements publics, de l'encaissement et du recouvrement des effets qui lui sont remis, et à payer tout mandat et assignations ;

5° A recevoir, moyennant un droit de garde, le dépôt volontaire de tous les titres, lingots, monnaies et matières d'or et d'argent ;

6° A souscrire à tous emprunts ouverts par l'État, par la colonie ou par les municipalités de la colonie, jusqu'à concurrence des fonds versés à la réserve ;

7° A recevoir, avec l'autorisation du ministre de la marine et des colonies, les produits des souscriptions publiques ouvertes soit dans la colonie, soit dans la métropole ;

8° A émettre des billets payables à vue au porteur, des billets à ordre et des traites ou mandats ;

9° A faire le commerce des métaux précieux, monnayés et non monnayés.

Le rapport de la valeur des objets ou titres fournis comme garantie additionnelle avec le montant des billets, traites ou obligations escomptés, est déterminée par les règlements intérieurs des banques.

Cette proportion ne peut excéder les prix courants dressés par les courtiers, s'il s'agit de marchandises déposées ou chargées ;

La valeur intégrale, s'il s'agit de lingots ou monnaies d'or ou d'argent ;

La valeur d'après le poids et le titre, s'il s'agit de matières d'or ou d'argent ;

Le tiers de la valeur de la récolte ;

Les 4/5 de la valeur indiquée par la dernière cote officielle connue dans la colonie, s'il s'agit d'inscriptions de rentes, et les 3/5 s'il s'agit d'autres valeurs ;

Les 3/5 de la valeur moyenne des transferts effectués pendant les six derniers mois dans la colonie, s'il s'agit des actions de la banque coloniale, mais dans ce dernier cas, la totalité des actions données en garantie par l'ensemble des emprunteurs ne peut excéder le 1|6 du capital social.

Les marchandises déposées ou chargées sont assurées par les soins de la banque, à moins qu'elles n'aient été déjà assurées, auquel cas la police est remise à la banque ou à son représentant en Europe.

Tous les six mois, aux époques des 30 juin et 31 décembre, les livres et comptes des banques sont arrêtés et balancés ; le résultat des opérations est établi.

Les créances en souffrance ne peuvent être comprises dans le compte de l'actif pour un chiffre excédant le 1|5 de leur valeur nominale.

Il est fait, sur les bénéfices nets et réalisés acquis pendant le semestre, un prélèvement de 1/2 p. 100 du capital primitif ; ce prélèvement est employé à former un fonds de réserve.

Un premier dividende équivalant à 5 p. 100 par an du capital des actions est ensuite distribué aux actionnaires.

Le surplus est partagé en deux parts égales ; l'une d'elles est répartie aux actionnaires comme dividende complémentaire, l'autre moitié est attribuée pour 8/10 au fonds de réserve, 1|10 au directeur, 1|10 aux employés de la banque à titre de gratification.

La Martinique a, depuis plusieurs années, atteint le plein de sa réserve ; la Réunion qui l'avait atteint et entamé, l'a depuis longtemps reconquis ; la Guadeloupe, qui l'avait entièrement perdu, l'a complètement rétabli ;

La Guyane possède le plein de sa réserve ;

Le Sénégal a été autorisé à disposer de sa réserve pour élever son capital à 300,000 fr.

L'administration de chaque banque est confiée à un conseil composé du directeur et de quatre administrateurs. Le trésorier de la colonie est de droit administrateur de la banque, les trois autres sont élus par l'assemblée générale des actionnaires.

Le conseil d'administration est assisté de deux censeurs, dont l'un est désigné par le ministre de la marine et des colonies et l'autre élu par l'assemblée des actionnaires.

Le conseil fait tous les règlements du service intérieur de la banque.

Il fixe le taux de l'escompte et de l'intérêt, les charges, commissions et droits de garde, le mode à suivre pour l'estimation des lingots, monnaies et matières d'or et d'argent, les marchandises et les récoltes.

Il autorise, dans les limites des statuts, toutes les opérations de la banque et en détermine les conditions.

Il fait choix des effets ou engagements qui peuvent être admis à l'escompte; il statue sur les signatures dont les billets de la banque doivent être revêtues, sur le retrait et l'annulation de ces billets.

Il veille, en un mot, à ce que la banque ne fasse pas d'autres opérations que celles déterminées par ses statuts et dans les formes prescrites par les règlements intérieurs de l'établissement.

L'assemblée générale des actionnaires se réunit au moins une fois par année, dans le courant du mois de juillet. Les comptes de l'administration pour l'exercice écoulé sont soumis à son approbation.

Le directeur est nommé par décret du Président de la République, sur une liste triple de présentation émanée de la commission de surveillance et sur le rapport, tant du ministre de la marine et des colonies que du ministre des finances.

Les administrateurs sont nommés par l'assemblée générale des actionnaires.

Par un décret complémentaire du 17 novembre 1852, une agence centrale des banques coloniales a été instituée à Paris. Le titulaire de cette fonction est nommé par le ministre de la marine et des colonies sur une liste triple de candidats formée par la commission de surveillance.

L'agent central représente les banques dans les opérations qu'elles ont à faire avec la métropole. Il exerce toutes les actions judiciaires et extrajudiciaires et agit comme délégué de ces établissements près le ministre et près la commission de surveillance établie par la loi du 11 juillet 1851.

Par un décret du 21 janvier 1875, une banque constituée dans des conditions à peu près identiques à celles que nous venons d'indiquer a été créée pour les colonies de la Cochinchine et de l'Inde française sous le nom de Banque de l'Indo-Chine.

La durée de son privilège a été fixée à 20 années, à partir de la date du décret qui l'a constituée (21 janvier 1875).

Son siège est établi à Paris; elle possède deux succursales, à Saïgon et à Pondichéry.

Son capital social est de 8 millions de francs, divisé en 16,000 actions de 500 fr. chacune. Un premier versement de 125 fr. par action a été opéré.

Le champ de ses opérations est le même que celui qui a été déterminé pour nos autres établissements de crédit coloniaux.

Les conditions de garantie, de contrôle et de surveillance sont les mêmes ; un commissaire du gouvernement est institué auprès du siège social à Paris, et deux censeurs administratifs sont placés auprès des deux succursales de Saïgon et de Pondichéry.

Constituées dans les conditions que nous venons d'indiquer d'une manière sommaire, les banques coloniales ont rendu et rendent à nos établissements d'outre-mer des services justement appréciés.

Celles des Antilles, de la Réunion, de la Guyane et du Sénégal, qui sont entrées dans leur seconde période d'existence par le renouvellement de leur privilège, n'ont pas failli au but de leur fondation. Les circonstances plus ou moins difficiles qu'elles ont traversées témoignent de leur vitalité. Elles ont permis à nos principales possessions coloniales de reconstituer leurs ateliers, de renouveler leur outillage de fabrication, qui n'était plus à la hauteur des progrès industriels de la métropole, et ne leur permettait pas de lutter à armes égales depuis que le pacte colonial avait été rompu.

Nous donnerons le chiffre des opérations des banques dans la notice relative à chacune des colonies.

*Crédit foncier colonial.* — Par décret du 24 octobre 1860, le crédit foncier a été organisé dans nos colonies de la Martinique, de la Guadeloupe et de la Réunion. En vertu d'une délibération du conseil d'administration de la Société du crédit colonial, des modifications ont été apportées à ses statuts, et elle a pris le titre de Société de *Crédit foncier colonial.* Un décret du 31 août 1863, rendu sur le rapport du ministre de la marine et des colonies, et l'avis du ministre des finances, le Conseil d'État entendu, a confirmé cette situation et approuvé les nouveaux statuts.

La Société du Crédit foncier colonial a pour objet : 1° de prêter soit à des propriétaires individuellement, soit à des réunions de propriétaires, les sommes nécessaires à la construction de sucreries dans les colonies françaises, ou au renouvellement et à l'amélioration de l'outillage des sucreries existantes ;

2° De prêter sur hypothèque, aux propriétaires d'immeubles situés dans les mêmes colonies, des sommes remboursables par les emprunteurs, soit à longs termes au moyen d'annuités comprenant les intérêts, l'amortissement et les frais d'administration, soit à courts termes, avec ou sans amortissement ;

3° D'acquérir, par voie de cession ou autrement, et de rembourser, avec ou sans subrogation, des créances privilégiées ou hypothécaires ;

4° De prêter aux colonies et aux communes dans les colonies, avec ou sans hypothèque, soit à long terme avec remboursement par annuités, les sommes qu'elles auraient obtenu la faculté d'emprunter ;

5° De créer et de négocier des obligations pour une valeur égale au montant des prêts.

Le remboursement par annuité comprend : 1° l'intérêt qui ne peut dépasser 8 p. 100; 2° la somme nécessaire pour amortir la dette dans le délai de trente ans; 3° une allocation pour frais d'administration, qui ne peut dépasser 1 fr. 20 c.

Les colonies intéressées se sont engagées, en vertu de conventions spéciales : 1° à garantir éventuellement, chaque année, à la Société de Crédit foncier colonial une somme égale à 2 et demi p. 100 du montant des obligations émises par la Société en représentation des prêts réalisés.

2° A donner la jouissance gratuite, dans chaque colonie, pendant la durée de son privilège, d'une maison où sont établis ses bureaux, et le passage gratuit, pendant le même temps, de France dans la colonie et de la colonie en France, des agents que la Société jugera nécessaire d'y envoyer ou d'en ramener, sans que la dépense résultant de ce double engagement puisse dépasser annuellement une somme de 8,000 fr.

Au 31 mai dernier, l'importance des prêts consentis aux trois colonies de la Martinique, de la Guadeloupe et de la Réunion se traduisait par un chiffre de 48,783,500 fr. qui, par suite du jeu de l'amortissement, des remboursements anticipés et des expropriations suivies d'adjudications au profit de la Société, était réduit à 17,978,675 fr. 04 c.

Au 31 décembre 1881, la Société se trouvait, par suite d'expropriation, posséder 46 immeubles, dont les frais de faisancevaloir s'élevaient à 3,094,546 fr. 19 c. pour la Réunion, à 224,800 fr. 11 c. pour la Guadeloupe et à 57,510 fr. 80 c. pour la Martinique.

A la même date, le compte « immeubles » s'élevait à 7,010,501 fr. 33 c., dans lequel les immeubles situés à la Réunion figuraient pour 6,652,779 fr. 07 c., ceux situés à la Martinique pour 225,232 fr. 03 c. et ceux situés à la Guadeloupe pour 132,490 fr. 23 c.

*Exposition permanente des colonies.* — Créée par un arrêté du ministre de la marine en date du 23 octobre 1858, réunie momentanément à celle de l'Algérie le 2 décembre 1858, cette Exposition a repris son autonomie par arrêté du ministre de la marine et des colonies en date du 25 juin 1861.

Cette décision a placé l'Exposition permanente des colonies dans les attributions du directeur des colonies et sous la direction d'un conservateur.

Une commission, dont les membres sont nommés par le ministre, exerce sa surveillance sur toutes les parties du service. Les sénateurs et les députés des colonies font partie de droit de cette commission.

Un comité d'exposition est établi dans les chefs-lieux de chacune de nos colonies; des sous-comités nommés dans les principales villes sont appelés à le seconder. Ces comités et sous-comités formés, autant que possible, de membres des chambres d'agriculture et de commerce, donnent leur avis sur toutes les questions qui se rattachent au succès de l'Exposition, et correspondent, par l'intermédiaire du gouverneur et sous le couvert du ministre, avec la commission supérieure de surveillance.

Les recettes de l'Exposition se composent :

1° Des subventions accordées sur le budget de l'État et qui sont administrées de la manière prescrite par les règlements sur la comptabilité publique;

2° Des subventions accordées par les conseils généraux des colonies;

3° Du produit des ventes et cessions à divers.

Les sommes provenant de ces deux dernières catégories sont déposées à la Caisse des dépôts et consignations, qui les tient disponibles aux conditions fixées pour les dépôts des établissements publics, et qui acquitte les dépenses de l'Exposition sur les ordonnances qui lui sont adressées.

Les dépenses se composent :

1° De la solde, des indemnités, gratifications et allocations diverses au profit du personnel de l'établissement ;

2° Du montant des achats du matériel ou d'objets de collections, des travaux, expériences, frais de transport, de douane, d'octrois et autres frais accessoires.

La commission reçoit communication de tous les faits et documents relatifs à l'Exposition permanente, aux expositions dans les colonies et aux concours régionaux de France ; elle donne son avis sur toutes les dispositions à prendre en vue de provoquer la prospérité coloniale, signale au ministre les progrès réalisés dans la culture et l'industrie, lui rend compte des expériences intéressant le commerce, et appelle son attention sur les encouragements et les récompenses à décerner ; elle contrôle, en outre, toutes les opérations concernant le service intérieur, autorise la vente des objets qui risquent de s'avarier et détermine les formes de cette vente.

La commission examine, chaque année, les budgets de l'Exposition, ainsi que les comptes administratifs qui sont soumis par le directeur des colonies à l'approbation du ministre ; enfin, elle adresse annuellement au ministre un compte rendu qui est communiqué aux gouverneurs des établissements d'outre-mer et inséré au *Journal officiel*.

*Archives coloniales.* — Les questions de politique et de conduite générale, les difficultés de limites dans les colonies continentales, les contestations de protectorat ou de souveraineté dans certains groupes d'îles, etc. ; les renseignements d'intérêt privé, le personnel ancien, les relevés de services à l'État, les pensions, les successions, les actes de l'état civil, les actes notariés et judiciaires des colonies, etc., forment une source intarissable d'affaires qu'il serait difficile de traiter, et de demandes auxquelles il serait impossible de répondre en l'absence des documents réunis au ministère même.

Aussi, depuis de longues années s'est-on efforcé de conserver avec soin les documents de toute nature intéressant les colonies.

C'est à Colbert que l'on doit remonter pour fixer l'origine des archives coloniales.

En créant le département de la marine en 1669, le grand ministre, qui s'occupait des colonies dès l'année 1662, avait fait réunir et copier les principales dépêches et instructions relatives à nos possessions d'outre-mer.

Cette précieuse collection, continuée depuis lors, suivit d'abord la cour dans les châteaux où séjournait Louis XIV, qui voulait se rendre compte de tout. Moins facilement transportable sous Louis XV, à cause de son volume s'augmentant chaque année, elle fut installée à Versailles à partir de 1764, et ce n'est qu'en 1837 que les archives coloniales furent définitivement transférées à Paris au ministère de la marine.

En somme, depuis Colbert jusqu'à l'époque actuelle, elles ont subi treize déplacements complets. Cependant, les soins dont elles furent toujours l'objet leur ont permis de traverser ces vicissitudes, et d'autres qu'il serait superflu de rappeler ici en détail, non seulement sans péril pour leur existence, mais sans aucune perte regrettable, et elles forment aujourd'hui un ensemble de *vingt mille registres* et de *quatre mille cartons* classés dans le meilleur ordre possible.

Colbert avait divisé ses archives en *lettres envoyées* et *lettres reçues*. On faisait en plus des dossiers individuels, et l'on tenait des carnets de comptabilité. C'est, au fond, sauf les subdivisions nécessitées par l'agrandissement des services, l'ordre encore en usage.

Le classement des archives coloniales n'a donc pas suivi celui des bureaux.

Ainsi, bien que jusqu'en 1710 les colonies orientales fussent rangées administrativement dans les attributions de la marine de Levant, et les colonies occidentales parmi celles de Ponant, il y avait des registres spéciaux pour les colonies. Colbert, en donnant de l'essor à ces établissements lointains, prévoyait qu'ils prendraient assez d'importance pour exiger une centralisation distincte, et il en avait réservé la possibilité en séparant la correspondance coloniale de celle de la marine.

Le marquis de Seignelay, son fils, et le premier Pontchartrain, qui lui succédèrent, ne changèrent rien à cet égard.

En 1710, sous le ministère du second Pontchartrain, les services coloniaux de Ponant et de Levant furent réunis dans un bureau unique des colonies en général.

Pour expliquer comment cette disposition sommaire put durer soixante ans environ, il faut dire que les compagnies de commerce (et notamment la Compagnie des Indes) s'administrant elles-mêmes, évitaient une grande partie des écritures à l'administration centrale.

Vers 1770, lors de la chute complète des compagnies, on institua deux bureaux des colonies : *Amérique* et *Inde*. Le service central fonctionna ainsi jusqu'en 1783, année pendant laquelle il prit forme de direction, sous les ordres d'un intendant. En 1791, enfin, une « Administration générale des colonies » fut créée avec augmentation de bureaux, et demeura, sauf un grand développement, ce qu'elle est à peu près aujourd'hui. D'ailleurs, au commencement de la Révolution, le ministère de la marine et des colonies avait été transféré à Paris, laissant à Versailles ses archives, qui purent s'y étendre à l'aise dans l'hôtel abandonné.

C'est, en effet, à partir de 1791 aussi, que les archives de la marine et des colonies formèrent deux dépôts séparés, le premier appelé : « Dépôt de la marine à Versailles », et le second : « Dépôt des colonies et des chartes des colonies à Versailles », l'un et l'autre avec un chef et quatre employés.

Cette dernière collection renferma d'une part : les archives des bureaux, dont la dernière date remontait à dix années au moins (règle maintenue); la correspondance ministérielle et la correspondance générale des administrateurs coloniaux; d'autre part : les papiers publics, les actes civils, notariés et judiciaires, les codes, les règlements coloniaux, les états de passagers, etc., dont un double était envoyé des colonies à Versailles, en vertu de l'édit royal de juin 1776.

Voici les circonstances qui amenèrent cet acte important dont les principales dispositions sont toujours en vigueur.

En 1758, lorsque nos possessions canadiennes commencèrent à nous échapper, les habitants de Louisbourg, dans l'île du *Cap-Breton* prise par les Anglais, furent enlevés à leurs foyers et reconduits en France. Les curés, les notaires, les greffiers des tribunaux, sans espoir de retour, eurent la précaution d'emporter les registres contenant les actes de leur exercice et de celui de leurs prédécesseurs. Arrivés à Rochefort, lieu de leur destination, ils en opérèrent le dépôt entre les mains de l'administration du port, qui, par la suite, fut conduite à délivrer aux intéressés des expéditions conformes de ces différents actes.

Cet avantage fut si bien apprécié que, vers 1766, le ministère prescrivit aux gouverneurs des Antilles d'envoyer à Rochefort un double des registres des baptêmes, mariages et sépultures, et c'est en 1776 que le ministre de la marine obtint du roi un édit qui régularisa cette mesure et la rendit obligatoire dans toutes nos colonies, non seulement pour l'état civil, mais pour tous les autres documents relatifs aux personnes et aux propriétés.

D'après le préambule de cet édit, deux raisons principales avaient décidé le roi Louis XVI à la signer :

« 1° L'effet du climat et les insectes détruisent les papiers dans les colonies ; 2° le défaut des actes en France arrête souvent des arrangements intéressants pour les familles. »

Actuellement, les envois de ces divers registres et documents se font avec régularité.

Les archives coloniales conservent également les papiers relatifs aux anciennes colonies qui n'appartiennent plus à la France.

Les moyens de recherches dans les diverses séries des archives coloniales sont les suivants :

1° On a établi un inventaire sommaire avec les numéros des casiers où sont classés les documents ;

2° Les dossiers du personnel colonial classés en deux séries par ordre alphabétique rigoureux, constituent un immense répertoire où l'on peut trouver instantanément ce que l'on cherche ;

3° Les volumes paginés de la correspondance générale des ministres contiennent chacun un répertoire analytique numéroté ;

4° Les registres de l'état civil ont, de l'origine des colonies à 1830, un alphabet par commune ; de 1831 à 1840, un répertoire général par fiches reliées ; et, de 1841 à l'époque actuelle, des tables décennales, et en plus une table annuelle à la fin de chaque volume ;

5° Les actes notariés et judiciaires sont envoyés par les colonies numérotés et accompagnés de répertoires ;

Et 6° il suffit d'avoir une date, même approximative, pour trouver ce que l'on cherche dans le fonds de la correspondance générale des administrateurs coloniaux (lettres reçues) qui est reliée dans l'ordre chronologique.

Une commission spéciale vient d'être appelée par le ministre de la marine et des colonies à étudier le fonctionnement de ces archives et les modifications qu'il y aurait lieu d'apporter à leur organisation.

# I. — MARTINIQUE.

*Notice historique*. — L'île de la Martinique, avec les autres îles qui forment les petites Antilles, fut découverte en 1493, par Christophe Colomb, à son second voyage en Amérique. Les Espagnols n'y fondèrent aucun établissement et les Caraïbes en restèrent possesseurs jusqu'en 1635, époque à laquelle Pierre Bélain, sieur d'Esnambuc, gouverneur de Saint-Christophe, en prit possession pour la France.

Passant successivement des mains de la Compagnie des îles d'Amérique dans celles de M. Duparquet qui l'avait achetée et en devint gouverneur, transférée en 1664 des héritiers de M. Duparquet au gouvernement métropolitain, qui en fit la cession à la Compagnie des Indes occidentales nouvellement créée, la Martinique fut définitivement réunie au domaine de l'État en 1675.

Les Caraïbes ayant été expulsés ou exterminés, la population se composa alors des anciens Français, possesseurs du sol, ou *habitants*, des Européens concessionnaires de terres à titre gratuit, à la suite d'un engagement de travail de trois années, ou *engagés*, et enfin des Noirs introduits par la traite dès les premiers temps de l'occupation.

Arrivée bientôt à une grande prospérité commerciale, la Martinique porta ses capitaux vers l'armement des corsaires pendant la guerre de 1744 entre l'Angleterre et la France, et, malgré ses succès et l'importance de ses prises, elle n'était pas encore relevée de la ruine de son commerce ni libérée de ses dettes, lorsque, le 13 février 1762, les Anglais s'en emparèrent pour ne la rendre que seize mois après, au traité de Versailles (1763), moyennant l'abandon de la Dominique.

Centre des opérations maritimes de nos flottes pendant la guerre de l'indépendance, elle n'eut point à souffrir de cette guerre, participa à nos gloires, et la paix de 1783 donna un nouvel essor à son développement commercial.

La guerre civile, la désertion de la colonie par beaucoup

d'habitants, facilitèrent les projets des Anglais : ils s'emparèrent de l'île le 22 mars 1794, malgré l'héroïque résistance du général Rochambeau.

Restée huit ans sous la domination anglaise, elle fut rendue à la France par le traité d'Amiens, en 1802.

Le 24 février 1807, la Martinique tombe de nouveau au pouvoir des Anglais. Le traité de Paris (30 mai 1814) stipule l'évacuation des Anglais, qui y reparaissent un instant en 1815, et occupent même les forts jusqu'en avril 1816, quoique le traité de novembre 1815 l'eût rendue définitivement à la France.

*Topographie.* — La Martinique est située entre les 14°23′43″ et 14°52′47″ de latitude N. et 63°6′19″ et 63°31′34″ de longitude O. du méridien de Paris ; elle fait partie de l'archipel des petites Antilles ou îles du Vent et est à 100 kilomètres (25 lieues) S.-E. de la Guadeloupe.

Sa forme est irrégulière : de Sainte-Marie à Fort-de-France, elle offre des côtes élevées peu découpées, et cette partie du littoral a une configuration auriculaire ; de Fort-de-France aux Trois-Ilets, le rivage présente des côtes basses très découpées ; des Trois-Ilets à la pointe Borgnesse, les côtes s'élèvent de nouveau ; le littoral de cette pointe à Sainte-Marie redevient bas et profondément échancré. Les côtes E. et S.-O. présentent des baies et des havres dans leur découpure.

La Martinique est traversée du N.-O. au S.-E. par une longue chaîne de hautes montagnes, à nombreux reliefs, entrecoupées de vallées et de gorges étroites qui divisent l'île au nord et au sud en deux vastes péninsules unies par l'isthme situé entre le cul-de-sac du François et celui de Fort-de-France.

L'altitude la plus grande de ces montagnes est celle de la montagne Pelée, qui n'a pas moins de 1,350 mètres ; viennent ensuite celle des pitons du Carbet, dont celui du sud est de 1,207 mètres et celui de l'ouest de 1,161 mètres.

Tous les reliefs de ces massifs montueux sont groupés autour des anciens foyers de soulèvements volcaniques auxquels la Martinique doit son origine. Les volcans qui les ont formés, sont le volcan de la montagne Pelée, celui des pitons du Carbet, de la montagne du Vauclin, du Marin, etc., etc.

Les montagnes les moins élevées sont couvertes de forêts dont la superficie est réduite chaque année par des déboisements continus.

La Martinique est arrosée par soixante-quinze cours d'eau improprement appelés rivières. Ces cours d'eau prennent leur source au sommet des montagnes, traversent les forêts, les cultures et se jettent dans la mer.

Il n'y a de navigables pour les bâtiments d'un faible tirant d'eau, que la rivière Salée, la rivière du Lamentin, la rivière Monsieur, dans la partie inférieure de leurs cours, qui aboutit aux canaux que forme la mer en pénétrant dans l'intérieur des terres.

Le sol accidenté de la Martinique est d'une fertilité très variable suivant les localités. Au nord et au nord-ouest, il se compose d'une terre végétale légère et excellente. Le nord et le sud-ouest offrent de plus grandes différences; ici, il est argileux et riche; là, il est tufacé, d'un rapport médiocre; plus loin, tufacé et peu productif; à l'est et à l'ouest, du Robert au Lamentin, il est en général très fertile; au Lamentin, il est composé d'alluvions marécageuses et d'une grande richesse. Au sud, le sol, quoique variable, est généralement bon. Le sud-ouest est d'une fertilité moyenne.

La superficie totale de la Martinique est de 98,702 hectares, dont 33,913 hectares en culture et 64,789 en friche.

*Météorologie.* — Le climat de la Martinique est celui des pays intertropicaux. L'année peut être divisée en trois saisons bien distinctes et de durée irrégulière: la saison fraîche, la saison chaude et sèche, la saison chaude et pluvieuse.

La saison fraîche commence en décembre et finit en mars; la hauteur moyenne du baromètre est 761,7 et son oscillation diurne de 1,5; le thermomètre marque de 21° *minimum* à 28°7 *maximum;* la température moyenne est de 24°4, l'humidité relative de l'atmosphère de 75 centièmes, et il tombe 475 millimètres d'eau; c'est le printemps.

La saison chaude et sèche commence en avril et finit en juillet; la hauteur moyenne du baromètre est de 762,6, et son oscillation diurne de 1,4; le thermomètre marque de 22°9 *minimum* à 31°8 *maximum;* la température moyenne est de 26°08, l'humidité relative de l'atmosphère de 60 centièmes, et il tombe 140 millimètres d'eau; c'est l'été.

La saison chaude et pluvieuse commence en juillet et se prolonge jusqu'en novembre ; la hauteur moyenne du baromètre est de 761,5, et son oscillation diurne de 1,3 ; le thermomètre marque de 23°4 *minimum* à 31°4 *maximum ;* la température moyenne est de 27°4 ; l'humidité relative de l'atmosphère, de 76 centièmes, et il tombe 1,121 millimètres d'eau ; c'est l'hivernage.

La température moyenne de 24°4 à 27°4 est celle du littoral à Saint-Pierre et à Fort-de-France ; mais dans l'intérieur des terres, au-dessus du niveau de la mer, elle se modifie d'une manière sensible : ainsi, à l'altitude de 250 à 500 mètres, elle est de 18° à 21° et tient à la fois du climat chaud et du climat tempéré.

Les vents qui règnent dans la saison fraîche sont les vents réguliers, ou vents alizés ; ils soufflent constamment de l'est à l'est-nord-est et varient dans la saison chaude et pluvieuse, depuis l'est-nord-est jusqu'à l'ouest, en passant par le sud.

La côte est balayée accidentellement par des grossissements subits de la mer qu'on appelle raz de marée ; il y en a parfois de très violents qui entraînent les navires à la côte. Des bourrasques, coups de vent et ouragans sévissent aussi sur l'île ; on y ressent presque chaque année des tremblements de terre.

*Population.* — La population de la Martinique s'élève à 166,100 individus, comprenant 78,978 hommes et 87,122 femmes. Dans cette population, le chiffre des garçons au-dessous de 14 ans figure pour 19,016 individus et celui des filles pour 20,501. La population mobile comprend 21,852 personnes, qui se subdivisent de la manière suivante :

Employés : 660 ;
Garnison : 1,096 ;
Immigrants : 20,096.

Le nombre des mariages a été :
En 1879, de 550 ;
En 1880, de 573.

Le nombre des naissances s'est élevé, en 1879, à 5,407 et en 1880 à 5,591.

Le nombre des décès s'est élevé, en 1879, à 4,453 et en 1880 4,593.

L'excédent des naissances sur les décès a été pour 1879 de 954 et pour 1880 de 998.

La Martinique comprend 25 communes ayant chacune un maire, plusieurs adjoints et un conseil municipal. Nous donnons ci-après l'état des communes, avec l'ensemble des recettes et des dépenses du budget municipal :

|  | Recettes. | Dépenses. |
|---|---|---|
| Fort-de-France | 501,813 | 496,823 |
| Lamentin | 107,474 | 107,474 |
| Saint-Esprit | 45,413 | 44,277 |
| Ducos | 34,872 | 33,932 |
| François | 76,552 | 76,137 |
| Rivière-Salée | 30,907 | 30,907 |
| Anses-d'Arlets | 19,787 | 18,878 |
| Diamant | 19,919 | 17,397 |
| Trois-Ilets | 20,583 | 20,211 |
| Sainte-Luce | 22,880 | 22,880 |
| Marin | 37,577 | 36,954 |
| Vauclin | 35,120 | 35,120 |
| Sainte-Anne | 21,173 | 21,173 |
| Rivière-Pilote | 51,744 | 50,770 |
| Saint-Pierre | 439,230 | 439,230 |
| Carbet | 40,811 | 40,095 |
| Prêcheur | 25,155 | 25,155 |
| Case-Pilote | 39,212 | 37,677 |
| Basse-Pointe | 44,170 | 41,216 |
| Macouba | 19,865 | 19,341 |
| Laurain | 58,774 | 58,774 |
| Trinité | 60,780 | 60,580 |
| Sainte-Marie | 53,974 | 53,974 |
| Gros-Morne | 49,160 | 39,508 |
| Robert | 55,723 | 55,423 |

Le service de l'immigration est représenté par un commissaire d'immigration et un certain nombre de syndics ; il figure au budget pour 186,900 fr.

Sur les 20,096 immigrants, on compte 13,189 Indiens, 495 Chinois et 6,412 Africains.

*Gouvernement et administration.* — La Martinique est représentée en France par un sénateur et par deux députés.

L'administration du pays est confiée au gouverneur. Deux

chefs d'administration dirigent la plus grande partie du service ; ce sont : le directeur de l'intérieur et le procureur général. Des chefs de service sont chargés, en outre, de la direction de diverses branches de l'administration, sous les ordres directs du gouverneur. Ainsi, l'instruction publique est dirigée par un vice-recteur; l'officier le plus élevé en grade est chargé du commandement des troupes ; le chef du service administratif s'occupe de l'administration et de la comptabilité des services militaires et maritimes ; le chef du service de santé a sous ses ordres tout ce qui est relatif à l'organisation et à la marche du service sanitaire; enfin, le trésorier-payeur dirige le service du Trésor. Un inspecteur des services administratifs et financiers veille à la régularité du service et requiert à cet effet l'exécution des lois et règlements.

Nous avons indiqué, dans la notice préliminaire, l'organisation et le fonctionnement du conseil privé, du conseil du contentieux et du conseil général. Le conseil général est composé de 36 membres élus par le suffrage universel. Le président, le vice-président et le secrétaire sont nommés chaque année par le conseil. L'élection des conseillers généraux a lieu par canton. Les cantons de Fort-de-France, du Marin, du Fort-Saint-Pierre, du Mouillage-Saint-Pierre, de la Basse-Pointe sont représentés chacun par 4 conseillers. Le canton de la Trinité est représenté par 6 conseillers ; celui du Saint-Esprit par 5 ; celui du Lamentin par 3, et celui du Diamant par 2.

Une commission coloniale composée de 7 membres est chargée des attributions confiées en France aux commissions départementales.

*Justice.* — La première organisation de la justice dans la colonie se trouve dans les lettres patentes du roi du 11 octobre 1664, confirmées le 1er avril 1679 et portant création à la Martinique d'un conseil souverain spécial à cette île, « afin de juger
« et terminer souverainement et en dernier ressort les procès et
« différends mus et à mouvoir » ; le conseil était « composé du
« gouverneur et lieutenant-général, de l'intendant de justice, etc.,
« du gouverneur particulier et lieutenant en ladite île et de
« 6 conseillers », d'un juge de la juridiction ordinaire ayant voix délibérative pour les affaires extraordinaires, d'un procureur

général et d'un greffier. La compétence de ce conseil s'étendait sur les affaires civiles et criminelles.

En 1768, une déclaration du roi du 8 février modifia la composition du conseil dans lequel siégèrent le gouverneur, lieutenant-général, l'intendant, le commandant en second, le major général, le commissaire de la marine, faisant fonctions de subdélégué général, le plus ancien commissaire et 14 conseillers titulaires. Un procureur général, 4 assesseurs et un greffier étaient adjoints à la cour. La même déclaration exigeait le brevet d'avocat français pour être nommé conseiller au procureur général (art. 1$^{er}$).

Les attributions de ce conseil furent très étendues et embrassaient non seulement les affaires judiciaires, mais encore des affaires administratives et politiques jusqu'à l'ordonnance du 25 septembre 1766, qui lui enjoignit « de se renfermer à rendre la justice ».

Cette juridiction supérieure fonctionna jusqu'en 1828, sous des appellations diverses : tribunal d'appel (arrêté consulaire du 29 prairial an X), cour d'appel (arrêté du 10 vendémiaire an XIII), conseil supérieur (ordonnance royale du 12 décembre 1814).

La juridiction de première instance, d'abord désignée sous le nom de « juridiction royale », prit, en 1778, le titre de sénéchaussée en vertu de l'ordonnance royale du 3 avril 1778 qui, abrogeant les arrêtés rendus par le gouvernement local et portant institution de juridiction, créa à leur place trois sénéchaussées à Saint-Pierre, au Fort-Royal et à Sainte-Lucie.

Les membres de ces tribunaux ne pouvaient être choisis que parmi les avocats, procureurs et notaires ; ils devaient être gradués. Cette organisation, comme celle du conseil supérieur, subsista jusqu'en 1828, sous le nom de tribunal de 1$^{re}$ instance, du 29 prairial an X au 12 décembre 1814.

Enfin, une ordonnance locale du 19 décembre 1789 institua un juge de paix dans chaque paroisse.

L'ordonnance du 24 septembre 1828 modifia profondément cet ordre de choses : elle décida que la justice serait administrée par des tribunaux de paix, des tribunaux de 1$^{re}$ instance, une cour royale et des cours d'assises. Sur un grand nombre de points, cette ordonnance est toujours en vigueur.

Chaque tribunal de paix est composé d'un juge de paix, d'un suppléant et d'un greffier; le commissaire de police, et, à son défaut, l'officier de l'état civil, remplit les fonctions du ministère public lorsque le tribunal de paix se constitue en tribunal de simple police.

Le tribunal de 1re instance se composait d'un juge royal, d'un lieutenant de juge, de deux juges auditeurs, d'un procureur du roi, d'un substitut, d'un greffier et d'un commis assermenté.

Le juge royal rendait seul la justice dans les matières qui sont de la compétence du tribunal de 1re instance.

Le lieutenant de juge était plus spécialement chargé de l'instruction; en cas d'empêchement, il remplaçait le juge royal. Le décret du 16 août 1854, en instituant des tribunaux à trois juges, a abrogé cette organisation.

La cour se composait de 9 conseillers, dont un président nommé pour trois ans, de 3 conseillers auditeurs, du procureur général qui exerce en même temps les fonctions de chef du service judiciaire, d'un substitut du procureur général, d'un greffier et d'un commis assermenté.

Les cours d'assises se composaient de 3 conseillers à la cour, de 4 assesseurs tirés au sort sur une liste dressée par le gouverneur en conseil privé et approuvée par le chef de l'État.

Le procureur général ou son substitut y porte la parole et le greffier de la cour y tient la plume.

Cette organisation n'a été modifiée que par le décret du 16 août 1854, qui a fixé la composition des différentes juridictions ainsi que le fait ressortir le tableau ci-après.

*Cour d'appel.*

1 procureur général, 1 premier substitut, 1 deuxième substitut, 1 président, 7 conseillers, 1 conseiller auditeur, 1 greffier en chef.

*Tribunal de Fort-de-France (2e classe).*

1 président, 1 juge d'instruction, 2 juges, 1 procureur de la République, 1 substitut, 1 greffier.

*Tribunal de Saint-Pierre* (1ʳᵉ *classe*).

1 président, 1 juge d'instruction, 2 juges, 1 procureur de la République, 1 premier substitut, 1 deuxième substitut, 1 greffier.

*Justices de paix.*

Neuf juges de paix, dont les traitements varient de 6,000 à 4,000 fr., rendent la justice dans les cantons.

*Cour d'assises.*

L'organisation de la justice criminelle a subi, en 1880, une profonde modification; la loi du 27 juillet 1880 a institué le jury dans nos colonies des Antilles et de la Réunion. Cette loi a supprimé la cour d'assises de Fort-de-France pour transporter à Saint-Pierre le siège de la cour d'assises. Les règles qui président à la formation et à la composition de la liste annuelle et de la liste des jugements sont les mêmes qu'en France.

L'ordonnance de 1828 a organisé, auprès de la cour et des tribunaux de la colonie, des avoués et des huissiers. La nomination des premiers est faite par le gouverneur et approuvée par le ministre; les seconds sont nommés par le gouverneur.

Enfin, le notariat est régi à la Martinique par le décret du 14 juin 1864; aux termes de cet acte, les notaires sont nommés par décrets, les conditions d'âge et d'aptitude sont, à peu de chose près, les mêmes qu'en France.

STATISTIQUE DES TRIBUNAUX (ANNÉE 1880.)

*Cour d'appel.*

| | |
|---|---|
| Affaires civiles. | 27 |
| Affaires commerciales. | 8 |
| Affaires criminelles. | 45 |
| Appels correctionnels. | 41 |

*Tribunal de Fort-de-France.*

| | |
|---|---|
| Affaires civiles. | 232 |
| Affaires commerciales. | 73 |
| Affaires correctionnelles. | 686 |

### Tribunal de Saint-Pierre.

| | |
|---|---|
| Affaires civiles. | 197 |
| Affaires commerciales. | 228 |
| Affaires correctionnelles. | 689 |

### Justices de paix.

| | |
|---|---|
| Affaires civiles. | 1,033 |
| Affaires de simple police. | 5,945 |

*Législation.* — Dès le début de l'occupation de la colonie, la législation française y fut promulguée; un arrêt en règlement du conseil supérieur du 5 novembre 1681 décida que la Coutume de Paris et les ordonnances royales sur la procédure civile et criminelle et sur le droit commercial seraient suivies et observées dans la colonie. Cette législation fut suivie jusqu'à la promulgation du Code civil qui fut faite par arrêté du 16 brumaire an XIV. Les autres Codes furent successivement promulgués : 1° le Code de procédure civile, par ordonnance du 29 octobre 1828; 2° le Code d'instruction criminelle, par ordonnance du 12 octobre 1828; 3° le Code de commerce, par loi du 7 décembre 1850; et enfin 4° le Code pénal par la loi du 8 janvier 1877. Certaines réserves ont été faites dans l'application de ces Codes aux colonies, elles ont toutes été motivées par l'organisation spéciale de nos établissements d'outre-mer; beaucoup d'entre elles, qui n'étaient justifiées que par l'esclavage, ont disparu avec lui. Les différentes lois qui ont modifié la législation française ont pour la plupart été promulguées à la Martinique.

*Instruction publique.* — Le service de l'enseignement est placé sous l'autorité supérieure d'un vice-recteur dont les attributions ont été déterminées par un décret en date du 21 septembre 1882.

L'instruction primaire a été confiée, dans l'origine, aux congréganistes : les frères de Ploërmel pour les garçons, les sœurs de Saint-Joseph de Cluny pour les filles. Les frères de Ploërmel sont liés au département de la marine par un acte du 16 mai 1837 qui n'a reçu depuis qu'un certain nombre de modifications de détail.

L'administration locale ayant décidé, vers la fin de l'année 1881, que l'enseignement primaire serait dorénavant confié à des laïques, 60 instituteurs non congréganistes ont été envoyés dans la colonie dès les premiers mois de 1882; la laïcisation sera progressivement complétée jusqu'à parfait achèvement.

Pour épargner au budget local les frais considérables résultant des voyages fort coûteux du personnel recruté en France, la colonie a créé, dans le courant de l'année 1882, deux écoles normales, l'une pour les garçons, l'autre pour les filles, qui serviront de pépinières pour les instituteurs et les institutrices destinés aux écoles communales.

Ces écoles donnent l'instruction à 9,886 enfants ainsi répartis :

| | |
|---|---:|
| 68 écoles laïques de garçons. | 3,410 |
| 4 écoles laïques de filles | 122 |
| 11 écoles congréganistes de garçons. | 1,671 |
| 34 — — de filles. | 4,683 |
| | 9,886 |

L'enseignement secondaire était donné autrefois dans l'un des petits séminaires de la colonie qui était appelé, pour cette raison, séminaire-collège et dans lequel on entretenait un certain nombre de boursiers.

Une décision locale du 6 décembre 1880 créa un collège qui fut érigé, à partir du 2 mai 1881, en lycée de deuxième catégorie.

Le personnel est, pour la plus grande partie, détaché du département de l'instruction publique, qui le reçoit de nouveau dans le corps enseignant lorsqu'il rentre en France.

L'enseignement supérieur n'existe qu'en ce qui concerne l'étude du droit. Une école préparatoire à cet enseignement a été créée par un arrêté du gouverneur en date du 11 janvier 1882 et définitivement organisée par un décret du 20 janvier 1883. Sous la condition de subir en France un examen spécial à la fin de leurs études, les jeunes gens reçoivent des diplômes équivalents à ceux de la métropole. Les cours de cette école sont suivis par plus de 100 étudiants.

Enfin, l'enseignement professionnel est représenté par une école des arts et métiers installée à Fort-de-France dans une des dépendances de la caserne de l'artillerie, et placée sous la direction du directeur de ce service.

*Cultes.* — Jusqu'en 1850, la colonie était administrée par un préfet apostolique, mais à cette époque la préfecture apostolique fut érigée en évêché (décrets des 6 novembre et 18 décembre 1850, des 3 février 1851, 16 janvier 1854 et 19 février 1859), soumis de droit, en raison de la situation et des circonstances particulières où ils se trouvent, à l'église métropolitaine de Bordeaux. Le siège épiscopal est établi à Saint-Pierre (décret du 31 octobre 1853).

L'évêché de la Martinique est organisé, conformément aux lois civiles et canoniques et aux autres actes appliqués à la France, par un décret impérial du 3 février 1861 (art. 1$^{er}$).

Le séminaire du Saint-Esprit, à Paris, sert provisoirement de grand séminaire pour cet évêché comme pour ceux des autres colonies. Il lui est alloué à cet effet une subvention annuelle de 68,750 fr. qui sert à payer l'entretien du supérieur (2,000 fr.), de 6 directeurs à 1,500 fr. et de 70 élèves à 825 fr.

Les paroisses de la colonie sont administrées par des desservants (art. 8 du décret précité). L'évêque traite directement avec le gouverneur des affaires de son diocèse (art. 12). Il fait de droit partie du conseil privé, toutes les fois que le conseil s'occupe d'affaires relatives au culte, et y a voix délibérative (art. 13).

La somme allouée à la Martinique pour le service du culte par le budget de l'État s'élève, en 1883, à 181,000 fr.

Le cadre du clergé de la Martinique comporte 1 évêque, 2 vicaires généraux et 74 prêtres.

*Travaux publics.* — Les principaux travaux publics en cours d'exécution ou terminés depuis peu, sont :

1° La forme de radoub de Fort-de-France, avec bateau-porte et appareil d'épuisement qui permet en tout temps l'accès des navires de guerre et de commerce dans le bassin pour s'y faire réparer ;

2° Le curage du canal du fort Saint-Louis, commencé en 1875 ;

3° Le curage du quai Est des transatlantiques ;

4° Le curage du havre de la marine, obstrué par les apports de la ravine Bouillé ;

5° L'établissement d'une digue partant de l'extrémité du fort Saint-Louis et s'étendant jusqu'à la bouée rouge placée au bout du banc madréporique. Ce travail a pour effet de protéger les quais des transatlantiques et l'entrée du bassin de radoub contre les vents du sud et du sud-ouest, qui soufflent quelquefois avec violence pendant la saison d'hivernage ;

6° La construction d'une cale de halage pour les embarcations à vapeur.

L'administration de la Martinique affecte chaque année plus de 600,000 fr. pour le service des travaux et pour l'entretien de ses routes ; elle construit actuellement une école des arts et métiers à Fort-de-France et un lycée à Saint-Pierre. Elle possède plus de 489 kilomètres de routes. Le personnel des travaux se compose d'un ingénieur chef du service et de 20 conducteurs ou agents secondaires qui figurent au budget pour une somme de 96,000 fr.

*Cultures.* — Les cultures, en ce qui concerne la canne à sucre, ont pris, depuis quelques années, dans la colonie un développement considérable, dû principalement aux usines centrales. Ces usines ont, entre autres avantages, celui d'assurer aux petits propriétaires dépourvus de moyens de fabrication le placement de leurs produits à des conditions convenables.

La culture de la canne à sucre s'étend sur une superficie de 19,364 hectares. Elle a produit 41,820,000 kilogr. de sucre d'une valeur de 19,320,000 fr., 1,326,000 litres de sirop, d'une valeur de 265,000 fr., et 9,170,000 litres de tafia, valant 3,209,000 fr. Le café, qui malheureusement est déchu de son ancienne importance, n'est plus cultivé que sur un espace de 685 hectares et ne produit que 132,000 kilogr. d'une valeur de 290,000 fr.

211 hectares sont consacrés à la culture du coton, qui produit 4,300 kilogr. valant 7,800 fr.

816 hectares sont consacrés à la culture du cacao, qui fournit 616,000 kilogr. d'une valeur de 1,047,000 fr.

Le tabac est cultivé sur une étendue de 32 hectares et sa production est de 12,400 kilogr. valant 17,000 fr.

Enfin, la culture vivrière comprend un espace de 13,406 hectares et fournit un produit d'une valeur de 5 millions.

La Martinique comprend, en outre, 18,000 hectares de savanes, à peu près 18,000 hectares de bois, et environ 26,000 hectares de terres en friche.

Le nombre des habitations rurales s'élève à 6,306, sur lesquelles se trouvent près de 57,000 travailleurs. Il y a, en outre, 44 chaufourneries, 6 poteries, qui emploient 627 travailleurs. On compte également 88 habitations qui possèdent des moulins à vapeur et 15 usines centrales.

Les différentes espèces d'animaux de trait et de bétail dans la colonie se composent :

De 4,838 chevaux, 302 ânes, 5,296 mulets, 13,472 taureaux et bœufs, 14,137 béliers et moutons, 3,386 boucs et chèvres, et 13,408 porcs.

D'après ce qui précède, on voit que la culture de la canne est encore la principale des cultures de la colonie. Cette culture s'est établie à la Martinique au xviie siècle ; elle a été pendant longtemps très florissante ; malheureusement, de mauvaises récoltes et la concurrence du sucre de betterave en France ont compromis cette culture dont les habitants ne tirent plus le bénéfice qu'ils avaient autrefois. En effet, par la force des choses, ils ont dû, jusqu'à présent, diriger sur France une grande partie de leurs sucres ; ils envoient dans la métropole 22,000,000 de kilogr. d'une valeur de 14,000,000 fr., tandis qu'ils n'envoient à l'étranger que 16,000,000 de kilogr. d'une valeur de 7,000,000 fr.

La valeur des terres employées aux cultures est estimée à 34,000,000 fr. ; celles des bâtiments et du matériel d'exploitation à 31,000,000 fr., et celle des animaux de trait et de bétail à 8,000,000 fr., ce qui fait environ 73,000,000 fr. pour la valeur approximative des propriétés rurales.

Nous avons dit que la valeur brute du sucre cultivé est de 19,320,000 fr. ; les frais d'exploitation s'élèvent à 11,592,000 fr., ce qui donne une valeur nette de 7,528,000 fr., pour 41,820,000 kilogr. soit environ 0 fr. 18 par kilogramme. Le prix de revient d'un kilogr. de sucre est d'environ 0 fr. 43.

Le café, qui comprenait autrefois une des exploitations les plus importantes de la Martinique, y fut introduit en 1723. En 1789, on comptait dans la colonie 6,123 hectares plantés en café ; en 1835, on n'en comptait plus que 3,082 ; en 1880, on n'en comptait plus que 685. L'appauvrissement du sol et la dégénération du caféier sont en grande partie la cause de ce dépérissement fâcheux qui affecte cette industrie.

La culture du coton n'a jamais été faite en grand à la Martinique : en 1779, on comptait 2,726 hectares plantés en coton ; en 1835, cette culture est descendue à 178 hectares ; elle s'est relevée un peu, car, en 1880, on compte 211 hectares. Le cotonnier est exposé aux ravages des chenilles ; il n'est d'ailleurs productif que dans les plaines exemptes d'humidité, et par suite, aucune localité de la Martinique n'est propre à ce genre de culture. En 1875, la Martinique a produit 40,000 kilogr. de coton ; en 1876, 43,000 ; en 1877, 26,000 ; en 1878, 5,600 ; en 1879, 4,800, et en 1880, 4,360.

La culture du cacao a commencé en 1660 ; en 1789, on comptait 1,184 hectares plantés en cacao ; en 1835, il n'y en avait plus que 492 ; en 1875, 603 ; en 1876, 696 ; en 1877, 695 ; en 1878, 698 ; en 1879, 706 et en 1880, 816. En 1832, les produits de la récolte étaient de 171,912 kilogr. ; en 1835, de 155,300 kilogr., en 1875 de 280,000 ; en 1876 de 350,000 ; en 1877 de 273,000 ; en 1878 de 512,300 ; en 1879 de 504,500, et en 1880 de 616,000.

La culture de la girofle produisait, en 1832, 6,600 kilogr. ; en 1875, 37 kilogr. ; depuis cette époque, la récolte a été nulle.

Le tabac était autrefois une des sources de revenu les plus importantes de la Martinique. Cette culture est circonscrite aujourd'hui à quelques quartiers, et le tabac récolté dans la colonie se consomme sur place. Cet abaissement est causé par les bas prix des tabacs des États-Unis. En 1875, cette culture a produit 21,000 kilogr. ; en 1879, 14,000 et en 1880, 12,000.

Les cultures vivrières de la colonie comprennent : la farine de manioc, les ignames, les choux caraïbes, les patates et d'autres racines, les légumes, les bananes, les fruits à pain, etc. Cette culture ne suffit pas aux besoins de la consommation locale. En 1875, le produit de la culture vivrière s'est élevé à plus de 2 millions de francs, et il s'est maintenu à ce chiffre jusqu'à présent.

*Industrie.* — En dehors des usines centrales, l'industrie n'a pris que peu de développement à la Martinique. On sait que les usines remplacent les moulins à bras pour la manipulation de la canne et sont destinées à préparer le sucre dans des conditions plus avantageuses au point de vue de la quantité et de la qualité.

On compte à la Martinique 562 sucreries, 155 habitations caféières, 126 habitations cotonnières, 5,483 habitations vivrières, 75 habitations cacaoyères, 6 poteries, 44 chaufourneries, 88 moulins à vapeur.

*Régime commercial.* — Le régime commercial de la Martinique est réglementé par le sénatus-consulte du 4 juillet 1866. Le conseil général vote chaque année les tarifs de douane sur les produits étrangers importés dans la colonie. Ces tarifs sont rendus exécutoires par des décrets, le Conseil d'État entendu. Le conseil général vote souverainement les tarifs d'octroi de mer sur les objets de toute nature et de toute provenance.

En fait, les droits de douane ont été supprimés par une délibération du conseil général du 30 novembre 1866, sanctionnée par le décret du 16 novembre 1867. Ces dispositions ont enlevé aux produits français la faveur dont ils jouissaient sur le marché colonial à l'époque du pacte colonial et pendant la période transitoire de 1861 à 1866. Aux droits de douane, on a substitué l'octroi de mer, qui porte indistinctement sur toutes les marchandises, quelle que soit leur nationalité. Il profite aux communes et constitue une partie de leurs recettes. Chaque année, un arrêté du gouverneur répartit le produit de l'octroi de mer entre les municipalités, au prorata de leur population ; un cinquième est prélevé sur les produits, afin de couvrir le budget local des frais de perception, qui sont à sa charge. Des droits de navigation et d'entrepôt et des taxes accessoires de navigation sont établis par l'administration locale.

Le produit de l'octroi de mer à la Martinique s'élève à 1,200,000 fr., les droits de navigation à 30,000 fr. et les taxes accessoires de navigation à 105,000 fr. Nous donnons ci-après le tableau des droits d'octroi de mer à la Martinique, ainsi que le taux des droits de navigation et des taxes accessoires et d'entrepôt.

DROITS D'OCTROI DE MER.

## MARTINIQUE.

### DROITS D'OCTROI DE MER.

(Tarif voté par le conseil général les 7 février 1868, 20 décembre 1869, 7 et 9 mars 1871, 20 décembre 1871, 12 novembre 1872, 22 novembre 1878 et 8 décembre 1880.)

| Dénomination des produits. | Unités sur lesquelles portent les droits. | Droits. |
|---|---|---|
| *Animaux vivants.* | | |
| Chevaux, juments et poulains | Par tête. | 15f 00 |
| Mules et mulets | Id. | 10 00 |
| Bœufs et taureaux | Id. | 7 00 |
| Vaches | Id. | 5 00 |
| Bouvillons et taurillons | Id. | 4 00 |
| Génisses et veaux | Id. | 3 00 |
| Ânes, ânesses et ânons | Id. | 2 00 |
| Porcs, béliers, brebis, moutons, agneaux, boucs, chèvres et chevreaux | Id. | 0 40 |
| Volailles. { Oies, dindes et dindons | Id. | 0 20 |
| { Autres | La douzaine. | 0 50 |
| Tortues. { De mer | Les 100 kil. n. | 2 00 |
| { De terre | La douzaine. | 0 50 |
| Animaux autres que ceux ci-dessus dénommés | La valeur. | 2 p. 100 |
| *Produits et dépouilles d'animaux.* | | |
| Viandes { De bœuf | Les 100 kil. n. | 2 00 |
| salées. { De porc | Id. | 3 00 |
| Viandes { De bœuf (langues et autres) | Id. | 5 00 |
| fumées. { De porc (jambons et autres) | Id. | 6 00 |
| Viandes autres, simplement séchées ou salées, en vrac ou non | Les 100 kil. b. | 1 00 |
| Saucissons et viandes de toute sorte conservées par la méthode Appert ou par tout autre procédé analogue | Les 100 kil. n. | 25 00 |
| Beurre { En fréquins ou barils | Id. | 5 00 |
| salé. { Dans d'autres récipients | Id. | 8 00 |
| Graisses. { Saindoux | Id. | 4 00 |
| { Suif | Id. | 3 00 |
| { Huile de pied de bœuf et autres pour machines | Id. | 3 00 |
| Fromage | Id. | 5 00 |

| Dénomination des produits. | Unités sur lesquelles portent les droits. | Droits. |
|---|---|---|
| Noir animal | Les 100 kil. n. | 1f 50 |
| Peaux brutes | Les 100 kil. b. | 2 50 |
| Guano naturel ou travaillé | Exempt. | |

### Pêches.

| | | | | |
|---|---|---|---|---|
| Poissons. | Secs, salés, fumés ou en saumure | Morue | Les 100 kil. n. | 2 00 |
| | | Anchois | Id. | 15 00 |
| | | Autres | Id. | 2 50 |
| | Conservés par la méthode Appert ou par tout autre procédé analogue ou marinés à l'huile | | Id. | 15 00 |
| Graisses de poisson | | | Id. | 3 50 |

### Farineux alimentaires.

| | | | | |
|---|---|---|---|---|
| Céréales. | Froment et seigle | Grains | Id. | 2 00 |
| | | Farines | Le b<sup>l</sup> de 88k,100 | 5 00 |
| | Maïs | Grains | Les 100 kil. n. | 0 70 |
| | | Farines | Id. | 3 00 |
| | Avoine | | Id. | 1 50 |
| Pommes de terre | | | Id. | 0f 50 |
| Légumes secs | | | Id. | 1 00 |
| Biscuits. | Non sucrés | | Id. | 1 50 |
| | Sucrés | | Id. | 15 00 |
| Pâtes d'Italie | | | Id. | 2 00 |
| Gruaux et fécules. | Farine de manioc | | Id. | 0 50 |
| | Autres | | Id. | 3 00 |
| Riz en grains. | Jaune | | Id. | 0 80 |
| | Blanc | | Id. | 1 20 |

### Fruits et graines.

| | | | | |
|---|---|---|---|---|
| Fruits de table. | Frais | | Les 100 kil. b. | 2 00 |
| | Secs ou tapés | | Les 100 kil. n. | 3 00 |
| | Confits. | Au vinaigre, à l'huile ou au sel | Id. | 5 00 |
| | | Au sucre ou au miel (confitures sèches ou liquides) | Id. | 20 00 |
| | | Au jus ou à l'eau-de-vie | Le flac. d'un l. | 0 20 |
| | Conservés par la méthode Appert ou par tout autre procédé analogue, sans sucre ni miel | | Les 100 kil. n. | 10 00 |
| Fruits oléagineux (arachides) | | | Id. | 2 50 |

## MARTINIQUE.

| Dénomination des produits. | Unités sur lesquelles portent les droits. | Droits. |
|---|---|---|

### Denrées coloniales.

| | | |
|---|---|---|
| Sucre brut ou blanchi. . . . . . . . . . . . . . | Les 100 kil. n. | 15f 00 |
| Mélasse. . . . . . . . . . . . . . . . . . . | L'hectolitre. | 0 50 |
| Cacao en fèves. . . . . . . . . . . . . . . | Les 100 kil. n. | 15 00 |
| Café. . . . . . . . . . . . . . . . . . . . . | Id. | 30 00 |
| Poivre. . . . . . . . . . . . . . . . . . . . | Id. | 8 00 |
| Vanille. . . . . . . . . . . . . . . . . . . | Le kil. net. | 0 75 |
| Tabac en feuilles ou en carottes. . . . . . . . | Les 100 kil. n. | 20 00 |
| Cannes à sucre. . . . . . . . . . . . . . | Exemptes. | |

### Sucs végétaux.

| | | |
|---|---|---|
| Brai et goudron. . . . . . . . . . . . . . . . | Les 100 kil. b. | 0 40 |
| Essence de térébenthine. . . . . . . . . . . . | Les 100 kil. n. | 3 00 |
| Huiles fixes pures. { D'olive { En paniers. . . . . . | Le p. de 12 1/2 litr. | 0 50 |
| En caisses. . . . . . | La c. de 12 litres. | 1 50 |
| Dans d'autres récipients. | Les 100 kil. n. | 5 00 |
| De graines grasses. . . . . . . . | Id. | 2 50 |
| Autres . . . . . . . . . . . . . | Id. | 4 00 |

### Espèces médicinales.

| | | |
|---|---|---|
| Fruits, racines, herbes, feuilles, fleurs et écorces. | La valeur. | 4 p. 100 |

### Bois de toute sorte.

| | | |
|---|---|---|
| Bois à construire. { Du Nord. . . . . . . . . . . . | L'hectomètre. | 1f 50 |
| Blancs . . . . . . . . . . . . . | Id. | 1 25 |
| Mâts et espars (le diamètre pris à la base). . . . . . . . . . . | Par centimètre. | 0 15 |
| Autres . . . . . . . . . . . . . | Le stère. | 4 00 |
| Bois feuillard. . . . . . . . . . . . . . . . | Les 1,000 brins. | 1 00 |
| Merrains. . . . . . . . . . . . . . . . . . . | Le millier. | 2 00 |
| Aissantes. { Blanches . . . . . . . . . . . . | Id. | 0 30 |
| Du Nord ou de Walaba. . . . . | Id. | 0 80 |
| Bois d'ébénisterie. . . . . . . . . . . . . . | La valeur. | 10 p. 100 |
| Bois de teinture (campêche) . . . . . . . . . | Les 100 kil. b. | 0f 35 |

| Dénomination des produits. | Unités sur lesquelles portent les droits. | Droits. |
|---|---|---|

*Fruits, tiges et filaments à ouvrer.*

| | | |
|---|---|---|
| Chanvre teillé ou peigné. | Les 100 kil. n. | 5f 00 |
| Coton en laine | Id. | 10 00 |

*Produits et déchets divers.*

| | | | |
|---|---|---|---|
| Légumes | Verts (oignons compris). | Les 100 kil. n. | 1 00 |
| | Salés ou confits au vinaigre | Id. | 5 00 |
| | Conservés par la méthode Appert ou par tout autre procédé analogue. | Id. | 15 00 |
| Bulbes (aulx). | | Id. | 2 00 |
| Drilles (vieux cordages, etc.) | | Id. | 1 50 |
| Tourteaux de graines oléagineuses. | | Exempts. | |
| Truffes et champignons. | Secs | Les 100 kil. n. | 15f 00 |
| | Conservés par la méthode Appert ou par tout autre procédé analogue. | Id. | 25 00 |
| Son de toute sorte de grains | | Id. | 1 00 |

*Pierres, terres et combustibles minéraux.*

| | | | | | |
|---|---|---|---|---|---|
| Marbres et écossines ouvrés. | Carreaux. | De 15 centimètres de largeur et au-dessous. | | Le cent. | 0 75 |
| | | De plus de 15 centimètres de largeur. | | Id. | 1 50 |
| | Autres | | | La valeur. | 6 p. 100 |
| Carreaux de terre. | Communs. | De 25 centimètres de largeur et au-dessous. | Les simples . | Le millier. | 1f 00 |
| | | | Les doubles . | Id. | 2 00 |
| | | De plus de 25 centimètres de largeur. | Les simples . | Id. | 2 00 |
| | | | Les doubles . | Id. | 4 00 |
| | Polie ou vernissée et de faïence. | De 15 centimètres de largeur et au-dessous | | Le cent. | 0 60 |
| | | De plus de 15 centimètres de largeur. | | Id. | 1 20 |

## MARTINIQUE.

| Dénomination des produits. | Unités sur lesquelles portent les droits. | Droits. |
|---|---|---|
| Briques à bâtir. { De 10 centimètres de largeur et au-dessous | Le millier. | 1f 00 |
| { De plus de 10 centimètres de largeur. | Id. | 2 00 |
| Tuiles. { Plates | Id. | 1 00 |
| { Faîtières | Id. | 2 00 |
| { A emboîtement, dites de Marseille | Id. | 2 50 |
| Chaux vive ou éteinte | Les 100 kil. b. | 0 15 |
| Ciment de toute sorte (chaux hydraulique comprise) | Id. | 0 40 |
| Plâtre. { Pour engrais | Exempt. | |
| { Autre | Les 100 kil. b. | 0 40 |
| Goudron minéral | Id. | 0 40 |
| Houille crue ou carbonisée | Les 100 kil. n. | 0 10 |

### *Métaux.*

| | | | |
|---|---|---|---|
| Fer. { Étiré en barres, feuillards et rails compris | 100 kil. b. | 1 00 |
| { Débris de vieux ouvrages | Id. | 0 25 |
| { Platiné { Tôle | Id. | 1 00 |
| { où laminé. { Fer-blanc | Les 100 kil. n. | 6 00 |
| { Acier en barres | Les 100 kil. b. | 7 50 |
| Cuivre. { Laminé ou en barres | Id. | 7 00 |
| { Débris de vieux ouvrages | Id. | 4 50 |
| Plomb. { Laminé ou en saumons | Id. | 3 00 |
| { Débris de vieux ouvrages | Id. | 1 25 |
| Étain en baguettes ou en saumons | Id. | 12 00 |
| Zinc laminé | Id. | 3 50 |

### *Produits chimiques.*

| | | |
|---|---|---|
| Sel marin | Exempt. | |
| Acides, sels et autres produits pour pharmacie. | La valeur. | 4 p. 100 |
| Sels, oxydes et autres produits employés comme couleurs (peinture préparée ou non) | Les 100 kil. n. | 3f 00 |
| Produits divers employés pour engrais | Exempts. | |

| Dénomination des produits. | Unités sur lesquelles portent les droits. | Droits. |
|---|---|---|

*Couleurs.*

| | | |
|---|---|---|
| Noir de fumée et autres couleurs pour bâtiments, sèches, liquides ou en pâte. | Les 100 kil. n. | 3f 00 |

*Compositions diverses.*

| | | |
|---|---|---|
| Parfumeries de toute sorte. | La valeur. | 8 p. 100 |
| Médicaments composés. | Id. | 4 p. 100 |
| Savons autres que ceux de parfumerie. | Les 100 kil. n. | 2f 50 |
| Bougies de toute sorte. | Id. | 8 00 |
| Chandelles. | Id. | 4 00 |
| Chocolat et cacao simplement broyé. | Id. | 20 00 |
| Sirops et bonbons. | Id. | 20 00 |
| Sucre raffiné. | Id. | 15 00 |
| Tabac préparé. | Id. | 50 00 |
| Huile de pétrole ou de schiste (kérosine et autres hydrocarbures). | Le litre. | 0 10 |

*Boissons.*

| | | | | |
|---|---|---|---|---|
| Boissons fermentées. | Vins ordinaires. | De Gironde. | En futailles. | L'hectolitre. | 2f 50 |
| | | | En verre. | Id. | 15 00 |
| | | De Provence ou de la Loire. | En futailles. | Id. | 1 50 |
| | | | En verre. | Id. | 10 00 |
| | | D'ailleurs. | En futailles. | Id. | 3 00 |
| | | | En verre. | Id. | 20 00 |
| | Vin de liqueur. | De Champagne. | | Id. | 35 00 |
| | | Vermout. | | Id. | 10 00 |
| | | Autres. | | Id. | 15 00 |
| | Bière de toute sorte. | En futailles. | | Id. | 2 00 |
| | | En verre. | | Id. | 3 00 |
| | Jus d'oranges et autres jus de fruits. | | | Id. | 5 00 |
| | Vinaigre de toute sorte. | | | Id. | 0 70 |
| Boissons distillées. | Eaux-de-vie. | De mélasse (rhum et tafia). | | L'hect. de liq. | 25 00 |
| | | De vin et de genièvre. | | Id. | 15 00 |
| | | De cerises (kirsch). | | Id. | 30 00 |
| | Liqueurs de toute sorte. | | | L'hectolitre | 30 00 |
| Eaux minérales. | | | | La valeur. | 4 p. 100 |

## MARTINIQUE.

| Dénomination des produits. | Unités sur lesquelles portent les droits. | Droits. |
|---|---|---|

### Vitrifications.

| | | | |
|---|---|---|---|
| Poteries. | De grès et de terre (faïence comprise). | La valeur. | 2 p. 100 |
| | Porcelaines. | Id. | 7 p. 100 |
| Verres et cristaux. | Bouteilles | Le millier. | 7ᶠ 00 |
| | Dames-jeannes | La pièce. | 0 15 |
| | Autres. | La valeur. | 7 p. 100 |

### Fils.

| | | |
|---|---|---|
| Fils. | De coton, de laine, de lin, de soie, etc. | Même droit que les tissus. |
| | Tissés d'or ou d'argent. | Même droit que l'orfèvrerie. |

### Tissus.

| | | | | |
|---|---|---|---|---|
| Tissus. | De coton. | Mouchoirs de l'Inde. | Dits madras. | La p. de 8 mouc. | 3ᶠ 00 |
| | | | Dits vendapolam. | Id. | 1 50 |
| | | Autres. | | La valeur. | 2 p. 100 |
| | De lin ou de chanvre pur ou mélangé de coton | | | Id. | 3 p. 100 |
| | De laine | pure ou mélangée de coton | | Id. | 4 p. 100 |
| | | rehaussée d'ornements en soie. | | Id. | 5 p. 100 |
| | De soie ou de bourre de soie (pure ou non). | Foulards. | | La p. de 7 foul. | 1ᶠ 00 |
| | | Autres. | | La valeur. | 7 p. 100 |
| | Autres que ceux dénommés ci-dessus. | | | Id. | 3 p. 100 |

### Papier et ses applications.

| | | |
|---|---|---|
| Carton, papier, livres, gravures, cartes à jouer, etc. | Id. | 5 p. 100 |

### Ouvrages en matières diverses.

| | | | |
|---|---|---|---|
| Peaux préparées. | Cuir à semelles | Le kilogr. net. | 0ᶠ 10 |
| | Cirées et basanes. | Id. | 0 16 |
| | Vernies. | Id. | 0 40 |

| Dénomination des produits. | | | | Unités sur lesquelles portent les droits. | Droits. |
|---|---|---|---|---|---|
| Ouvrages en peau ou en cuir. | Objets de harnachement des bêtes de gros trait et de labour . . . . . . . | | | La valeur. | 2 p. 100 |
| | Sellerie autre. . . . . . . . . . . . | | | Id. | 6 p. 100 |
| | Chaussures. | Ne dépassant pas la cheville. | Souliers en peau plus ou moins découverts, ceux dits Napolitain compris. { Vernis. . | La paire. | 0f 35 |
| | | | { Cirés et autres. | Id. | 0 30 |
| | | | Pantoufles diverses. | La valeur. | 4 p. 100 |
| | | | Bottes à homme de toute sorte. . . . . . . . | La paire. | 0 80 |
| | | Dépassant la cheville. | Bottines. { En peau. { Cirée, vernie, maroquinée ou de peau dite anglaise. | Id. | 0 55 |
| | | | { Autre . . | Id. | 0 35 |
| | | | { En étoffe. { Avec empeigne, quartier ou simples bouts en peau . . | Id. | 0 30 |
| | | | { Sans empeigne, quartier ni bouts en peau. | Id. | 0 25 |
| | | De toute sorte pour petits enfants (ne dépassant pas 15 centimètres de longueur extérieure). | | La valeur. | 4 p. 100 |
| Chapeaux. . | De soie, de feutre, de paille d'Italie et leurs similaires. . . . . . . | | | La valeur. | 6 p. 100 |
| | Dits de Panama et leurs similaires. | | | La pièce. | 0f 50 |
| | De fibres de palmier et leurs similaires . . . . . . . . . . . . | | | Le cent. | 2 00 |

## MARTINIQUE.

| Dénomination des produits. | Unités sur lesquelles portent les droits. | Droits. |
|---|---|---|
| Cordages { Goudronnés | Les 100 kil. b. | 2f 50 |
| Cordages { Autres (ficelle comprise) | Id. | 3 50 |
| Liège ouvré (bouchons) | Les 100 kil. n. | 9 00 |
| Orfèvrerie et bijouterie d'or ou d'argent et horlogerie | La valeur. | 8 p. 100 |
| Machines et mécaniques de toute sorte destinées à l'agriculture ou à la fabrication du sucre et pièces détachées de ces machines | Id. | 2 p. 100 |
| Instruments aratoires { Houes et coutelas | La douzaine. | 0f 50 |
| Instruments aratoires { Pelles et pioches { Emmanchées | Id. | 0 60 |
| Instruments aratoires { Pelles et pioches { Non emmanchées | Id. | 0 50 |
| Instruments aratoires { Autres | La valeur. | 2 p. 100 |
| Armes { De guerre | | Prohibées. |
| Armes { De commerce { Fusils ou carabines | La pièce. | 5f 00 |
| Armes { De commerce { Pistolets ou revolvers | Id. | 2 50 |
| Armes { De commerce { Autres (armes blanches comprises) | La valeur. | 7 p. 100 |
| Coutellerie | Id. | 6 p. 100 |
| Ouvrages en métaux { En fer { Boulons | Les 100 kil. n. | 3f 00 |
| Ouvrages en métaux { En fer { Chaînes { A bœufs | Id. | 1 50 |
| Ouvrages en métaux { En fer { Chaînes { Autres | Id. | 3 00 |
| Ouvrages en métaux { En fer { Clous { A barriques | Id. | 1 00 |
| Ouvrages en métaux { En fer { Clous { Autres (pointes comprises) | Id. | 2 00 |
| Ouvrages en métaux { En fonte, chaudières à sucre | Les 100 kil. b. | 0 60 |
| Ouvrages en métaux { En cuivre { Clous | Les 100 kil. n. | 10 00 |
| Ouvrages en métaux { En cuivre { Chaudières à sucre | Les 100 kil. b. | 7 00 |
| Ouvrages en métaux { En plomb { Tuyaux | Id. | 3 00 |
| Ouvrages en métaux { En plomb { Grenailles | Les 100 kil. n. | 3 50 |
| Ouvrages en métaux { En zinc, clous | Id. | 5 00 |
| Voitures { Suspendues | La pièce. | 100 00 |
| Voitures { Pièces de rechange pour voitures suspendues | La valeur. | 7 p. 100 |
| Voitures { Tombereaux, camions, chariots, wagons de chemin de fer et leurs pièces de rechange | Id. | 2 p. 100 |
| Embarcations { En état de servir { Bâtiments de mer à franciser | | Exempts. |
| Embarcations { En état de servir { Chaloupes, canots et pirogues | La pièce. | 15f 00 |
| Embarcations { En état de servir { Coques de pirogues | Id. | 3 00 |
| Embarcations { A dépecer | La valeur. | 5 p. 100 |

| | | | |
|---|---|---|---|
| Bimbelo-terie. | Voitures d'enfants.................... | La pièce. | 5ᶠ 00 |
| | Autre de toute sorte............. | La valeur. | 6 p. 100 |
| Allumettes chimiques................. | | La grosse de 144 b. de 50 allum. chac. | 1ᶠ 50 |
| Parapluies et parasols................. | | Même droit que le tissu dont ils sont formés. | |
| Futailles vides. | Dites à porter................... | La pièce. | 0ᶠ 20 |
| | Montées, dites de Bordeaux ou d'Amérique................ | Id. | 0 20 |
| | Travaillées, démontées, avec ou sans leurs cercles et leurs fonds..... | Id. | 0 20 |
| Instruments de musique, autres que ceux pour jouets d'enfants................ | | La valeur. | 7 p. 100 |
| Meubles................. | | Id. | 7 p. 100 |
| Effets à usage............. | | Même droit que le tissu dont ils sont principalement formés. | |
| Marchandises non dénommées au présent tarif.. | | La valeur. | 5 p. 100 |

### EXEMPTIONS ET IMMUNITÉS.

Indépendamment des exemptions spécifiées au tarif qui précède, l'exonération du droit d'octroi de mer est exceptionnellement attribuée aux objets suivants :

1° Objets de toute sorte importés à destination directe de la colonie ou des communes.

2° Ornements d'église et objets destinés au culte importés directement pour le compte des fabriques.

3° Effets à usage dont les traces de service auront été reconnues à la vérification.
(Vote du conseil général en date du 12 novembre 1875.)

4° Habillements et effets militaires pour les troupes, approvisionnements de matériel et de vivres pour le service des bâtiments de l'État, lorsqu'ils sont expédiés directement par la métropole.
(Arrêté du 5 décembre 1842 et vote du conseil général du 14 mai 1878.)

5° Glace, comestibles conservés dans la glace, matériaux et ustensiles nécessaires à la construction, à l'entretien et au service des glacières, y compris le mobilier personnel de l'entrepreneur privilégié.
(Arrêté du 29 décembre 1874.)

6° Instruments, câbles, fils et autres matières nécessaires au service et à la construction des lignes télégraphiques, ainsi qu'aux bureaux établis ou à établir dans la colonie par la Compagnie *West-India and Panama Telegraph*.
(Convention du 24 juin 1871.)

7° Matériel et approvisionnements de la Compagnie transatlantique.
(Décision du gouverneur en conseil privé du 2 juin 1862.)

Sur le produit net de l'octroi, après déduction des remises allouées aux agents du Trésor et de la douane, il est prélevé un cinquième au profit du service local pour frais de perception.

(Vote du conseil général du 22 novembre 1878.)

## DOUANE.

### DROITS DE NAVIGATION.

#### *Congés, passeports et permis.*

| | |
|---|---|
| Congés des bâtiments français, par acte. . . . . . . . | 6ᶠ 00 |
| Passeports des bâtiments étrangers, par bâtiment . . . | 6 00 |
| Permis de charger et de décharger, par bâtiment. . . . | 5 00 |

#### *Droits sanitaires.*

(Vote du conseil général du 11 novembre 1876.)

| | |
|---|---|
| Par tonneau de jauge . . . . . . . . . . . . . . . | 0 15 |

#### *Francisation.*

Bâtiments de construction française :

| | |
|---|---|
| Au-dessous de 100 tonneaux, par tonneau . . . . . | 0 09 |
| De 100 et moins de 200, par bâtiment . . . . . . . | 18 00 |
| De 200 à 300 inclusivement, par bâtiment. . . . . . | 24 00 |
| Pour chaque 100 tonneaux au-dessus de 300, id. . . | 6 00 |
| Bâtiments de construction étrangère, par tonneau. . . | 2 00 |

(Lois des 29 avril 1845 et 19 mai 1866.)

#### *Produits des saisies.*

(Ordonnance royale du 15 avril 1835.)

Un dixième au profit de la caisse coloniale.

### TAXES ACCESSOIRES DE NAVIGATION.

(Votes du conseil général des 30 novembre 1866 et 14 novembre 1867,<br>arrêtés des 29 décembre 1866 et 16 décembre 1867.)

#### *Un décime additionnel.*

(Vote du conseil général du 24 octobre 1877.)

#### *Droits de pilotage.*

Par bâtiment français ou étranger venant de France, des possessions françaises ou de l'étranger :

| | |
|---|---|
| De 30 tonneaux et au-dessous . . . . . . . . . . . | 12ᶠ 00 |
| De plus de 30 à 60. . . . . . . . . . . . . . . | 18 00 |
| — de 60 à 100. . . . . . . . . . . . . . . | 43 00 |
| — de 100 à 150. . . . . . . . . . . . . . . | 65 00 |
| — de 150 à 200. . . . . . . . . . . . . . . | 82 00 |
| — de 200 à 250. . . . . . . . . . . . . . . | 100 00 |

De plus de 250 à 300 . . . . . . . . . . . . . . . 118ᶠ 00
— de 300 à 350. . . . . . . . . . . . . . . 135 00
De 350 et au-dessus. . . . . . . . . . . . . . . 153 00

*Droits de pesage sur les marchandises importées par tous pavillons et passant directement à la consommation.*

Par pesée de 100 kilogrammes et au-dessous . . . . 0ᶠ 25
De plus de 100 à 150 kilogrammes . . . . . . . . . 0 40
De 150 kilogrammes et au-dessous. . . . . . . . . 0 50

*Droits de mouillage provisoire (pendant cinq jours seulement) sur chaque rade de la colonie, et de relâche forcée.*

Par bâtiment français ou étranger venant de France, des possessions françaises ou de l'étranger . . . . . . . 11ᶠ 00
(A l'exclusion de toutes autres taxes.)

*Droits de jaugeage sur bâtiments français et étrangers.*

Bâtiments de 30 tonneaux et au-dessous non pontés . 20ᶠ 00
— de 30 tonneaux et au-dessous, pontés . . . 30 00
— de plus de 30 à 50 tonneaux, non pontés. . 30 00
— — de 30 à 50 tonneaux, pontés. . . . 40 00
Bâtiments de plus de 50 à 75 tonneaux inclus, pontés ou non. . . . . . . . . . . . . . . . . . . . . . 50 00
Pour chaque tonneau en sus des 75 . . . . . . . . 1 10

*Droits de conduite des navires étrangers.*

La conduite du navire comprend l'accomplissement des formalités et obligations à remplir auprès du tribunal de commerce, de la douane et des autres administrations publiques, et l'assistance à prêter aux capitaines et à l'équipage, suivant l'usage des lieux.

*Droits d'interprète.*

Par bâtiment étranger de toute provenance :
De 20 tonneaux et au-dessous . . . . . . . . . . . 10ᶠ 00
De plus de 20 à 40 tonneaux. . . . . . . . . . 15 00
— de 40 à 60 — . . . . . . . . . . 20 00
— de 60 à 80 — . . . . . . . . . . 25 00
— de 80 à 100 — . . . . . . . . . . 30 00
— de 100 à 150 — . . . . . . . . . . 35 00
— de 150 à 200 — . . . . . . . . . . 40 00
— de 200 à 300 — . . . . . . . . . . 50 00
— de 300 à 400 — . . . . . . . . . . 60 00
— de 400 à 500 — . . . . . . . . . . 70 00
— de 500 à 700 — . . . . . . . . . . 80 00
Au-dessus de 700 tonneaux. . . . . . . . . . . . . 100 00

(Vote du conseil général du 30 novembre 1866.)

Droits de traduction de pièces dans le cas de contestation prévu par l'article 80 du Code de commerce (arrêté du 19 avril 1852):

| | |
|---|---|
| Pour un connaissement ordinaire. | 4f 00 |
| — extraordinaire | 6 00 |
| Pour une lettre de change ou billet à ordre, avec ou sans endossement. | 3 00 |
| Pour le protêt d'une lettre de change ou billet, avec ou sans compte de retour. | 6 00 |
| Pour les actes judiciaires (la première page). | 6 00 |
| — — (la deuxième page et les suivantes). | 4 00 |

Ces droits sont abandonnés à Saint-Pierre aux courtiers de commerce (arrêté du 19 avril 1852) et à Fort-de-France à l'interprète juré (décision du 29 juin 1864).

*Droits de mesurage à l'importation ou à l'exportation par tous pavillons.*

| | |
|---|---|
| Merrains, le millier[1]. | » » |
| Planches, madriers ou bois équarris, les 100 mètres. | 0f 15 |
| Rhum, tafia et sirop, les 100 litres. | 0 15 |

*Droit annuel sur les caboteurs employés dans la colonie.*

| | |
|---|---|
| Par tonneau | 1f 00 |

*Droits de phare pour tous les ports de la colonie.*

| | |
|---|---|
| Bâtiments français ou étrangers naviguant au long cours ou au grand cabotage | 20f 00 |
| Caboteurs français naviguant hors des ports de la colonie ou petits caboteurs étrangers. | 3 00 |

DROITS D'ENTREPÔT.

| | |
|---|---|
| Droit sur les permis de sortie des entrepôts des marchandises qui passent à la consommation | 1f 00 |
| Droits sur les permis de sortie des marchandises destinées à la réexportation, ainsi que celui d'entrée dans les entrepôts. | 0 50 |
| Droit sur les marchandises entreposées pendant six mois ou au moins, *ad valorem*. | 1 p. 100 |
| Droit sur les marchandises entreposées pendant plus de six mois, par an et pour moins d'un an, *ad valorem*. | 2 p. 100 |

---

Les merrains et les futailles en bottes sont exempts de droits. (Arrêté du 19 juillet 1862.)

Droits sur les marchandises encombrantes à l'entrepôt,
*ad valorem*. . . . . . . . . . . . . . . . . . . 5 p. 100
Droit de récépissé des marchandises déposées à l'entrepôt en nantissement des prêts faits par la banque.
(Arrêté du 23 avril 1853.)

Par dépôt. . . . . . . . . . . . . . . . . . . . . 2f 00

### DROITS D'AMARRAGE SUR LES CORPS MORTS DANS TOUS LES PORTS DE LA COLONIE.

(Vote du conseil général du 7 mars 1871.)

Bâtiments français ou étrangers venant de France, des possessions françaises ou de l'étranger :

Au long cours, par voyage . . . . . . . . . . . . 20f 00
Au grand cabotage. . . . . . . . . . . . . . . . 5 00
Au petit cabotage . . . . . . . . . . . . . . . . 2 60
Caboteurs appartenant aux divers ports de la colonie et faisant la navigation autour de l'île et le petit cabotage, par an et par caboteur jaugeant moins de 40 tonneaux. 15 00
— — plus de 40 tonneaux . 25 00

### TIMBRE SPÉCIAL DE LA DOUANE.

(Décret du 21 septembre 1864 et votes du conseil général des 22 décembre 1864 et 22 octobre 1865.)

| DÉSIGNATION DES ACTES. | DROITS. |
|---|---|
| Commission d'emploi . . . . . . . . . . . . . . . . . . . . . . . . | |
| Acte de francisation . . . . . . . . . . . . . . . . . . . . . . . | |
| Congés des bâtiments français . . . . . . . . . . . . . . . . . | |
| Congés des embarcations non pontées . . . . . . . . . . . . . | 0f 75 |
| Passeports des bâtiments étrangers. . . . . . . . . . . . . . | |
| Acquits-à-caution d'entrepôt . . . . . . . . . . . . . . . . . . | |
| Permis de transbordement . . . . . . . . . . . . . . . . . . . | |
| Expéditions des navires métropolitains. . . . . . . . . . . . | |
| Expéditions des navires étrangers et des caboteurs allant à la Guadeloupe. | |
| Expéditions des caboteurs et embarcations de toute sorte naviguant autour de l'île . . . . . . . . . . . . . . . . . . . . . . . . . . . . . . . . | 0 05 |
| Certificats d'origine . . . . . . . . . . . . . . . . . . . . . . . | |
| Quittances de droits au-dessus de 10 francs . . . . . . . . . . . . . . | 0 25 |
| — de 10 francs et au-dessous. . . . . . . . . . . . . . | 0 05 |

La Martinique a exporté pour France :

En 1876, pour 20,526,017 fr. de marchandises.
En 1877, pour 20,036,710 fr. —
En 1878, pour 18,193,322 fr. —

En 1879, pour 23,963,181 fr. de marchandises.
En 1880, pour 21,310,197 fr. —

Elle a exporté pour l'étranger :

En 1879, pour 8,265,190 fr. de marchandises.
En 1880, pour 8,756,994 fr. —

Elle a importé de France :

En 1876, pour 11,409,052 fr. de marchandises.
En 1877, pour 14,026,478 fr. —
En 1878, pour 14,114,908 fr. —
En 1879, pour 13,715,625 fr. —
En 1880, pour 14,087,100 fr. —

Elle a importé de l'étranger :

En 1879, pour 15,361,204 fr. de marchandises.
En 1880, pour 17,237,405 fr. —

Au point de vue du mouvement de la navigation, il est entré à la Martinique, en 1880 :

94 navires français venant de France, d'un tonnage de 31,017 tonnes ;

80 navires français venant des colonies françaises, et d'un tonnage de 13,781 ;

117 navires français venant des pays étrangers et d'un tonnage de 84,261 ;

484 navires étrangers.

Il est sorti de la Martinique :

113 navires français allant en France, et d'un tonnage de 34,541 ;

93 navires français se rendant dans les colonies françaises, d'un tonnage de 13,600 ;

161 navires français à destination de pays étrangers, d'un tonnage de 98,969 ;

619 navires étrangers.

*Service postal.* — La Martinique est reliée à la métropole par des services français et anglais.

Le service français est confié à la Compagnie générale transatlantique qui fait partir chaque mois deux paquebots de Saint-Nazaire et un paquebot de Bordeaux ; les départs ont lieu de

Saint-Nazaire le 5 et le 20 de chaque mois, et de Bordeaux le 25.

Le service anglais est effectué deux fois par mois de Southampton, le 1er et le 16.

Dans ses rapports avec les pays étrangers faisant partie de l'Union, le service postal de la Martinique fonctionne conformément aux stipulations de la convention conclue au congrès postal de Paris en 1878.

Cette observation s'applique d'ailleurs à toutes nos possessions coloniales.

Quant au régime postal intérieur, il fonctionne, à la Martinique et dans tous nos établissements d'outre-mer, conformément aux lois, décrets et règlements qui régissent le service postal métropolitain.

*Services financiers.* — Les dépenses et les recettes nécessaires pour l'administration de la Martinique sont réparties entre deux budgets : le budget de l'État, c'est-à-dire le budget de la marine et des colonies, et le budget local de la Martinique.

Le budget de la marine et des colonies (service colonial) comprend, sur une dépense totale de 24,000,000 de fr. (déduction faite du service pénitentiaire), une somme de 2,526,000 fr. affectée à la Martinique (soit 10,5 p. 100), mais il faut ajouter à cette dépense la solde de la garnison, les frais de passage de celle-ci et d'un certain nombre de fonctionnaires qui passent sur les transports de l'État. Ces dépenses métropolitaines sont payées par le budget de la marine.

Le budget local comprend toutes les dépenses se rapportant aux services intérieurs de la colonie et toutes les recettes nécessaires pour l'acquittement de ces dépenses. Ce budget est délibéré chaque année par le conseil général et arrêté par le gouverneur. Il s'élève pour l'année 1883, en recettes et en dépenses, à 4,036,265 fr.

Les contributions directes comprennent :

|  | Francs. |
|---|---|
| La contribution foncière, produisant | 336,000 |
| La contribution mobilière | 30,000 |
| La contribution des patentes | 225,000 |
| Les droits de vérification des poids et mesures | 15,000 |

Les contributions indirectes se composent notamment :

|  | Francs. |
|---|---|
| Des droits de sortie en remplacement de l'impôt foncier | 700,000 |
| Des droits accessoires de douane | 510,000 |
| Des droits sur les spiritueux | 654,000 |
| Des droits de licence | 15,000 |

Le service de l'enregistrement comprend, outre l'enregistrement, le timbre, les hypothèques, les domaines, la curatelle aux successions vacantes, les eaux et forêts. Le personnel est détaché de l'administration métropolitaine ; les recettes de l'enregistrement s'élèvent à 837,000 fr. ; ses dépenses à 90,000 fr.

*Monnaies et établissements de crédits.*

La monnaie française est la seule monnaie légale à la Martinique. La législation métropolitaine sur le taux de l'intérêt n'y est pas applicable.

Il y a à la Martinique deux établissements de crédit : la Banque coloniale et le Crédit foncier colonial.

Nous avons donné, dans la notice préliminaire, un aperçu sur l'organisation des banques coloniales. Nous le complétons par une indication sur les opérations de cet établissement.

Le mouvement général des escomptes, prêts et avances faits par la Banque, pendant l'année 1881-1882, s'est élevé à. . . . . 27,087,391f 19
 Se décomposant ainsi :
Effets sur place . . . . . . . 22,762,191f 45
Obligations sur récoltes. . . . 3,325,677 59
 — sur titres d'actions . 906,460 »
 — sur marchandises . 93,062 15
Le mouvement général des opérations de change
s'est traduit par un chiffre total de . . . . . . 23,049,411 78
 Remises . . . . . . . . . . 12,017,799 09
 Émissions. . . . . . . . . . 11,031,612 69
Celui des billets de. . . . . . . . . . . . . 81,583,275 » à l'entrée.
Et de. . . . . . . . . . . . . . . . . . . 81,803,975 » à la sortie.
Celui de la caisse (billets et numéraire) de. . . 83,632,660 66
Les dépôts en compte courant se sont élevés à. 64,330,934 57

Les bénéfices réalisés pendant la campagne, déduction faite de tous les prélèvements statutaires, ont permis de distribuer un dividende de 74 fr. 95, soit 14 fr. 99 p. 100 du capital social.

Quant aux opérations du Crédit foncier colonial, elles sont indiquées dans la notice préliminaire.

*Services militaires*. — La garnison est composée de 6 compagnies d'infanterie de marine, d'une batterie d'artillerie de marine, d'une compagnie de gendarmerie et d'une de disciplinaires.

La colonie possède des ressources suffisantes à la subsistance des rationnaires, et, à l'exception du lard salé qui est envoyé de France, toutes les denrées entrant dans la composition de la ration sont achetées sur place.

Il y a deux hôpitaux militaires à la Martinique : un à Fort-de-France et le second à Saint-Pierre.

## II. — GUADELOUPE ET DÉPENDANCES.

*Historique.* — La Guadeloupe, habitée originairement par les Caraïbes, qui la nommaient Karukera, fut découverte, le 4 novembre 1493, par Christophe Colomb qui lui donna son nom à cause de la ressemblance de ses montagnes avec celles de la Sierra da Guadalupe d'Espagne.

Négligée par les Espagnols, la Guadeloupe fut occupée en 1635 par le sieur Charles Lyénard de l'Olive, lieutenant général de d'Esnambuc, gouverneur français de Saint-Christophe, et Jean Duplessis, sieur d'Ossonville, envoyé de France par la Compagnie des îles d'Amérique.

Successivement attaqués et assaillants, les nouveaux venus furent définitivement débarrassés, par un traité du 31 mars 1660, des naturels qui se retirèrent à la Dominique et à Saint-Vincent.

Vendue par la Compagnie au marquis de Boisseret, cédée pour moitié au sieur Houel, passée à leurs héritiers, rachetée par Louis XIV sur les conseils de Colbert et octroyée à la Compagnie des Indes occidentales, la Guadeloupe, après ces tiraillements, fut enfin réunie au domaine de l'État en 1674 et placée sous la dépendance de la Martinique.

Attaquée trois fois par les Anglais en 1666, 1691 et 1703, elle résista victorieusement et sa prospérité s'affirma, à la suite du traité d'Utrecht, pendant une période ininterrompue de quarante années.

Prise en 1759 par les Anglais après une longue et héroïque résistance, occupée par eux pendant quatre ans, restituée à la France aux termes du traité de 1763, exonérée pendant six ans de la tutelle de la Martinique, replacée sous sa dépendance en 1769, la Guadeloupe fut définitivement déclarée indépendante à cette époque, de laquelle date une prospérité qui s'accrut malgré le terrible ouragan du 6 septembre 1776 et la guerre de l'indépendance des États-Unis.

La guerre civile qui éclata à la suite des décrets de la Convention nationale de 1793, prépara la conquête de la Guadeloupe et de ses dépendances, en avril 1794, par les Anglais; mais les commissaires de la Convention, Chrétien et Victor Hugues, soutenus énergiquement par la population, chassèrent l'étranger du sol de la Guadeloupe et de ses dépendances.

Après la paix d'Amiens, la guerre civile se ralluma dans la colonie, mais la guerre avec l'Angleterre y fit diversion. Heureuse d'abord contre les Anglais, la Guadeloupe perdit ensuite ses dépendances et tomba elle-même au pouvoir de l'Angleterre, le 6 février 1810.

Elle fut rendue à la France le 30 mai 1814, par le traité de Paris. La Suède, à qui elle avait été cédée par le traité de Stockholm, le 3 mars 1813, mais qui n'avait pu en prendre possession, accéda à cette restitution, qui fut consommée le 14 décembre 1814.

Envahie de nouveau à la suite de la commotion que produisit la nouvelle des événements des Cent-Jours, la colonie fut occupée par les Anglais du 18 août 1815 au 25 juillet 1816, époque à laquelle la France reprit définitivement possession de la Guadeloupe et de ses dépendances, Marie-Galante, les Saintes, la Désirade et la partie septentrionale de Saint-Martin.

*Topographie*. — La Guadeloupe est située par 63°51′32″-64°10′41″ de longitude ouest du méridien de Paris et 15°59′30″-16°20′18″ de latitude nord.

*Configuration. Étendue*. — L'île, d'une forme très irrégulière, a 444 kilomètres de circonférence. Elle est divisée en deux parties par un canal d'environ 6 kilomètres de longueur, dit la Rivière-Salée, qui communique à la mer par ses deux extrémités. La largeur de ce canal varie de 30 à 120 mètres; ses sinuosités et le peu de profondeur de ses embouchures n'en permettent l'accès et le passage qu'aux bâtiments de faible tonnage employés à la navigation intérieure. Des travaux s'y exécutent depuis quelques années en vue de le rendre plus praticable.

*Guadeloupe proprement dite*. — A l'Ouest de la Rivière-Salée, se trouve la partie dite : la Guadeloupe, sol d'ancienne formation et de nature volcanique, arrosé par de nombreux cours d'eau et traversé par de hautes montagnes que domine celle de la Soufrière, élevée à 1,557 mètres au-dessus du niveau de la mer.

La Guadeloupe proprement dite forme quatre cantons et comprend les seize communes suivantes : la Basse-Terre, Saint-Claude, le Baillif, les Vieux-Habitants, Bouillante, la Pointe-Noire, Deshaies, Sainte-Rose, le Lamentin, la Baie-Mahault, le Petit-Bourg, la Goyave, la Capesterre, les Trois-Rivières, le Vieux-Fort et Gourbeyre. Toute cette région est montagneuse, complètement boisée à l'intérieur, très accidentée vers le littoral, sauf le côté du Nord et la partie voisine de la Rivière-Salée qui présentent de belles plaines entre les montagnes et la mer. Elle convient surtout à la culture du café, du cacao, du rocou, de la vanille. La canne à sucre y réussit également bien. Des fruits excellents, d'espèces et de variétés nombreuses, des racines alimentaires de grande ressource y abondent.

Au S.-O. de la Soufrière, et comme à ses pieds, s'étend la ville de la Basse-Terre, chef-lieu de la colonie. Il y existe une chambre de commerce, une chambre d'agriculture, de vastes casernes, un arsenal, un hôpital militaire, un hospice civil, une maison de correction, un collège diocésain et un pensionnat de demoiselles. La rade offre un excellent ancrage. Population : 8,178 habitants.

A 6 kilomètres au Nord de la Basse-Terre, dans la commune de Saint-Claude, et à 545 mètres d'altitude, au N.-N.-E. de la Soufrière, se trouve la station militaire de convalescence et d'acclimatement du Camp-Jacob. Cette localité est d'une salubrité remarquable, on y compte quatre vastes casernes, un parc d'artillerie, un hôpital militaire spacieux. La colonie y entretient une maison de campagne pour le gouverneur.

*Grande-Terre.* — La seconde partie de l'île, située à l'Est de la Rivière-Salée, et connue sous la désignation de Grande-Terre, est généralement plate et complètement privée d'eau courante ; son sol est de formation nouvelle et de nature calcaire. Elle est traversée, vers le centre, du S.-E. au N.-N.-O., par un morne boisé peu élevé, dont les arêtes, en pentes douces, forment de larges vallons et des gorges fraîches et fertiles. Des mamelons de peu d'étendue et bas, largement espacés, les uns cultivés, d'autres arides ou laissés à la végétation naturelle, et plusieurs ravins profonds sont les seuls autres accidents de terrain que présente cette partie de l'île, dont la superficie totale est de 65,631 hectares.

La Grande-Terre comprend quatre cantons de dix communes : la Pointe-à-Pître, les Abîmes, le Gosier, Sainte-Anne, Saint-François, le Moule, l'Anse-Bertrand, le Port-Louis, le Petit-Canal et le Morne-à-l'Eau. Ces différentes communes s'étendent, dans l'intérieur, en plaines immenses et fécondes où se succèdent, à des distances plus ou moins rapprochées, les plus belles et les plus importantes plantations de cannes à sucre, avec leurs établissements d'exploitation, usines et bâtiments d'habitation agglomérés et formant comme autant de hameaux distincts, toujours pleins d'animation et de mouvement. A défaut de sources naturelles, les eaux pluviales, recueillies dans des mares profondes, suffisent aux besoins habituels de la localité.

La ville principale de la Grande-Terre, la Pointe-à-Pître, a un port très sûr, capable de recevoir les navires du plus fort tonnage.

La Pointe-à-Pître possède une banque, un comptoir du Crédit foncier colonial, une chambre de commerce, une chambre d'agriculture, un hôpital militaire, un hospice civil, une crèche pour les indigents, un théâtre, une maison de correction, plusieurs établissements d'éducation, deux imprimeries publiant chacune un journal hebdomadaire.

Dans l'un des faubourgs de la ville, au Sud, se trouve la vaste usine centrale dite de Darboussier, dont les puissantes machines perfectionnées peuvent livrer annuellement 10,000 tonnes de sucre.

La ville est alimentée par les eaux des montagnes de la Guadeloupe.

Dans l'Est de la Grande-Terre, est le port du Moule où peuvent entrer des navires de 300 tonneaux. Au N.-E., la baie du Port-Louis et celle du Petit-Canal présentent de bons mouillages.

Des eaux thermo-minérales, la plupart salines ou sulfureuses, quelques-unes ferrugineuses, abondent dans cette partie de l'île. Les bains de Dôlé, à 10 kilomètres de la Basse-Terre, ceux de Ravine-Chaude, du Lamentin, à 20 kilomètres de la Pointe-à-Pître, et la source sulfureuse de Sophaïa, de Sainte-Rose, sont les plus fréquentés et jouissent de grandes propriétés thérapeutiques. Les eaux d'une source située au haut du Matouba sont particulièrement remarquables par leur température élevée jusqu'à l'ébullition et la quantité considérable de soufre qu'elles déposent.

Les forêts, d'une étendue de 42 hectares, sont couvertes d'arbres d'essences précieuses et variées, propres aux constructions civiles et maritimes ; elles sont très giboyeuses. Il n'y a, dans l'île, ni reptile, ni insecte venimeux, ni aucun animal de proie.

La Guadeloupe a cinq dépendances :

1° *Marie-Galante*. — La première et la plus grande est l'île de Marie-Galante qui a 83 kilomètres de circonférence et une population de 15,727 habitants. Elle se divise en 3 communes : le Grand-Bourg, la Capesterre et Saint-Louis. La ville de Grand-Bourg, située à 29 milles S.-E. de la Basse-Terre, est le chef-lieu. Il y existe une chambre d'agriculture, une maison de correction, un hospice civil, une caserne, plusieurs établissements d'éducation et une usine centrale à sucre : la Grande-Anse ou de Retz. La rade est entourée d'une ceinture de récifs qui en rendent l'accès difficile ; population : 6,732 âmes. Les communes de la Capesterre et de Saint-Louis ont une certaine importance et comptent, la première 4,811 habitants, la seconde 4,184.

2° *Saintes*. — La seconde dépendance, formée des îlots des Saintes, est située à 19 kilomètres S.-E. de la pointe du Vieux-Fort de la Guadeloupe. L'îlot le plus à l'Est porte le nom Terre-de-Haut, il possède à l'Ouest un beau port pour les plus grands navires de guerre. Sa position topographique, les sièges qu'il a soutenus, le réseau de fortifications qui y est établi, lui ont justement mérité la dénomination de Gibraltar des Antilles. Dans le voisinage de la Terre-de-Haut, et sur un îlot dit l'Ilet-à-Cabri, se trouve le fort Joséphine, converti en maison de force et de correction, ainsi qu'un lazaret.

L'îlot de l'Ouest est appelé Terre-de-Bas. Il produit du café et des vivres. On y fabrique des poteries généralement estimées. La population de ce groupe est de 2,000 âmes. La pêche, dont elle s'occupe presque exclusivement, fait de ces insulaires des marins expérimentés et courageux.

3° *Désirade*. — La troisième dépendance est l'île de la Désirade, à 11 kilomètres N.-E. de la Pointe-des-Châteaux de la Grande-Terre. Elle a 22 kilomètres de tour ; la colonie y entretient une léproserie. A peu de distance de cette île, se trouve les îlots de la Petite-Terre. Sur l'extrémité orientale de l'un d'eux, s'élève un phare à feu fixe. La Désirade forme une commune dépendant du canton de Saint-François et compte 2,000 habitants dont la pêche est la principale industrie. On y cultive aussi du coton et des vivres.

4° *Saint-Martin*. — La quatrième dépendance est la partie septentrionale de Saint-Martin, placée à 233 kilomètres au Nord de la Guadeloupe. Elle a près de 39 kilomètres de circonférence, les deux tiers environ de l'île appartiennent à la France ; l'autre tiers appartient à la Hollande. Sa population est de 3,371 âmes. La baie du Marigot, où se trouve le bourg de ce nom, est le lieu officiel de mouillage. Saint-Martin est le siège d'une justice de paix à compétence étendue. Il y a une église catholique et un consistoire du culte protestant. L'île possède plusieurs très vastes salines, dont la production, déjà de grande importance, pourrait être considérablement augmentée ; le sel qui en provient est remarquablement beau. On y cultive, en outre, beaucoup de vivres ; le gros bétail s'y élève avec succès.

5° *Saint-Barthélemy*. — L'île Saint-Barthélemy est située par 17°55′35″ latitude nord et 65°10′30″ de longitude ouest, à 175 kilomètres N.-N.-O. de la Guadeloupe. Elle est située entre les îles anglaises de Saint-Christophe et de l'Aiguille et l'île hollandaise de Saint-Eustache. Sa population s'élève à 2,400 habitants environ. Sa forme est très irrégulière ; le sol de Saint-Barthélemy est montagneux, mais il est fertile quoique l'eau y soit rare. Un certain nombre de petites vallées y sont cultivées en plantes potagères et le produit des légumes y a pris une assez grande importance ; les ananas y réussissent très bien. On exporte aussi de Saint-Barthélemy de la casse, des tamarins et du bois de sassafras. Des recherches récentes ont permis de constater la présence de mines de plomb et de zinc assez riches, dit-on, mais inexploitées faute de capitaux.

Entourée de rochers et de bas-fonds, l'île est d'un difficile accès. Le port, nommé le Carénage, ne saurait recevoir des navires autres que ceux faisant le grand cabotage; mais il est abrité pendant la plus grande partie de l'année, avantage très rare dans ces parages. Gustavia, la capitale, est bâtie sur le port.

Saint-Barthélemy, ancienne colonie française depuis 1648, avait été cédée par la France à la Suède, en 1784. Le suffrage universel y fut établi en 1830 et n'a cessé d'y fonctionner régulièrement depuis cette époque. L'esclavage y a été aboli en 1848.

Cette île, que Gustave III avait obtenue de la France en échange d'autres concessions, et qu'il avait acquise en vue de créer, dans les Indes occidentales, des intérêts commerciaux à la Suède, est restée française par la langue, par les mœurs, par ses relations suivies avec nos colonies des Antilles. Le gouvernement suédois a offert à la France de la lui rétrocéder. Les négociations furent entamées au mois de janvier 1877, et le 10 août suivant fut signé, entre les plénipotentiaires des deux nations contractantes, un traité conclu à Paris, portant rétrocession à la France, sous la réserve expresse du consentement de la population de l'île, et aux conditions d'un protocole spécial, réglant les clauses de détail.

Une loi portant approbation à ce traité a été votée par la Chambre des députés, ratifiée par le Sénat et promulguée par le Président de la République, le 12 mars 1878.

Aux termes de l'article 3 de la loi, l'île Saint-Barthélémy est considérée, au point de vue politique, administratif et judiciaire, comme une dépendance de la Guadeloupe.

*Superficie totale et statistique agricole.* — La superficie de la Guadeloupe et de ses dépendances est de 194,851 hectares; savoir :

| | |
|---|---|
| La Guadeloupe proprement dite. | 94,631 hectares. |
| La Grande-Terre | 65,631 — |
| Marie-Galante | 14,927 — |
| La Désirade. | 2,720 — |
| Les Saintes | 1,422 — |
| La Petite-Terre. | 343 — |
| Saint-Martin (partie française) | 5,177 — |
| Saint-Barthélemy | 1,800 — |
| Soit. | 186,651 hectares. |

*Phare et feux.* — Un phare et les différents feux ci-après indiqués assurent l'accès des côtes de la Guadeloupe.

1° *Phare de la Petite-Terre.* — Feu fixe (⊙ 3), à l'Est, sur l'îlot dit la Terre-de-Bas, à 184 mètres de son extrémité orientale. Latitude 16°10′29″ nord; longitude 63°25′14″ ouest.

Élévation $\begin{cases} \text{au-dessus du sol. . . } 23^m \\ \text{au-dessus de la mer . } 33^m \end{cases}$ portée : 15 milles.

2° *Feu du port de la Basse-Terre.* — Feu fixe, rouge, allumé à 9$^m$,50 au N.-E. du rivage, élevé de 13 mètres au-dessus du niveau de la mer, à marée haute, par 15°59′8″ de latitude nord et 64°44′4″ de longitude ouest du méridien de Paris; portée : 7 milles. Un fanal rouge indique l'appontement du gouvernement. Une bouée cylindrique en tôle, mouillée sur la rade par un fond de 35 mètres et à 300 mètres du fanal de l'appontement, sert à l'amarrage des paquebots français et anglais. Elle est régulièrement éclairée les nuits d'arrivée des packets par un feu vert pâle.

3° *Feu de l'Ilet-Monroux.* — A l'entrée de la rade et précédant le port de la Pointe-à-Pître. Il est élevé de 16 mètres au-dessus du niveau de la mer et peut être vu à 7 milles au large. Lumière fixe et blanche, éclairant l'horizon sur tous les côtés, et servant particulièrement à faire reconnaître les bouées et coffres flottants qui marquent la passe.

4° *Feu du Moule.* — Élevé de 14 mètres au-dessus du niveau de la mer. Établi par 16°16′34″ de latitude septentrionale et 63°48′20″ de longitude occidendale du méridien de Paris. Lumière blanche et fixe; portée : 7 milles.

5° *Feu du Gosier.* — Établi sur l'îlet de ce nom à 6,150 mètres de la Pointe-à-Pître et 17 mètres au-dessus du niveau de la mer par 16°14′7″ de latitude septentrionale et 63°48′54″ de longitude occidentale. Lumière blanche et fixe; portée : 7 milles, du Nord 30° Est au Nord 30° Ouest.

6° *Feu du Grand-Bourg de Marie-Galante.* — Situé à 50 mètres du pavillon du port; élevé de 14 mètres au-dessus du niveau de la mer, sous le 15°52′0″ de latitude septentrionale et 63°39′7″ de longitude occidentale du méridien de Paris. Il sert à marquer l'entrée du port et peut être aperçu de la distance de 7 milles.

*Routes.* — La Guadeloupe possède 334 kilomètres de routes

coloniales ferrées, carrossables et parfaitement entretenues, et 559 kilomètres de chemins de grande et de petite vicinalité.

*Climat, météorologie.* — A diverses époques, la Guadeloupe a subi les désastreux effets de perturbations atmosphériques, mais le climat y est généralement doux. Durant la saison chaude, qui règne de juin à octobre, la température marquant en moyenne de 27 à 28° centigrades, ne s'élève guère, dans les villes et bourgs du littoral, à plus de 32°, et descend, pendant les mois de novembre à mai, jusqu'à 17° et même 16°. Dans l'intérieur de la partie dite de la Guadeloupe, au Camp-Jacob, au Matouba, notamment dans les hauteurs des communes des Vieux-Habitants, de Sainte-Rose et du Petit-Bourg, la température rappelle celle du midi de la France. Au Matouba, le thermomètre s'est abaissé parfois jusqu'à 10 degrés.

*Population.* — La population de la Guadeloupe s'élève à 158,470 individus, comprenant : 77,907 hommes et 80,563 femmes. Dans cette population, les garçons au-dessous de 14 ans figurent pour 28,227, et les filles pour 27,175. En dehors de cette population sédentaire, se trouve une population flottante comprenant :

1° Fonctionnaires et employés et leurs familles. . . . 738
2° Garnison. . . . . . . . . . . . . . . . . . . . 681
3° Immigrants. . . . . . . . . . . . . . . . . . . 23,675
4° Population flottante . . . . . . . . . . . . . . 9,171

Le nombre des mariages s'est élevé en 1879 à 496, et en 1880 à 517. En 1879, il y a eu 4,261 naissances; en 1880, 4,554. Le nombre des décès s'est élevé pour 1879 à 4,500 et pour 1880 à 4,864.

*Gouvernement et administration.* — La Guadeloupe est représentée par un sénateur et deux députés.

L'organisation administrative de la Guadeloupe est la même que celle de la Martinique.

Le conseil général est composé de 36 membres élus par le suffrage universel.

Les cantons de la Basse-Terre, de la Capesterre, du Lamentin, du Moule et de Marie-Galante élisent chacun 4 conseillers; celui de la Pointe-à-Pître en élit 8; celui de Port-Louis, 3; celui de la Pointe-Noire, 2, et ceux de Saint-François, de Saint-

Martin et de Saint-Barthélemy, 1. La commission coloniale est composée de 7 membres.

La Guadeloupe comprend 33 communes. Le tableau suivant indique l'ensemble des recettes et des dépenses du budget communal:

|  | Recettes. | Dépenses. |
|---|---|---|
| Deshaies. | 11,615 | 11,045 |
| Pointe-Noire. | 30,661 | 30,661 |
| Bouillante. | 30,381 | 30,381 |
| Habitants. | 24,835 | 24,835 |
| Baillif. | 16,149 | 16,149 |
| Saint-Claude. | 39,300 | 39,300 |
| Basse-Terre. | 126,205 | 126,205 |
| Gourbeyre. | 22,238 | 22,192 |
| Vieux-Fort. | 12,190 | 12,160 |
| Trois-Rivières. | 34,222 | 34,222 |
| Capesterre. | 118,700 | 118,700 |
| Goyave. | 12,329 | 12,329 |
| Petit-Bourg. | 38,315 | 38,221 |
| Baie-Mahault. | 33,690 | 33,690 |
| Lamentin. | 46,701 | 46,670 |
| Sainte-Rose. | 46,432 | 42,604 |
| Pointe-à-Pitre. | 389,834 | 389,834 |
| Gosier. | 19,750 | 19,750 |
| Abîmes. | 57,210 | 57,210 |
| Morne-à-l'Eau. | 64,742 | 64,742 |
| Canal. | 67,175 | 67,175 |
| Port-Louis. | 58,053 | 58,053 |
| Anse-Bertrand. | 32,700 | 32,400 |
| Moule. | 101,055 | 100,934 |
| Sainte-Anne. | 66,060 | 65,773 |
| Saint-François. | 60,216 | 60,216 |
| Marie-Galante. Grand-Bourg. | 57,010 | 56,990 |
| Marie-Galante. Capesterre. | 28,670 | 28,670 |
| Marie-Galante. Saint-Louis. | 26,735 | 26,735 |
| Désirade. | 11,081 | 11,081 |
| Saintes. | 16,409 | 16,409 |
| Saint-Martin. | 20,016 | 20,016 |
| Saint-Barthélemy. | 16,944 | 16,944 |

Le service de l'immigration est représenté par un protecteur d'immigration chef du service, par deux inspecteurs et un certain nombre de syndics. Un comité d'immigration est chargé de surveiller le bon fonctionnement de ce service. Les dépenses de l'immigration figurent au budget pour une somme de 495,000 fr.

La police générale est représentée par 9 commissaires de polices cantonaux et coûte environ 105,000 fr.

*Justice*. — L'organisation judiciaire de la colonie, comme celle de la Martinique, comprenait au début, un conseil supérieur, juridiction d'appel, et des sénéchaussées chargées de juger en première instance les procès tant civils que criminels. Cette organisation fut maintenue jusqu'en 1828.

L'ordonnance du 24 septembre 1828, puis le décret du 16 août 1854, modifièrent profondément cet ordre de choses, en décidant que la justice serait administrée par des tribunaux de paix, des tribunaux de première instance, une cour royale et des cours d'assises.

Le décret du 16 août 1854 et les décrets subséquents du 31 août 1878 et du 8 janvier 1879 ont fixé ainsi qu'il suit la composition de la cour et des tribunaux :

*Cour d'appel.*

1 procureur général, 1 premier substitut, 1 deuxième substitut, 1 président, 7 conseillers, 1 conseiller auditeur, 1 greffier en chef.

*Tribunal de la Basse-Terre.*

1 président, 1 juge d'instruction, 1 juge, 1 procureur de la République, 1 substitut, 1 greffier.

*Tribunal de la Pointe-à-Pitre.*

1 président, 1 juge d'instruction, 2 juges, 1 procureur de la République, 2 substituts, 1 greffier.

*Tribunal de Marie-Galante.*

1 juge-président, 1 lieutenant de juge, 1 procureur de la République, 1 greffier.

*Tribunaux de Saint-Barthélemy et de Saint-Martin.*

1 juge-président, 1 commissaire du Gouvernement, 1 greffier.
Neuf justices de paix rendent la justice dans les différents cantons de l'île.

*Cour d'assises.*

L'organisation de la justice criminelle a subi en 1880 une profonde modification ; la loi du 27 juillet 1880 a institué le jury dans la colonie. Elle a supprimé la cour d'assises de la Basse-Terre pour transporter à la Pointe-à-Pître le siège de la juridiction criminelle. Les règles qui président à la formation de la liste annuelle et de la liste de jugement sont les mêmes qu'en France.

L'ordonnance de 1828 a enfin organisé, auprès de la cour et des tribunaux, des huissiers. Quant au notariat, il est réglé par le décret du 14 juin 1864.

STATISTIQUE DES TRIBUNAUX (ANNÉE 1880).

*Cour d'appel.*

| | |
|---|---|
| Affaires civiles. | 14 |
| Affaires commerciales. | 6 |
| Affaires criminelles. | 57 |
| Appels correctionnels. | 41 |

*Tribunal de la Basse-Terre.*

| | |
|---|---|
| Affaires civiles. | 57 |
| Affaires commerciales. | 15 |
| Affaires correctionnelles. | 333 |

*Tribunal de la Pointe-à-Pître.*

| | |
|---|---|
| Affaires civiles. | 251 |
| Affaires commerciales. | 101 |
| Affaires correctionnelles. | 541 |

### Tribunal de Marie-Galante.

| | |
|---|---|
| Affaires civiles | 34 |
| Affaires commerciales | 2 |
| Affaires correctionnelles | 219 |

### Tribunal de Saint-Barthélemy.

| | |
|---|---|
| Affaires civiles | 2 |
| Affaires commerciales | 11 |
| Affaires correctionnelles | 12 |

### Tribunal de Saint-Martin.

| | |
|---|---|
| Affaires civiles | 5 |
| Affaires commerciales | 2 |
| Affaires correctionnelles | 45 |

### Justices de paix.

| | |
|---|---|
| Affaires civiles | 791 |
| Affaires de simple police | 2,607 |

*Législation.* — Dès le début de l'occupation de la colonie, la législation française y fut promulguée; un arrêt en règlement du conseil supérieur du 5 novembre 1681 décida que la coutume de Paris et les ordonnances royales sur la procédure civile et criminelle et sur le droit commercial seraient suivies et observées dans la colonie.

Les autres codes furent successivement promulgués : 1° le Code de procédure civile, par ordonnance du 29 octobre 1828; 2° le Code d'instruction criminelle, par ordonnance du 12 octobre 1828; 3° le Code de commerce, par la loi du 7 décembre 1850; et enfin, 4° le Code pénal, par la loi du 8 janvier 1877. Certaines réserves ont été faites dans l'application de ces codes aux colonies, elles ont toutes été motivées par l'organisation spéciale de nos établissements d'outre-mer; beaucoup d'entre elles, qui n'étaient justifiées que par l'esclavage, ont d'ailleurs disparu avec lui. Les différentes lois qui ont modifié la législation française ont, pour la plupart, été promulguées à la Guadeloupe.

*Instruction publique.* — A défaut de recteur, c'est le directeur de l'intérieur qui en remplit les fonctions et qui dirige le service de l'instruction publique.

L'enseignement primaire, sauf une exception (l'école de la Basse-Terre), est confié entièrement aux congréganistes. Les frères des écoles chrétiennes dirigent les écoles de garçons, et les sœurs de Saint-Joseph de Cluny les écoles de filles. Dans la dépendance de Saint-Martin, les écoles sont dirigées par des laïques.

Les écoles sont surveillées par deux inspecteurs primaires, chacun d'eux étant chargé d'un des arrondissements de la colonie.

L'enseignement est donné à 11,667 enfants, répartis ainsi qu'il suit :

| | |
|---|---:|
| Écoles communales de garçons | 5,967 |
| — de filles | 4,556 |
| Écoles libres de garçons | 631 |
| — de filles | 513 |
| | 11,667 |

L'enseignement secondaire n'était représenté, il y a peu de temps encore, que par un collège diocésain à la Basse-Terre, dirigé par les frères de la Congrégation du Saint-Esprit. La colonie a quinze boursiers.

Mais la création d'un lycée a été récemment décidée, et cet établissement, actuellement en voie de formation, doit prochainement entrer en exercice.

*Cultes.* — Jusqu'en 1850, la colonie était administrée par un préfet apostolique, mais à cette époque, la préfecture apostolique fut érigée en évêché (décrets des 6 novembre et 18 décembre 1850, des 3 février 1851, 16 janvier 1854 et 19 février 1859), soumis de droit, en raison de la situation et des circonstances particulières où il se trouve, à l'église métropolitaine de Bordeaux. Le siège épiscopal est établi à la Basse-Terre.

L'évêché de la Guadeloupe est organisé conformément aux lois civiles et canoniques et aux autres actes appliqués à la France, par un décret impérial du 3 février 1861 (art. 1er).

Il a été fondé un petit séminaire à la Guadeloupe.

Le clergé de la colonie est recruté pour la Martinique par le grand séminaire colonial du Saint-Esprit.

Deux pasteurs protestants assurent le service du culte, l'un à Saint-Martin, l'autre à Saint-Barthélemy.

*Travaux publics.* — La colonie s'occupe de construire un lycée à la Pointe-à-Pître, un lazaret à Saint-Martin, un hospice pour les aliénés. Elle s'occupe également d'étudier un projet d'assainissement des abords de la Pointe-à-Pître, afin de rendre la salubrité au pays et de donner un certain nombre d'hectares de terres excellentes à l'agriculture.

Le service des travaux est confié à l'administration des ponts et chaussées. Il est dirigé par un ingénieur qui a sous ses ordres un personnel de 28 conducteurs et piqueurs; ce personnel est inscrit au budget pour 123,000 fr. La colonie consacre aux travaux de routes, à la construction et à l'entretien des édifices coloniaux, ainsi qu'au curage des rivières et des différents ports, un crédit de près de 800,000 fr.

*Cultures.* — La culture de la canne à sucre s'étend sur une superficie de 24,207 hectares; cette culture, introduite à la Guadeloupe vers 1644, a été longtemps une cause de prospérité pour cette colonie. Malheureusement, la concurrence du sucre de betterave et des sucres exotiques a compromis cette industrie.

En 1880, la Guadeloupe a produit 26,360,158 kilogr. de sucre d'usine, d'une valeur de 21,088,126 fr.

15,300,000 kilogr. de sucre brut, d'une valeur de 6,123,000 fr.

8,311,000 kilogr. de sucre terré, d'une valeur de 4,155,000 fr.

4,580,000 litres de sirop, d'une valeur de 1,145,000 fr.

Et 2,842,000 litres de tafia, d'une valeur de 2,274,000 fr.

4,110 hectares sont consacrés à la culture du café, qui a produit 865,000 kilogr. d'une valeur de 2,162,000 fr.

La culture du coton comprend 305 hectares; elle a produit 21,000 kilogr. d'une valeur de 26,000 fr.

Pour le cacao, 454 hectares sont cultivés, et cette culture a produit 103,000 kilogr. d'une valeur de 93,000 fr.

346 hectares sont consacrés à la culture du rocou, qui a produit 566,000 kilogr. d'une valeur de 283,000 fr.

La culture vivrière s'étend sur plus de 10,000 hectares, et sa production est d'une valeur de près de 4 millions.

La Guadeloupe comprend, en outre, 13,000 hectares de savanes, 48,000 hectares de bois, et près de 35,000 hectares de terres en friche.

Le nombre des habitations rurales s'élève à 8,758, sur lesquelles se trouvent près de 85,000 travailleurs.

Les différentes espèces d'animaux de trait et de bétail dans la colonie comprennent :

5,275 chevaux,
2,030 ânes,
6,352 mulets,
10,250 taureaux et bœufs,
95 buffles,
13,856 béliers et moutons,
13,241 boucs et chèvres,
13,297 porcs.

Depuis 1861, la Guadeloupe a cherché à s'ouvrir des débouchés dans les pays étrangers. Cependant, le marché français est resté le plus important. Elle a envoyé en France, en 1880, 27,000,000 de kilogr. de sucre d'une valeur de 17,000,000 fr., et dans les pays étrangers 15,600,000 kilogr. d'une valeur de 9,400,000 fr.

La valeur des terres employées aux cultures est estimée à 60,000,000 fr.; celle des bâtiments et du matériel d'exploitation à 50,000,000 fr., et celle des animaux de trait à 10,000,000 fr., ce qui fait environ 120,000,000 fr. pour la valeur approximative des propriétés rurales.

Le café, dont la culture était fort étendue à la Guadeloupe depuis 1730, diminua d'importance à la fin du xviii® siècle. A cette époque, cette culture fut en grande partie remplacée par celle de la canne à sucre. Elle fut reprise sous la Restauration, mais l'épuisement des terres et l'élévation des droits d'entrée en France en compromirent de nouveau le succès. En 1790, il y avait 8,174 hectares plantés en café, et l'exportation de cette denrée pour la France s'élevait à 3,710,000 kilogr. En 1835, les plantations sont réduites à 5,602 hectares. En 1875, elles comprennent 3,693 hectares fournissant 719,000 kilogr.; en 1876, 3,725 hectares fournissant 786,000 kilogr.; en 1877, 3,671 hectares fournissant 788,000 kilogr.; en 1878, 3,985 hectares fournissant 792,000 kilogr.; en 1879, 4,003 hectares fournissant 453,000 kilogr.; en 1880, 4,110 hectares fournissant 865,000 kilogr. Cette industrie est donc aujourd'hui en progrès.

La culture du coton n'est pas importante à la Guadeloupe. En 1789, il existait dans cette colonie 8,877 hectares; en 1835 il n'y en avait plus que 1,023; en 1875 cette culture est descendue à 618 hectares, donnant 16,000 kilogr. de coton, et en 1880, elle s'est abaissée à 305 hectares fournissant 21,000 kilogr.

La culture du cacao a été de tout temps sans grande importance à la Guadeloupe. Le cacaoyer commence à produire à l'âge de six ans, et il est en plein rapport à huit ans: on fait deux récoltes par an, la première en avril et mai, et la seconde en octobre et en novembre. En 1835, cette culture fournissait 28,000 kilogr. de cacao; en 1875, elle en a fourni 118,000 kilogr.; en 1878, 272,000 kilogr.; et en 1880 elle est retombée à 103,000 kilogr.

Le tabac n'a jamais été cultivé sur une grande étendue dans la colonie. En 1835, cette culture a fourni 3,700 kilogr.; en 1875, la production s'est élevée à 21,000 kilogr.; en 1878, elle est redescendue à 16,000 kilogr., et en 1880 à 12,000 kilogr.

La Guadeloupe cultive le rocou, dont la production paraît s'être accrue; en 1875, elle était de 405,000 kilogr.; en 1879, elle est montée à 442,000 kilogr., et en 1880 à 566,000 kilogr.

La culture vivrière comprend la farine de manioc, les ignames, les choux caraïbes, les patates, les légumes, les bananes, les fruits à pain, etc. Cette culture ne suffit pas aux besoins de la consommation locale; elle s'est élevée, en 1875, à une valeur de 1,600,000 fr., et s'est maintenue à ce chiffre dans les années suivantes.

*Industrie.* — L'industrie n'est pas développée à la Guadeloupe, en dehors de l'industrie sucrière qui occupe 574 sucreries. 62 d'entre elles possèdent des usines à vapeur, les autres ont des usines à eau ou à bêtes. Il y a, en outre, 11 usines centrales à vapeur qui ne sont pas attachées à des plantations, et qui se chargent de manipuler les cannes qui leur sont apportées par les propriétaires d'habitations.

*Commerce.* — La Guadeloupe est régie, au point de vue commercial, par le sénatus-consulte du 4 juillet 1866. Le conseil général vote les tarifs de douane sur les produits étrangers importés dans la colonie. Ces tarifs sont approuvés par des décrets du chef de l'État, le Conseil d'État entendu. Le conseil général vote souverainement les tarifs d'octroi de mer sur les objets de toute provenance et de toute nature.

Les droits de douane ont été suspendus par des délibérations du conseil général des 11 décembre 1866 et 13 janvier 1868, sanctionnées par les décrets des 25 avril 1868 et 2 août 1870. Ainsi, l'octroi de mer est substitué aux droits de douane. Il porte indistinctement sur toutes les marchandises, quelle que soit leur nationalité ; il profite aux communes et constitue une grande partie de leurs recettes. Chaque année, un arrêté du gouverneur répartit le produit de l'octroi de mer, au prorata de leur population, entre les municipalités ; un dixième est prélevé sur ces produits pour être attribué au service local afin de le couvrir des frais de perception qui sont à sa charge.

Des droits de navigation, d'entrepôt et des taxes accessoires de navigation sont établis par des arrêtés locaux. Nous donnons ci-après le tarif des droits d'octroi de mer, ainsi que celui des droits de navigation et d'entrepôt.

### TAXES AU PROFIT DES COMMUNES.

#### DROITS D'OCTROI DE MER.

(Tarif voté par le conseil général les 7 février 1868, 20 décembre 1869, 7 et 9 mars 1871, 20 décembre 1871, 12 novembre 1872, 22 novembre 1878 et 8 décembre 1880.)

| Dénomination des produits. | Unités sur lesquelles portent les droits. | Droits. |
|---|---|---|
| *Animaux vivants.* | | |
| Chevaux, juments et poulains. | Par tête. | 15f 00 |
| Mules et mulets. | Id. | 10 00 |
| Bœufs et taureaux. | Id. | 7 00 |
| Vaches | Id. | 5 00 |
| Bouvillons et taurillons. | Id. | 4 00 |
| Génisses et veaux. | Id. | 3 00 |
| Anes, ânesses et ânons | Id. | 2 00 |
| Porcs, béliers, brebis, moutons, agneaux, boucs, chèvres et chevreaux | Id. | 0 40 |
| Volailles { Oies, dindes et dindons | Id. | 0 20 |
| { Autres | La douzaine. | 0 50 |
| Tortues { De mer | Les 100 kil. | 2 00 |
| { De terre. | La douzaine. | 0 50 |
| Animaux autres que ceux ci-dessus dénommés. | La valeur. | 2 p. 100 |

## GUADELOUPE ET DÉPENDANCES.

| Dénomination des produits. | | | Unités sur lesquelles portent les droits. | Droits. |
|---|---|---|---|---|

*Produits et dépouilles d'animaux.*

| | | | | |
|---|---|---|---|---|
| Viandes salées. | De bœuf. | | Les 100 kil. n. | 2f 00 |
| | De porc. | | Id. | 3 00 |
| Viandes fumées. | De bœuf (langues et autres) | | Id. | 5 00 |
| | De porc (jambons et autres) | | Id. | 6 00 |
| Viandes autres, simplement séchées ou salées, en vrac ou non | | | Les 100 kil. b. | 1 00 |
| Saucissons et viandes de toute sorte conservées par la méthode Appert ou par tout autre procédé analogue | | | Les 100 kil. n. | 25 00 |
| Beurre salé. | En frequins ou barils | | Id. | 5 00 |
| | Dans d'autres récipients. | | Id. | 8 00 |
| Graisses. | Saindoux | | Id. | 4 00 |
| | Suif | | Id. | 3 00 |
| | Huile de pied de bœuf et autres pour machines | | Id. | 3 00 |
| Fromage | | | Id. | 5 00 |
| Noir animal | | | Id. | 1 50 |
| Peaux brutes | | | Les 100 kil. b. | 2 50 |
| Guano naturel ou travaillé | | | Exempt. | |

*Pêches.*

| | | | | |
|---|---|---|---|---|
| Poissons. | Secs, salés, fumés ou en saumure | Morue | Les 100 kil. n. | 2 00 |
| | | Anchois | Id. | 15 00 |
| | | Autres | Id. | 2 50 |
| | Conservés par la méthode Appert ou par tout autre procédé analogue ou marinés à l'huile | | Id. | 15 00 |
| Graisse de poisson | | | Id. | 3 50 |

*Farineux alimentaires.*

| | | | | |
|---|---|---|---|---|
| Céréales. | Froment et seigle. | Grains | Id. | 2 00 |
| | | Farines | Le bl de 88k,100 | 5 00 |
| | Maïs | Grains | Les 100 kil. n. | 0 70 |
| | | Farines | Id. | 3 00 |
| | Avoine | | Id. | 1 50 |
| Pommes de terre | | | Id. | 0 50 |
| Légumes secs | | | Id. | 1 00 |
| Biscuits. | Non sucrés | | Id. | 1 50 |
| | Sucrés | | Id. | 15 00 |
| Pâtes d'Italie | | | Id. | 2 00 |

| Dénomination des produits. | | | Unités sur lesquelles portent les droits. | Droits. |
|---|---|---|---|---|
| Gruaux et fécules. | Farine de manioc. | | Les 100 kil. n. | 0f 50 |
| | Autres | | Id. | 3 00 |
| Riz en grains. | Jaune. | | Id. | 0 80 |
| | Blanc. | | Id. | 1 20 |

*Fruits et graines.*

| | | | | | |
|---|---|---|---|---|---|
| Fruits de table. | Frais | | | Les 100 kil. b. | 2 00 |
| | Secs ou tapés | | | Les 100 kil. n. | 3 00 |
| | Confits. | Au vinaigre, à l'huile ou au sel | | Id. | 5 00 |
| | | Au sucre ou au miel (confitures sèches ou liquides). | | Id. | 20 00 |
| | | Au jus ou à l'eau-de-vie. | | Le flac. d'un l. | 0 20 |
| | Conservés par la méthode Appert ou par tout autre procédé analogue, sans sucre ni miel | | | Les 100 kil. n. | 10 00 |
| Fruits oléagineux (arachides) | | | | Id. | 2 50 |

*Denrées coloniales.*

| | | | |
|---|---|---|---|
| Sucre brut ou blanchi | | Id. | 15 00 |
| Mélasse | | L'hectolitre. | 0 50 |
| Cacao en fèves | | Les 100 kil. n. | 15 00 |
| Café. | | Id. | 30 00 |
| Poivre. | | Id. | 8 00 |
| Vanille | | Le kil. net. | 0 75 |
| Tabac en feuilles ou en carottes. | | Les 100 kil. n. | 20 00 |
| Cannes à sucre. | | Exemptes. | |

*Sucs végétaux.*

| | | | | |
|---|---|---|---|---|
| Brai et goudron. | | | Les 100 kil. b. | 0 40 |
| Essence de térébenthine | | | Les 100 kil. n. | 3 00 |
| Huiles fixes pures. | D'olive. | En paniers. | Le p. 12 1/2 lit. | 0 50 |
| | | En caisses. | La c. de 120 lit. | 1 50 |
| | | Dans d'autres récipients. | Les 100 kil. n. | 5 00 |
| | De graines grasses. | | Id. | 2 50 |
| | Autres. | | Id. | 4 00 |

*Espèces médicinales.*

| | | |
|---|---|---|
| Fruits, racines, herbes, feuilles, fleurs et écorces. | La valeur. | 4 p. 100 |

GUADELOUPE ET DÉPENDANCES.  85

| Dénomination des produits. | | | Unités sur lesquelles portent les droits. | Droits. |
|---|---|---|---|---|

### Bois de toute sorte.

| | | | | |
|---|---|---|---|---|
| Bois à construire. | | Du Nord............ | L'hectomètre. | 1f 50 |
| | | Blancs............. | Id. | 1 25 |
| | | Mâts et espars (le diamètre pris à la base).......... | Par centimètre. | 0 15 |
| | | Autres............. | Le stère. | 4 00 |
| Bois feuillard................. | | | Les 1,000 brins. | 1 00 |
| Merrains..................... | | | Le millier. | 2 00 |
| Aissantes. | | Blanches............ | Id. | 0 30 |
| | | Du Nord ou de Walaba..... | Id. | 0 80 |
| Bois d'ébénisterie............... | | | La valeur. | 10 p. 100 |
| Bois de teinture (campêche).......... | | | Les 100 kil. b.- | 0f 35 |

### Fruits, tiges et filaments à ouvrer.

| | | | |
|---|---|---|---|
| Chanvre teillé ou peigné............ | | Id. | 5 00 |
| Coton en laine ................. | | Id. | 10 00 |

### Produits et déchets divers.

| | | | | |
|---|---|---|---|---|
| Légumes... | | Verts (oignons compris)...... | Les 100 kil. n. | 1 00 |
| | | Salés ou confits au vinaigre... | Id. | 5 00 |
| | | Conservés par la méthode Appert ou par tout autre procédé analogue............ | Id. | 15 00 |
| Bulbes (aulx)................. | | | Id. | 2 00 |
| Drilles (vieux cordages, etc.)......... | | | Id. | 1 50 |
| Tourteaux de graines oléagineuses....... | | | Exempts. | |
| Truffes et champignons. | | Secs............. | Les 100 kil. n. | 15 00 |
| | | Conservés par la méthode Appert ou par tout autre procédé analogue............ | Id. | 25 00 |
| Son de toute sorte de grains......... | | | Id. | 1 00 |

### Pierres, terres et combustibles minéraux.

| | | | | |
|---|---|---|---|---|
| Marbres et écossines ouvrés. | Carreaux.. | De 15 centimètres de largeur et au-dessous. | Le 100. | 0 75 |
| | | De plus de 15 centimètres de largeur ... | Id. | 1 50 |
| | Autres............. | | La valeur. | 6 p. 100 |

| Dénomination des produits. | | | | Unités sur lesquelles portent les droits. | Droits. |
|---|---|---|---|---|---|
| Carreaux de terre. | Communs. | De 25 centimètres de largeur et au-dessous. | Les simples. | Le millier. | 1f 00 |
| | | | Les doubles. | Id. | 2 00 |
| | | De plus de 25 centimètres de largeur. | Les simples. | Id. | 2 00 |
| | | | Les doubles. | Id. | 4 00 |
| | Polie ou vernissée et de faïence. | De 15 centimètres de largeur et au-dessous... | | Le 100 | 0 60 |
| | | De plus de 15 centimètres de largeur........ | | Id. | 1 20 |
| Briques à bâtir.. | De 10 centimètres de largeur et au-dessous............. | | | Le millier. | 1 00 |
| | De plus de 10 centimètres de largeur. | | | Id. | 2 00 |
| Tuiles.. | Plates................. | | | Id. | 1 00 |
| | Faîtières.............. | | | Id. | 2 00 |
| | A emboîtement, dites de Marseille.. | | | Id. | 2 50 |
| Chaux vive ou éteinte............. | | | | Les 100 kil. b. | 0 15 |
| Ciment de toute sorte (chaux hydraulique comprise)................... | | | | Id. | 0 40 |
| Plâtre.. | Pour engrais............ | | | Exempt. | |
| | Autre................. | | | Les 100 kil. b. | 0 40 |
| Goudron minéral................. | | | | Id. | 0 40 |
| Houille crue ou carbonisée.......... | | | | Les 100 kil. n. | 0 10 |

*Métaux.*

| | | | Unités | Droits. |
|---|---|---|---|---|
| Fer... | Étiré en barres, feuillards et rails compris.............. | | Les 100 kil. b. | 1 00 |
| | Débris de vieux ouvrages...... | | Id. | 0 25 |
| | Platiné ou laminé. | Tôle........... | Id. | 1 00 |
| | | Fer-blanc......... | Les 100 kil. n. | 6 00 |
| | Acier en barres........... | | Les 100 kil. b. | 7 50 |
| Cuivre.. | Laminé ou en barres........ | | Id. | 7 00 |
| | Débris de vieux ouvrages...... | | Id. | 4 50 |
| Plomb.. | Laminé ou en saumons....... | | Id. | 3 00 |
| | Débris de vieux ouvrages...... | | Id. | 1 25 |
| Étain en baguettes ou en saumons....... | | | Id. | ‹ 12 00 |
| Zinc laminé................. | | | Id. | 3 50 |

*Produits chimiques.*

| | | |
|---|---|---|
| Sel marin..................... | Exempt. | |
| Acides, sels et autres produits pour pharmacie.. | La valeur. | 4 p. 100 |

# GUADELOUPE ET DÉPENDANCES.

| Dénomination des produits. | Unités sur lesquelles portent les droits. | Droits. |
|---|---|---|
| Sels, oxydes et autres produits employés comme couleurs (peinture préparée ou non). | Les 100 kil. n. | 3f 00 |
| Produits divers employés pour engrais | Exempts. | |

### Couleurs.

| | | |
|---|---|---|
| Noir de fumée et autres couleurs pour bâtiments, sèches, liquides ou en pâte. | Les 100 kil. n. | 3 00 |

### Compositions diverses.

| | | |
|---|---|---|
| Parfumeries de toute sorte | La valeur. | 8 p. 100 |
| Médicaments composés. | Id. | 4 p. 100 |
| Savons autres que ceux de parfumerie. | Les 100 kil. n. | 2f 50 |
| Bougies de toute sorte. | Id. | 8 00 |
| Chandelles. | Id. | 4 00 |
| Chocolat et cacao simplement broyé. | Id. | 20 00 |
| Sirops et bonbons. | Id. | 20 00 |
| Sucre raffiné. | Id. | 15 00 |
| Tabac préparé | Id. | 50 00 |
| Huile de pétrole ou de schiste (kérosine et autres hydrocarbures). | Le litre. | 0 10 |

### Boissons.

| | | | | | |
|---|---|---|---|---|---|
| Boissons fermentées. | Vins ordinaires. | De Gironde. | En futailles. | L'hectolitre. | 2 50 |
| | | | En verre. | Id. | 15 00 |
| | | De Provence ou de la Loire. | En futailles. | Id. | 1 50 |
| | | | En verre. | Id. | 10 00 |
| | | D'ailleurs. | En futailles. | Id. | 3 00 |
| | | | En verre. | Id. | 20 00 |
| | Vin de liqueur. | De Champagne. | | Id. | 35 00 |
| | | Vermout. | | Id. | 10 00 |
| | | Autres. | | Id. | 15 00 |
| | Bière de toute sorte | En futailles. | | Id. | 2 00 |
| | | En verre. | | Id. | 3 00 |
| | Jus d'oranges et autres jus de fruits. | | | Id. | 5 00 |
| | Vinaigre de toute sorte. | | | Id. | 0 70 |
| Boissons distillées. | Eaux-de-vie. | De mélasse (rhum et tafia) | | L'hectol. de liq. | 25 00 |
| | | De vin et de genièvre. | | Id. | 15 00 |
| | | De cerises (kirsch). | | Id. | 30 00 |
| | Liqueurs de toute sorte | | | L'hectolitre. | 30 00 |
| Eaux minérales. | | | | La valeur. | 4 p. 100 |

| Dénomination des produits. | Unités sur lesquelles portent les droits. | Droits. |
|---|---|---|

### Vitrifications.

| | | | |
|---|---|---|---|
| Poteries | { De grès et de terre (faïence comprise). | La valeur. | 2 p. 100 |
| | { Porcelaines. | Id. | 7 p. 100 |
| Verres et cristaux. | { Bouteilles | Le millier. | 7f 00 |
| | { Dames-jeannes. | La pièce. | 0 15 |
| | { Autres. | La valeur. | 7 p. 100 |

### Fils.

| | | |
|---|---|---|
| Fils | { De coton, de laine, de lin, de soie, etc. | Même droit que les tissus. |
| | { Tissus d'or et d'argent. | Même droit que l'orfévrerie. |

### Tissus.

| | | | | |
|---|---|---|---|---|
| Tissus | De coton. | Mouchoirs de l'Inde. | Dits madras. | La p. de 8 mouc. | 3f 00 |
| | | | Dits vandapolam. | Id. | 1 50 |
| | | Autres. | | La valeur. | 2 p. 100 |
| | De lin ou de chanvre pur ou mélangé de coton. | | | Id. | 3 p. 100 |
| | De laine. | Pure ou mélangée de coton. | | Id. | 4 p. 100 |
| | | Rehaussée d'ornements en soie. | | Id. | 5 p. 100 |
| | De soie ou de bourre de soie (pure ou non). | Foulards. | | La p. de 7 foul. | 1f 00 |
| | | Autres. | | La valeur. | 7 p. 100 |
| | Autres que ceux dénommés ci-dessus. | | | Id. | 8 p. 100 |

### Papier et ses applications.

| | | |
|---|---|---|
| Carton, papier, livres, gravures, cartes à jouer, etc. | Id. | 5 p. 100 |

### Ouvrages en matières diverses.

| | | | |
|---|---|---|---|
| Peaux préparées. | { Cuir à semelles. | Le kilogr. net. | 0f 10 |
| | { Cirées et basanes. | Id. | 0 16 |
| | { Vernies. | Id. | 0 40 |

# GUADELOUPE ET DÉPENDANCES.

| Dénomination des produits. | | | | Unités sur lesquelles portent les droits. | Droits. |
|---|---|---|---|---|---|
| | Objets de harnachement des bêtes de gros trait et de labour . . . . . . . | | | La valeur. | 2 p. 100 |
| | Sellerie autre. . . . . . . . . . . . | | | Id. | 6 p. 100 |
| Ouvrages en peau ou en cuir. | Chaussures. | Ne dépassant pas la cheville. | Souliers en peau plus ou moins découverts, ceux dits Napolitains compris. { Vernis . . | La paire. | 0ᶠ 35 |
| | | | Cirés et autres . | Id. | 0 30 |
| | | | Pantoufles diverses. . . | La valeur. | 4 p. 100 |
| | | | Bottes à homme de toute sorte. . . . . . . . . | La paire. | 0 80 |
| | | Dépassant la cheville. Bottines. | En peau. { Cirée, vernie, maroquinée ou de peau dite anglaise . | Id. | 0 55 |
| | | | Autre. . . | Id. | 0 35 |
| | | | En étoffe. { Avec empeigne, quartier ou simples bouts en peau . . | Id. | 0 30 |
| | | | Sans empeigne, quartier ni bouts en peau . | Id. | 0 25 |
| | | De toute sorte pour petits enfants (ne dépassant pas 15 centimètres de longueur extérieure) | | La valeur. | 4 p. 100 |
| Chapeaux. | De soie, de feutre, de paille d'Italie et leurs similaires. . . . . . . . . | | | Id. | 6 p. 100 |
| | Dits de Panama et leurs similaires. . | | | La pièce. | 0ᶠ 50 |
| | De fibres de palmier et leurs similaires. | | | Le cent. | 2 00 |
| Cordages . | Goudronnés . . . . . . . . . . . | | | Les 100 kil. b. | 2 50 |
| | Autres (ficelle comprise). . . . . . | | | Id. | 3 50 |
| Liège ouvré (bouchons) . . . . . . . . . . . | | | | Les 100 kil. n. | 9 00 |
| Orfèvrerie et bijouterie d'or ou d'argent et horlogerie . . . . . . . . . . . . . . . . . | | | | La valeur. | 8 p. 100 |

| Dénomination des produits. | | | | Unités sur lesquelles portent les droits. | Droits. |
|---|---|---|---|---|---|
| Machines et mécaniques de toute sorte destinées à l'agriculture ou à la fabrication du sucre et pièces détachées de ces machines . . . . . . | | | | La valeur. | 2 p. 100 |
| Instruments aratoires. | Houes et coutelas. . . . . . . . . | | | La douzaine. | 0f 50 |
| | Pelles et pioches. | Emmanchées. . . . . | | Id. | 0 60 |
| | | Non emmanchées. . . | | Id. | 0 50 |
| | Autres . . . . . . . . . . . . | | | La valeur. | 2 p. 100 |
| Armes. . | De guerre. . . . . . . . . . . . . | | | | Prohibées. |
| | De commerce. | Fusils ou carabines . . | | La pièce. | 5f 00 |
| | | Pistolets ou revolvers . | | Id. | 2 00 |
| | | Autres (armes blanches comprises) . . . . | | La valeur. | 7 p. 100 |
| Coutellerie . . . . . . . . . . . . . . . | | | | Id. | 6 p. 100 |
| Ouvrages en métaux. | En fer. . | Boulons. . . . . . . . | | Les 100 kil. n. | 3f 00 |
| | | Chaînes . | A bœufs. . . | Id. | 1 50 |
| | | | Autres. . . . | Id. | 3 00 |
| | | Clous . . | A barriques . | Id. | 1 00 |
| | | | Autres (pointes comprises) . | Id. | 2 00 |
| | En fonte, chaudières à sucre . . . . | | | Les 100 kil. b. | 0 60 |
| | En cuivre. | Clous. . . . . . . . . . . | | Les 100 kil. n. | 10 00 |
| | | Chaudières à sucre . . . | | Les 100 kil. b. | 7 00 |
| | En plomb. | Tuyaux . . . . . . . . | | Id. | 3 00 |
| | | Grenailles . . . . . . . | | Les 100 kil. n. | 3 50 |
| | En zinc, clous . . . . . . . . . . . | | | Id. | 5 00 |
| Voitures . | Suspendues . . . . . . . . . . . . | | | La pièce. | 100 00 |
| | Pièces de rechange pour voitures suspendues. . . . . . . . . . . . . | | | La valeur. | 7 p. 100 |
| | Tombereaux, camions, chariots, wagons de chemin de fer et leurs pièces de rechange . . . . . . . . . . . | | | Id. | 2 p. 100 |
| Embarcations. | En état de servir. | Bâtiments de mer à franciser. . . . . . . . | | | Exempts. |
| | | Chaloupes, canots et pirogues. . . . . . . . | | La pièce. | 15f 00 |
| | | Coques de pirogues. . . | | Id. | 3 00 |
| | A dépecer . . . . . . . . . . . . | | | La valeur. | 5 p. 100 |
| Bimbeloterie. | Voitures d'enfants . . . . . . . . | | | La pièce. | 5f 00 |
| | Autre de toute sorte. . . . . . . . | | | La valeur. | 6 p. 100 |
| Allumettes chimiques . . . . . . . . . . . . . | | | | La grosse de 144 b. de 50 allum. chac. | 1f 50 |

| Dénomination des produits. | Unités sur lesquelles portent les droits. | Droits. |
|---|---|---|
| Parapluies et parasols............ | Même droit que le tissu dont ils sont formés. | |
| Futailles vides. Dites à porter........... | La pièce. | 0f 20 |
| Montées, dites de Bordeaux ou d'Amérique............ | Id. | 0 20 |
| Travaillées, démontées, avec ou sans leurs cercles et leurs fonds.... | Id. | 0 20 |
| Instruments de musique, autres que ceux pour jouets d'enfants................ | La valeur. | 7 p. 100 |
| Meubles.................... | Id. | 7 p. 100 |
| Effets à usage................ | Même droit que le tissu dont ils sont principalement formés. | |
| Marchandises non dénommées au présent tarif. . | La valeur. | 5 p. 100 |

*Service postal.* — Les départs ont lieu aux mêmes ports et aux mêmes dates que pour la Martinique. Le régime postal intérieur est régi par les mêmes lois, décrets et règlements que le service postal métropolitain.

A l'époque à laquelle s'arrêtent les renseignements dont nous disposons, la colonie avait relié les différents points de son territoire à l'aide de 13 lignes dont voici l'énumération :

1. Ligne de la Basse-Terre à la Pointe-à-Pitre . . . 67 kil.
2. — — à Saint-Claude..... 6 —
3. — de Sainte-Rose à la Pointe-à-Pitre .... 28 —
4. — de Saint-François — ... 36 —
5. — de la Pointe-à-Pitre au Moule...... 28 —
6. — — à l'Anse Bertrand ... 41 —
7. — de la Basse-Terre à Deshaies...... 45 —
8. — de la Pointe-à-Pitre à la Basse-Terre (par les communes Sous-le-Vent)...... 85 —
9. — du Vieux-Fort à la Basse-Terre..... 7 —
10. — de la Désirade à Saint-François..... 19 —
11. — des Saintes à la Basse-Terre....... 25 —
12. — de la Pointe-à-Pitre à Marie-Galante ... 48 —
13. — de la Basse-Terre à Saint-Barthélemy et à Saint-Martin................ 250 —

(Service bimensuel assuré par une subvention annuelle de 6,999 fr.)

*État récapitulatif des recettes et dépenses du service postal pendant les années* 1877-1878-1879.

|  | 1877. | 1878. | 1879. |
|---|---|---|---|
| Recettes | 82,929f 44 | 93,309f 21 | 94,022f 09 |
| Dépenses | 116,030 47 | 120,197 » | 128,688 » |

Pour le tarif des correspondances, voir à l'article « Martinique ».

*Finances.* — Le service de la Guadeloupe est alimenté par deux budgets :

1° Budget de l'État. La Guadeloupe figure dans ce budget pour une somme de 2,265,148 fr., mais dans ce chiffre ne sont pas comprises les dépenses de solde et de frais de passage de la garnison et de certains fonctionnaires, qui sont supportées par le budget de la marine.

2° Budget local. Le budget local de la Guadeloupe pour 1883 comprend :

Comme recettes . . . . . . . . . . . . . . . 4,574,213 fr.
Et comme dépenses . . . . . . . . . . . . . 4,574,213

Le service du Trésor est dirigé par le trésorier-payeur, qui a sous ses ordres un trésorier particulier à la Pointe-à-Pître, et un certain nombre de percepteurs. Ce personnel est chargé d'assurer le recouvrement des impôts et le paiement des dépenses. Les impôts directs comprennent :

L'impôt sur les loyers de maisons . . . . . . . . . 202,200 fr.
La contribution mobilière . . . . . . . . . . . . 25,300
La contribution des patentes . . . . . . . . . . 197,000
Les poids et mesures . . . . . . . . . . . . . 13,000, etc.

Les impôts indirects perçus directement comprennent, outre l'octroi de mer, qui s'élève à 1 million, les droits de sortie sur les denrées coloniales s'élevant à 1,200,000 fr.

Les taxes de navigation, de port et les taxes accessoires de navigation s'élevant à 150,000 fr., etc.

A côté du Trésor, il y a des régies financières comprenant le service de l'enregistrement et celui des contributions. Le service de l'enregistrement est dirigé par un chef de service placé sous les ordres du directeur de l'intérieur ; les receveurs de l'enregistrement sont chargés de recevoir les droits d'enregistrement, de timbre, d'hypothèque; ils sont curateurs aux successions vacantes. Ce service figure au budget pour une dépense de 154,000 fr. Il produit une recette de plus de 500,000 fr.

Le service des contributions est chargé de l'assiette et du mode de perception de l'impôt. Il est chargé, en outre, du recouvrement des impôts indirects, sauf les douanes et les droits à la sortie. Le chef du service des contributions a sous ses ordres des inspecteurs, des contrôleurs, des commis principaux et des commis. Ce service figure au budget pour une somme de près de 300,000 fr.

*Monnaies et établissements de crédit.* — La monnaie française a seul cours légal à la Guadeloupe.

La législation métropolitaine sur le taux de l'intérêt n'y est pas promulguée.

Nous avons donné, dans la notice préliminaire, un aperçu général sur les banques coloniales. Nous indiquons ci-après les opérations de la banque de la Guadeloupe.

L'ensemble des opérations d'escompte et de prêts de la Banque de la Guadeloupe pendant l'exercice 1881-1882 a atteint le chiffre de 16,535,354f 97
Se décomposant ainsi :
Effets sur place. . . . . . . 8,197,059f 02
Obligations sur récoltes . . . 8,132,197 »
— sur titres d'actions. 115,144 »
— sur titres de rente. 36,127 75
— sur matières d'or et d'argent. . . . 4,827 »
— sur récépissés de marchandises. . 50,000 »
Le mouvement général des opérations de change pendant l'exercice examiné a été de. . . . . . 36,284,021 72
Remises . . . . . . . . . 20,208,793f 70
Émissions. . . . . . . . . 16,075,228 02
Le mouvement général des billets a été de . . 15,131,405 » à l'entrée.
Et de . . . . . . . . . . . . . . . . . 15,347,625 » à la sortie.
Celui du numéraire de. . . . . . . . . . 2,164,474 34 à l'entrée.
Et de . . . . . . . . . . . . . . . . . 1,948,513 51 à la sortie.
Les dépôts en comptes courants se sont élevés à. 140,546,864 11

Déduction faite des prélèvements statutaires, les bénéfices réalisés ont donné un dividende de 77 fr. 50 c. par action, ou 15 fr. 50 c. p. 100 du capital social.

En ce qui concerne les opérations du Crédit foncier, nous ne pouvons que nous référer aux indications contenues dans la notice préliminaire.

*Services militaires.* — La garnison est composée de cinq compagnies d'infanterie de marine, d'une batterie d'artillerie de marine, de la compagnie de discipline de la marine et d'une compagnie de gendarmerie.

Il existe un hôpital militaire à la Basse-Terre.

## III. — RÉUNION.

*Historique.* — L'île de la Réunion, découverte en 1545 par le Portugais Don Pedro de Mascarenhas, qui n'y forma aucun établissement, fut visitée, en 1598, par les Hollandais et, en 1613, par les Anglais qui ne s'y fixèrent pas davantage.

Occupée depuis 1638 par les Français, qui la possèdent encore aujourd'hui, elle changea, en 1649, son nom de Mascareigne contre celui de Bourbon, en l'honneur de Louis XIV, lorsque la France en prit solennellement possession.

Le roi la concéda, en 1664, à la Compagnie des Indes-Orientales comme dépendance de Madagascar, et à dater de 1735, elle fut réunie à l'île Maurice ou île de France, qui devint le siège du gouvernement.

Une ordonnance royale d'août 1764 rétrocéda ces deux îles au gouvernement du roi et l'île de France continua à être la résidence des administrateurs jusqu'au moment où, conquise par les Anglais, le 3 décembre 1810, elle changea pour toujours de nom et de nationalité, en reprenant celui de Maurice qu'elle porte encore.

Bourbon appartint un instant aux Anglais, de 1810 à 1814, mais fut définitivement rétrocédée à la France, le 6 avril 1815, en vertu du traité de paix signé à Paris, le 30 mai 1814.

Appelée successivement île Bourbon, île Bonaparte, elle porte maintenant le nom de Réunion, que lui ont donné les gouvernements successifs de la République.

*Topographie.* — L'île de la Réunion, qui fait partie de l'archipel des Mascareignes, est située dans la mer des Indes, à 400 milles à l'Est de Madagascar et à 100 milles au S.-O. de Maurice. Elle est comprise entre 52°55′ et 53°12′ de longitude est et 20°50′ et 21°20′ de latitude sud.

Les coordonnées de ses trois villes principales sont:

|  | Latit. sud. | Long. est. |
|---|---|---|
| Saint-Denis (mât de Pavillon) | 20°51′43″ | 53° 9′52″ |
| Saint-Paul | 21° | 53° |
| Saint-Pierre | 21°19′30″ | 53°11′30″ |

A Saint-Denis, l'heure avance donc de 3 h. 32′40″ environ sur celle de Paris.

La forme de l'île est une ellipse dont le grand axe, qui a 71 kilomètres de la pointe d'Ango à celle des Galets, est dirigé du N.-O. au S.-E. Le petit axe, de Saint-Pierre à Sainte-Suzanne, a 50 kilomètres. La superficie est de 260,000 hectares.

*Orographie.* —Le grand axe de l'île est occupé par une chaîne de montagnes qui la partage en deux parties, improprement appelées *Partie du Vent* et *Partie Sous-le-Vent*. Ces montagnes forment deux groupes distincts, reliés par un vaste plateau à l'altitude de 1,600 mètres, qui porte le nom de *Plaine des Cafres*.

Le massif occidental, qui constituait à lui seul l'île primitive, a pour point culminant le *Piton-des-Neiges* (3,069 mètres). Ce massif était jadis occupé par des cratères dont on reconnaît encore la trace; l'activité volcanique ne s'y manifeste plus que par de nombreuses sources thermales. L'autre massif, relativement récent, occupé par le volcan, a pour sommet le cratère Bory, très voisin du cratère brûlant, et dont l'altitude est de 2,625 mètres. Les laves qui s'échappent du volcan s'écoulent dans un cirque en fer à cheval, nommé l'*Enclos*, et dont la partie voisine de la mer porte le nom de *Grand-Brûlé*.

Les autres principales montagnes sont:

Le *Grand-Bénard* (2,892 mètres), le *Morne-Langevin* (2,391 mètres), le *Cimandef* (2,226 mètres). Le *Brûlé* et la *Montagne* à Saint-Denis ont 650 et 425 mètres.

*Rivières.* — Autour du Piton-des-Neiges s'ouvrent trois grandes vallées d'effondrement, en forme de cirques, d'où s'échappent des cours d'eau qui se rendent à la mer par des gorges très encaissées. Ce sont: la rivière *Dumas*, qui prend sa source à Salazie, la rivière des *Galets*, qui descend de Mafate, et la rivière *Saint-Étienne* de Cilaos.

Le versant du Piton-des-Neiges qui regarde Saint-Benoît est occupé par la Plaine-des-Salazes, d'où descend la rivière des *Marsouins*.

Les autres principales rivières sont: les rivières de *Saint-Denis*, des *Pluies*, *Sainte-Suzanne*, *Saint-Jean*, des *Roches*, des *Marsouins*, de l'*Est* dans la partie du Vent; la ravine des *Trois-Bassins*, la *Grande-Ravine*, celle des *Avirons*, les rivières d'*Abord*, des

*Remparts,* de *Langevin* et de *Manapany* dans la partie Sous-le-Vent.

*Étangs.* — Les principaux sont ceux du *Champ-Borne,* de *Saint-Paul,* du *Gol* et l'*Étang-Salé.* Quelques dépressions des cirques sont également occupées par de petits étangs permanents ou non : le *Grand-Étang,* à Saint-Benoît, les mares à *Poules-d'eau,* à *Citrons,* à *Goyaves,* à Salazie — et la mare de l'*Ilet-des-Étangs* à Cilaos.

*Sources minérales.* — Il en existe de plusieurs sortes :

1° Celles de *Salazie* et de *Cilaos* (rive droite du Bras-des-Étangs et Bras-Rouge) sont thermales, bicarbonatées, sodiques, carboniques faibles.

Celle de Salazie, qui se trouve à une altitude de 872 mètres, est à une température de 32°. Elle débite de 900 à 1,000 litres par heure.

Celle de Cilaos, située à une hauteur de 1,114 mètres, est à 38° de température. Elle a à peu près la même composition chimique et les mêmes propriétés que celle de Salazie. Le débit en est considérable.

Il existe en outre dans cette localité (rive gauche du Bras-des-Étangs) une source froide qui donne à l'analyse les mêmes principes.

2° La source de *Mafate* est thermale, sulfureuse et alcaline. Altitude : 682 mètres. Température de l'eau : 31°. Débit : 900 litres.

3° Il existe beaucoup de sources ferrugineuses froides contenant de $0^{gr},14$ à $0^{gr},24$ de bicarbonate de fer par litre, du chlorure de sodium et des sels alcalins et terreux : sources des propriétés Gonnefroy et Laperrière à Saint-Gilles, de Saint-François à Saint-Denis, etc.

4° Sources incrustantes dans les cirques de Salazie et de Cilaos.

5° Sources magnésiennes à Mafate et à Cilaos, produisant le goître chez ceux qui font usage de leurs eaux.

*Plateaux.* — L'île n'est généralement habitée que sur son pourtour, au bord de la mer, et ce ruban cultivé n'a guère plus de 10 kilomètres de largeur. Cependant quelques plaines de l'intérieur, situées à des altitudes diverses, ont été occupées ou sont l'objet de tentatives de colonisation.

Les principales sont : la *Plaine des Palmistes*, dans la partie du Vent, la *Plaine des Cafres*, la *Nouvelle*, la *Plaine des Lianes*, dans la partie Sous-le-Vent.

*Côtes*. — Les côtes sont de quatre sortes : laves, falaises, alluvions de galets et de sables, barres madréporiques. Sur la plage de Saint-Louis, on trouve un immense dépôt de sable contenant 63.50 p. 100 de fer titané. Les côtes n'offrent, pour ainsi dire, aucune crique pouvant servir d'abri. On en a utilisé une cependant à l'embouchure de la rivière d'Abord pour commencer le port de Saint-Pierre ; une tentative semblable a eu lieu à Saint-Gilles. Les caps ne sont que des pointes peu proéminentes ; les principaux sont : le *Cap Bernard* et la *Pointe des Jardins* à Saint-Denis, la *Pointe du Champ-Borne* à Saint-André, le *Cap de la Possession*.

La *Pointe des Galets*, long delta qui s'avance dans la mer à Saint-Paul, a été choisie pour la construction du port intérieur entrepris par la Compagnie Lavalley et pour lequel l'État a accordé une garantie d'intérêts qui s'élève à près de 2 millions par an (loi du 25 juin 1877).

Les côtes ne présentent aucun écueil, sauf deux rochers, le *Cousin* et la *Marianne*, à Sainte-Suzanne, dont l'existence est signalée aux navires par le phare du Bel-Air.

*Géologie*. — D'une manière générale, on peut avancer, comme l'a dit Bory de Saint-Vincent, que l'île de la Réunion a été tout entière formée par des volcans. Mais, ainsi qu'on peut s'en assurer en examinant les roches qui affleurent au fond des grands cirques, les conditions dans lesquelles se produisit l'éruption des premiers matériaux qui ont constitué l'île étaient fort différentes de celles où se font les coulées actuelles. Des roches absolument compactes comme l'euphotide, ou cristallines comme la dolérite, ne sont point venues à l'extérieur de la même façon que la lave moderne. L'examen des couches successives de roches qui constituent nos montagnes montre tous les passages entre les trachytes et les roches granitoïdes de la base et les laves proprement dites qui composent les couches supérieures. Ce sont des roches à des états plus ou moins avancés de désagrégation et de décomposition qui, emportées à l'état de boue, de graviers, ou de blocs roulés par les eaux, ont constitué la plus grande partie des terres du littoral, dont la fertilité peut se mesurer au degré d'ancienneté des roches qui les composent. Les trois torrents issus des grands cirques, en charriant les matériaux provenant des effondrements, ont formé chacun un delta composé de sable, de galets et de blocs arrondis.

*Météorologie*. — La Réunion, grâce à sa configuration, offre les climats les plus variés. Outre les conditions si différentes des deux arrondissements, il faut aussi tenir compte des altitudes qui permettent, en quelque sorte, à chacun de choisir un climat à sa convenance. Il n'y a à proprement parler que deux saisons : la saison chaude ou hivernage (de novembre à avril), c'est la saison des pluies et des ouragans ; et la belle saison ou hiver (de mai à octobre). Pendant celle-ci, souffle l'alizé du S.-E., qui n'apporte que rarement la pluie.

*Température du littoral.*

Moyenne de l'année : 24° à 25°.
Maximum observé : 36°.
Minimum : 12°3.

*Pression barométrique.*

Chiffre moyen annuel : 762°31.

*État hygrométrique.*

Très variable suivant les localités : la partie Sous-le-Vent est généralement sèche ; la zone de Saint-Philippe à Saint-Benoît est au contraire presque continuellement pluvieuse.

*Cyclones.*

Ils doivent être considérés comme le plus grand fléau qu'ait à redouter la colonie. Lorsque le centre de ces tourbillons passe sur l'île ou dans son voisinage, la violence du vent et la masse d'eau qui tombe sur le sol déterminent les plus grands dégâts.

C'est en janvier, février et mars qu'ils passent le plus souvent sur la Réunion.

Cependant il y en eut un le 17 mai 1779.

Pendant la belle saison, on observe le phénomène très remarquable des ras de marée, dont la cause n'est pas bien connue, mais qui semble pouvoir être attribuée à de violents et profonds courants sous-marins provenant de cyclones éloignés passant vers le cap de Bonne-Espérance.

*Population.* — La population de la Réunion s'élève à 180,814 individus comprenant 111,139 hommes et 69,675 femmes ; dans cette population, le chiffre des garçons au-dessous de 14 ans figure pour 28,525 et celui des filles pour 22,795 ; la population mobile comprend 56,000 émigrants. Le nombre des mariages a été en 1879 de 937 et en 1880 de 1,089. Le nombre des naissances s'est élevé en 1879 à 4,382 et en 1880 à 4,529.

Le nombre des décès s'est élevé en 1879 à 5,875 et en 1880 à 6,148.

*Gouvernement et administration.* — La Réunion est représentée en France par un sénateur et deux députés qui sont élus conformément à la législation en vigueur dans la métropole.

Nous avons indiqué dans la notice préliminaire l'organisation et le fonctionnement de l'administration locale, du conseil privé, du conseil du contentieux et du conseil général. Celui-ci est composé de trente-six membres. L'élection des conseillers généraux a lieu par canton. Les cantons de Saint-Denis et de Saint-Pierre nomment chacun six conseillers généraux. Le canton de Saint-Paul en nomme cinq, les cantons de Saint-Benoît et de Saint-Louis en nomment quatre, ceux de Sainte-Marie, de Saint-André et de Saint-Joseph en nomment trois. Le canton de Saint-Leu en nomme deux. La commission coloniale est composée de sept membres.

La Réunion comprend seize communes ayant chacune un maire, plusieurs adjoints et un conseil municipal. Ces communes sont : Saint-Denis, Sainte-Marie, Sainte-Suzanne, Saint-André, Salazie, Saint-Benoît, Palmistes, Sainte-Rose, Saint-Paul, Saint-Leu, Saint-Louis, Saint-Pierre, Saint-Joseph, Saint-Philippe, Entre-Deux et Bras-Panon.

Nous donnons ci-après le tableau des recettes et des dépenses des communes de la Réunion :

|  | Recettes. | Dépenses. |
|---|---|---|
| Saint-Denis | 625,196f 73 | 625,176f 73 |
| Sainte-Marie | 73,386 09 | 73,386 09 |
| Sainte-Suzanne | 89,229 74 | 89,229 74 |
| Saint-André | 213,371 49 | 213,371 49 |
| Salazie | 68,070 » | 68,070 » |
| Saint-Benoît | 198,050 » | 198,050 » |
| Plaine des Palmistes | 28,479 50 | 28,479 50 |
| Sainte-Rose | 55,425 » | 55,425 » |
| Saint-Paul | 301,939 67 | 301,939 67 |
| Saint-Leu | 108,160 » | 108,160 » |
| Saint-Louis | 201,150 » | 201,150 » |
| Saint-Pierre | 363,176 » | 363,176 » |
| Saint-Joseph | 97,813 » | 152,813 » |
| Saint-Philippe | 32,990 » | 32,990 » |

Les deux communes de l'Entre-Deux et de Bras-Panon, qui ne figurent pas dans ce tableau, sont de création toute récente et leur budget n'a pas encore été transmis.

Le service de l'immigration est représenté par un protecteur chef du service, un chef de bureau, un certain nombre de syndics et d'agents inférieurs. Le service figure au budget pour une somme de 85,000 fr.

La population des immigrants s'élève à 64,411 individus. Elle comprend 42,816 hommes, 10,743 femmes, 5,911 garçons et 4,941 filles. Au point de vue de l'origine, il y a 42,519 immigrants d'origine indienne, 21,284 d'origine africaine et 608 d'origine chinoise. Le nombre des Indiens arrivés en 1880 à la Réunion s'est élevé à 1,690, le chiffre de ceux qui ont été rapatriés s'élève à 2,221.

*Justice.* — C'est dans l'édit du 7 janvier 1671 et dans celui de février 1701 que se trouve la première trace de l'organisation judiciaire de la colonie. Ces deux actes attribuèrent au conseil supérieur de Pondichéry la connaissance « des contestations et des procès civils et criminels », mais, par suite de la rareté des communications entre la Réunion et la côte de Coromandel, les fonctions judiciaires furent exercées la plupart du temps par le gouverneur, qui était investi du triple pouvoir législatif, administratif et judiciaire.

En 1711, un édit du mois de mars institua dans la colonie un conseil provincial pour y rendre la justice tant civile que criminelle, sauf l'appel devant le conseil de Pondichéry. Ce conseil fut remplacé, en septembre 1724, par un conseil supérieur institué par un édit de novembre 1723 qui lui attribua la connaissance en dernier ressort des affaires tant civiles que criminelles et supprima l'appel devant le conseil supérieur de Pondichéry. Les attributions de ce conseil demeurèrent très étendues, pour ainsi dire universelles, jusqu'à l'ordonnance du 25 septembre 1766 qui lui enjoignit « de se renfermer à rendre la justice ».

Au mois de juin de la même année, un édit avait d'ailleurs complètement réorganisé le conseil supérieur; la nouvelle juridiction devait rendre la justice tant civile que criminelle en premier et en dernier ressort. Elle était composée du commandant de la colonie, de l'ordonnateur, de sept conseillers titulaires, d'un procureur général, d'un substitut et d'un greffier. Les conseillers devaient être âgés de 27 ans et avoir fréquenté pendant 4 ans le barreau d'un des Parlements.

Un nouvel édit de novembre 1771 réduisit à six le nombre des conseillers; en effet, la création à Saint-Denis d'une juridiction royale, chargée du jugement en première instance des affaires civiles et criminelles (édit d'octobre 1771), et d'un tribunal terrien, chargé de juger les procès que pouvaient faire naître les concessions de terres (édit du 25 septembre 1766), avaient considérablement réduit les attributions du conseil supérieur qui n'avait plus à connaître que des appels de ces diverses juridictions.

En 1793, l'assemblée coloniale créa deux tribunaux de première instance, un à Saint-Denis, le second à Saint-Paul, un tribunal d'appel et un tribunal criminel composé de cinq membres du tribunal d'appel et du jury de jugement. Ces tribunaux subsistèrent sous la dénomination de tribunaux de première instance et de cour d'appel jusqu'en 1814 où des décisions royales des 21 et 27 juillet rétablirent les juridictions telles qu'elles étaient avant 1789. Mais le 13 novembre 1816, une ordonnance royale organisa de nouveau la justice en créant une cour d'appel, deux tribunaux de première instance et des justices de paix.

Cette ordonnance fut abrogée par celle du 30 septembre 1827, dont la plupart des dispositions sont encore en vigueur.

La justice est rendue par des justices de paix, des tribunaux de première instance, une cour d'appel et deux cours d'assises.

Cette organisation a été modifiée par le décret du 16 août 1854 qui a fixé la composition des différentes juridictions ainsi que le fait ressortir le tableau ci-après :

*Cour d'appel.*

1 procureur général, 1 premier substitut, 1 deuxième substitut, 1 président, 7 conseillers, 1 conseiller auditeur, 1 greffier en chef.

*Tribunal de Saint-Denis.*

1 président, 1 juge d'instruction, 2 juges, 1 procureur de la République, 2 substituts, 1 greffier.

*Tribunal de Saint-Pierre (primitivement à Saint-Paul, transféré à Saint-Pierre par décret du 6 janvier 1857.)*

1 président, 1 juge d'instruction, 1 juge, 1 procureur de la République, 1 substitut, 1 greffier.

Neuf juges de paix rendent la justice dans les cantons.

Deux cours d'assises, siégeant à Saint-Denis et à Saint-Pierre, rendent la justice criminelle; la loi du 27 juillet 1880, portant institution du jury, a assimilé ces juridictions aux cours d'assises de la métropole.

Des avocats et des avoués sont attachés à la cour et aux tribunaux de la colonie.

Des notaires sont également institués ; ils sont régis par le décret du 26 juin 1879.

STATISTIQUE DES TRIBUNAUX (ANNÉE 1880).

*Cour d'appel.*

| | |
|---|---|
| Affaires civiles. . . . . . . . . . . . . . . . . . . | 41 |
| Affaires commerciales. . . . . . . . . . . . . . . | 9 |

Affaires criminelles. . . . . . . . . . . . . . . . 103
Appels de police correctionnelle . . . . . . . . . . 33

*Tribunal de 1ʳᵉ instance de Saint-Denis.*

Affaires civiles. . . . . . . . . . . . . . . . . . . 499
Affaires commerciales . . . . . . . . . . . . . . . 102
Affaires correctionnelles. . . . . . . . . . . . . . 506

*Tribunal de 1ʳᵉ instance de Saint-Pierre.*

Affaires civiles. . . . . . . . . . . . . . . . . . . 217
Affaires commerciales. . . . . . . . . . . . . . . 29
Affaires correctionnelles. . . . . . . . . . . . . . 241

*Justices de paix.*

Affaires civiles. . . . . . . . . . . . . . . . . . . 953
Affaires de simple police. . . . . . . . . . . . . 7,841

*Législation.* — Dès l'organisation des premiers tribunaux dans la colonie, les lois françaises telles qu'elles résultaient de la coutume de Paris, furent promulguées dans la colonie. Le 25 vendémiaire an XIV, un arrêté du capitaine-général Decaen promulgua le Code civil dans la colonie; le Code de procédure civile a été promulgué par ordonnance du 26 décembre 1827, le Code d'instruction criminelle par ordonnance du 19 décembre 1827, le Code de commerce par la loi du 7 décembre 1850, et enfin le Code pénal par la loi du 8 janvier 1877. Certaines réserves ont été faites dans l'application de ces codes aux colonies, elles ont toutes été motivées par l'organisation spéciale de nos établissements d'outre-mer ; beaucoup d'entre elles qui n'étaient justifiées que par l'esclavage ont d'ailleurs disparu avec lui. Les différentes lois qui ont modifié la législation française ont, pour la plupart, été promulguées à la Réunion.

*Instruction publique.* — Un décret en date du 2 mars 1880 a placé à la tête du service de l'instruction publique un vice-recteur relevant de l'autorité directe du gouverneur.

L'enseignement primaire est donné par un grand nombre d'instituteurs et d'institutrices laïques, par les frères des écoles chrétiennes et les sœurs de Saint-Joseph de Cluny, dans les écoles communales de la colonie.

Les établissements d'enseignement primaire sont au nombre de 157, dont 110 publics ou libres subventionnés et 47 libres, dont le service est assuré par 350 instituteurs et institutrices. La dépense annuelle s'élève à près de 600,000 fr.

On compte en outre un grand nombre d'ouvroirs et d'asiles répartis dans les différentes localités de la colonie.

Ces différents établissements donnent l'instruction à 11,511 enfants des deux sexes.

En vue de favoriser le développement de l'enseignement laïque, on a créé à Saint-Denis, par arrêté local du 16 novembre 1881, une école normale pour former sur place un personnel d'instituteurs. Cet établissement est placé sous la direction d'un inspecteur primaire délégué et d'un maître adjoint envoyé de la métropole.

Le lycée de Saint-Denis est le premier et le plus important de nos établissements coloniaux d'enseignement secondaire : cet établissement compte 500 élèves qui reçoivent l'enseignement de 50 professeurs et maîtres répétiteurs ; ceux-ci sont recrutés pour la plus grande partie dans les rangs des fonctionnaires de l'Université, et, à leur rentrée en France, ils obtiennent leur réintégration dans le cadre métropolitain. Toutefois, la colonie ayant accordé depuis plusieurs années des bourses de licence et d'agrégation aux jeunes gens qui se rendent en France, à la condition de servir dans le lycée à leur retour à la Réunion, un certain nombre d'entre eux ont déjà pris possession des chaires du lycée de Saint-Denis.

Sept autres établissements d'enseignement secondaire existent dans la colonie, mais le cours des études n'est complet qu'au lycée.

Des décrets en date du 23 septembre 1857, du 26 octobre 1871 et du 29 août 1882 ont réglementé les conditions dans lesquelles est autorisé l'échange des brevets de baccalauréat délivrés par les jurys d'examen coloniaux, contre des diplômes accordés par les Facultés de la métropole.

Aucun établissement d'enseignement supérieur n'existe à la Réunion ; mais pour permettre aux jeunes gens de compléter leurs études, il est accordé, ainsi qu'il a été dit plus haut, à ceux d'entre eux qui se sont distingués au lycée, des bourses de licence et d'agrégation dont ils jouissent en France.

*Cultes.* — L'évêché de la Réunion est organisé, conformément aux lois civiles et canoniques et aux autres actes appliqués à la France, par un décret impérial du 3 février 1861 (art. 1er).

Il existe un petit séminaire.

La somme allouée au service du culte par le budget de 1883 s'est élevée à 174,380 fr. à la Réunion.

Le cadre du clergé de la Réunion est recruté par le séminaire de l'Esprit.

La colonie compte 52 paroisses.

*Travaux publics*. — Au nombre des principaux travaux d'art qui ont été exécutés dans ces derniers temps à la Réunion, il faut citer le pont-débarcadère en fer de Saint-Denis, avec pièces à vis reliées par des croix de Saint-André, qui ne le cède en rien en élégance, dimensions et solidité à celui de Madras.

Le chemin de fer de la Réunion, concédé par une loi du 23 juin 1877, a été construit rapidement et mis en exploitation au mois de février 1882. La longueur totale est de $69^k,500$ entre le port des Galets et la ville de Saint-Pierre, dans la direction du Nord au Sud, et de $54^k,411$ entre le port et la ville de Saint-Benoît, dans la direction de l'Ouest à l'Est.

Le port de la pointe des Galets, d'une étendue de 16 hectares et d'une profondeur moyenne de 8 mètres, dont le creusement a été décidé par la même loi, est aujourd'hui très avancé; les derniers états de situation des travaux parvenus de la colonie faisaient espérer que l'inauguration de ce port pourrait avoir lieu en 1884. L'ensemble de la dépense pour les travaux du chemin de fer et du port a été évalué à 34 millions de francs représentés par un chiffre égal d'obligations que la compagnie a été autorisée à émettre. La concession faite avec garantie d'intérêt de la part de l'État et de la colonie, ne doit pas dépasser 1,925,000 fr. par an ; on pense d'ailleurs, d'après l'état actuel du trafic du chemin de fer et les recettes probables du port, que cette garantie n'aura pas à fonctionner effectivement.

L'administration coloniale de la Réunion se préoccupe de l'étude d'un grand projet d'irrigation qui aurait pour résultat de capter et d'aménager les eaux si nécessaires à la prospérité de l'agriculture et dont la possession est actuellement une source permanente de réclamations ou de procès.

*Cultures*. — La culture de la canne à sucre s'étend sur une superficie de 48,066 hectares. Elle a produit 29,300,000 kilogr. de sucre d'une valeur de 8,200,000 fr.; 2,500,000 litres de rhum d'une valeur de 10,000,000 de francs; 3,200,000 litres de sirops d'une valeur de 1,300,000 fr.

La répartition des terres entre les principales cultures est la suivante :

| | | |
|---|---|---|
| Café. . . . . . . . . . . . . . . . . . . | 4,464 | hectares. |
| Cacao . . . . . . . . . . . . . . . . . . | 155 | — |
| Vanille. . . . . . . . . . . . . . . . . . | 4,391* | — |
| Girofle . . . . . . . . . . . . . . . . . . | 246 | — |
| Tabac . . . . . . . . . . . . . . . . . . . | 479 | — |
| Embrevades. . . . . . . . . . . . . . . | 1,147 | — |
| Plantes vivrières. . . . . . . . . . . . | 5,946 | — |

La Réunion comprend, en outre, 23,800 hectares de savanes, 74,800 hectares de bois et 65,600 hectares de terrains en friche. Le nombre des habitations rurales s'élève à 6,335, sur lesquelles on compte 96,000 travailleurs. 62 de ces habitations possèdent des moulins à vapeur. Les différentes espèces d'animaux de trait et de bétail dans la colonie comprennent 4,016 chevaux, 1,241 ânes, 8,575 mulets, 79,632 porcs, 8,684 taureaux et bœufs, 17,845 béliers et moutons, 18,617 boucs et chèvres.

Les mauvaises récoltes et la concurrence du sucre de betterave et des sucres exotiques admis en France ont compromis l'industrie sucrière, qui a fait pendant de longues années la fortune de la Réunion. Cependant, cette colonie envoie encore en France la plus grande partie de ses sucres. Elle a exporté dans la métropole en 1880 plus de 21,000,000 de kilogrammes d'une valeur de 14,000,000 de francs, tandis que ses exportations pour l'étranger ne s'élèvent qu'à 8,000,000 de kilogrammes d'une valeur de près de 4,000,000 de francs. Il faut espérer que l'ouverture de la nouvelle ligne de paquebots français, subventionnée, organisée de France sur la Réunion et l'Australie, permettra à notre colonie de trouver un meilleur débouché pour ses produits dans les colonies anglaises de la Nouvelle-Hollande.

La valeur des terres employées aux cultures est estimée, à la Réunion, à plus de 100,000,000 de francs, celle des bâtiments et du matériel d'exploitation à 18,000,000 de francs, et celle des animaux de trait et de bétail à 4,000,000 de francs, ce qui fait environ 122,000,000 de francs pour la valeur approximative des propriétés rurales. Nous avons dit que la valeur brute du sucre s'élevait à 8,200,000 fr., les frais d'exploitation s'élèvent à environ 7,000,000 de francs, ce qui donne une valeur nette de 1,200,000 fr. Il est vrai qu'en dehors du sucre, la Réunion produit également du rhum, employé en grande partie à la consommation locale.

Le café cultivé à la Réunion est originaire de Moka. Il fut introduit dans la colonie en 1817 par M. Dufongerais-Grenier. Cette culture prit un très grand développement. Malheureusement les ouragans, les ravages des insectes et l'épuisement de la terre ralentirent cette culture. En 1832, la récolte annuelle du café s'élevait à 1,129,750 kilogr. En 1835, elle s'est abaissée à 921,930. En 1875, elle n'était plus que de 374,000 kilogr.; en 1877, de 83,000 kilogr. Elle s'est relevée, en 1878, à 534,000 kilogr.; en 1879 à 514,000, et en 1880 à 545,000 kilogr. (valeur 980,000 fr.)

Le giroflier fut introduit à la Réunion par M. Poivre en 1770. Il s'est developpé d'une façon considérable. En 1835, la récolte s'élevait à 869,000 kilogr. Mais ce produit a beaucoup diminué. Il ne s'élève plus, pour 1880, qu'à 28,000 kilogr. (87,000 fr.)

La culture du cacao n'a jamais été fort importante dans la colonie. En 1835 et en 1836, elle ne s'élevait qu'à 10,000 kilogr. En 1880 on a pu récolter 51,000 kilogr. (18,000 fr.)

Le tabac que l'on cultive à la Réunion ressemble assez au tabac de Virginie. En 1835, le produit ne s'élevait qu'à 82,000 kilogr. En 1875, la récolte s'est élevée à 484,000 kilogr.; en 1879 à 463,000 kilogr., et en 1880 à 657,000 kilogr. (284,000 fr.)

Les cultures vivrières de la Réunion comprennent le maïs, le manioc, les songes, qui sont appelés aux Antilles les choux caraïbes, les patates douces, les légumes secs, les pommes de terre. On cultive, en outre, du blé, qui ressemble au blé de France, et du riz. Mais la culture de cette plante est loin de suffire à la consommation de la colonie, qui importe du riz de l'Inde et de la Cochinchine. Le jardinage est aussi l'objet d'une industrie dans la colonie, et produit environ 91,000 fr. On cultive notamment l'ananas, l'avocat, la banane, la citrouille, la datte, la figue, la fraise, la framboise, le fruit à pain, le mangoustan, la mangue, le melon, l'orange, la pêche, le raisin, etc.

*Industrie.* — L'industrie n'a que peu d'importance à la Réunion; on ne peut citer que les moulins à vapeur pour la manipulation de la canne et les distilleries, qui sont au nombre de 38.

*Commerce.* — Le conseil général vote les tarifs de douane sur les produits étrangers, naturels et fabriqués qui sont importés dans la colonie. Ces tarifs sont rendus exécutoires par des décrets du chef de l'État, le Conseil d'État entendu. Le conseil général vote souverainement les tarifs d'octroi de mer sur les objets de toute nature et de toutes provenances.

Les droits de douane ont été supprimés à la Réunion par une délibération du conseil général du 5 juillet 1871, sanctionnée par décret du 4 juillet 1873. Les produits français ont perdu la faveur dont ils jouissaient sur le marché de la colonie à l'époque du pacte colonial. On a substitué au droit de douane l'octroi de mer, qui porte indistinctement sur toutes les marchandises, quelle que soit leur nationalité. Il profite aux communes et constitue une partie de leurs recettes. Chaque année, un arrêté du gouverneur répartit le produit de l'octroi de mer entre les localités au prorata de leur population ; un dixième est prélevé sur les produits afin de couvrir le budget local des frais de perception qui sont à sa charge ; des droits de navigation et d'entrepôt et des taxes accessoires sont établis par l'administration locale.

Le produit de l'octroi de mer à la Réunion s'élève à 700,000 fr. et les taxes accessoires à 79,000 fr. On trouvera ci-après le tableau des droits d'octroi, ainsi que le tarif des taxes accessoires de douane.

TABLEAU.

DROITS D'OCTROI DE MER PERÇUS A L'ENTRÉE SUR LES MARCHANDISES IMPORTÉES SANS SURTAXE DE PAVILLON.

(Arrêté local du 9 août 1873 modifié par les arrêtés des 5 décembre 1873, 18 juillet 1876, 23 novembre 1877 et 20 janvier 1880.)

| Dénomination des produits. | Unités sur lesquelles portent les droits. | Droits. |
|---|---|---|
| Allumettes en boîtes de 50 . . . . . . . . . . | La grosse. | 1f 00 |
| *Animaux vivants.* Anes et ânesses. . . . . . . . . . . . . | » | Exempts. |
| Bœufs. . . . . . . . . . . . . . . . . | L'un. | 6f 35 |
| Taureaux, vaches et veaux . . . . . . . . | Id. | 4 00 |
| Chevaux et juments. { De grande taille. . . . . . . . | Id. | 25 00 |
| { De petite taille . . . . . . . . | Id. | 10 00 |
| Mules et mulets. { De grande taille. . . . . . . . | Id. | 15 00 |
| { De petite taille . . . . . . . . | Id. | 7 50 |
| Béliers, brebis, boucs et chèvres. . . . . . | Id. | 1 00 |
| Porcs . . . . . . . . . . . . . . . . . | » | Exempts. |
| Volailles. . . . . . . . . . . . . . . . . | » | Exemptes. |
| Tortues . . . . . . . . . . . . . . . . . | L'une. | 0f 15 |
| Chiens. . . . . . . . . . . . . . . . . | L'un. | 20 00 |
| Sangsues. . . . . . . . . . . . . . . . | Id. | Exemptes. |
| Agrès et apparaux de navires. . . . . . . . | Valeur. | 2 p. 100 |
| Approvisionnements destinés aux magasins de provisions des bâtiments de l'État . . . . . . | » | Exempts. |
| Armes . . { De guerre et munitions de commerce, à feu ou blanches. . . . . . . . | Valeur. | 10 p. 100 |
| Avoine, orge et millet . . . . . . . . . . . . | » | Exempts. |
| Bâtiments de mer et embarcations. . . . . . | » | Exempts. |
| Bière. . . { En fûts . . . . . . . . . . . . | Hectolitre. | 8f 00 |
| { En bouteilles. . . . . . . . . . . | Id. | 16 00 |
| Bimbeloterie, mercerie, tabletterie. . . . . . . | Valeur. | 5 p. 100 |
| Bois de sapin, sciés ou non. . . . . . . . . . | 100 mètres. | 5f 00 |
| Bois préparés pour la fabrication des allumettes . | Kilogr. | 10 00 |
| Bougies de toute sorte. . . . . . . . . . . . | 100 kil. | 20 00 |
| Brai, goudron, essence de térébenthine, poix et galipot . . . . . . . . . . . . . . . . | Id. | 2 00 |
| Cacao, café. . . . . . . . . . . . . . . . . | » | Exempts. |
| Carreaux de terre cuite, briques, tuiles et ardoises. | Les 1,000 | 4f 00 |
| Carrosserie. . . . . . . . . . . . . . . . . | Valeur. | 10 p. 100 |
| Cartes à jouer . . . . . . . . . . . . . . | Id. | 50 p. 100 |
| Chapeaux de toute sorte. . . . . . . . . . | Id. | 4 p. 100 |
| Chaux . . { Ordinaire . . . . . . . . . . . | Les 100 kil. | 0f 20 |
| { Hydraulique et ciment . . . . . . | Id. | 0 50 |

# RÉUNION.

| Dénomination des produits. | Unités sur lesquelles portent les droits. | Droits. |
|---|---|---|
| Cidre, poiré, hydromel. — En fût. | L'hectolitre. | 5ᶠ 00 |
| Cidre, poiré, hydromel. — En bouteilles. | Id. | 10 00 |
| Cire brute. | Les 100 kil. | 10 00 |
| Conserves alimentaires. — Truffes. | Id. | 330 00 |
| Conserves alimentaires. — Viandes. | Id. | 25 00 |
| Conserves alimentaires. — Légumes et poissons. | Id. | 8 00 |
| Cordages de toute sorte. | Id. | 4 00 |
| Coutellerie de toute sorte. | Valeur. | 6 p. 100 |
| Eau-de-vie de vin et autres. | » | Exemptes. |
| Effets confectionnés. — Neufs. | Valeur. | 4 p. 100 |
| Effets confectionnés. — Ayant servi ou à usage accompagnant les voyageurs. | » | Exempts. |
| Engrais de toute sorte. | » | Exempts. |
| Faïence, porcelaine, poterie et verrerie. | Valeur. | 4 p. 100 |
| Fromages. | 100 kil. | 25ᶠ 00 |
| Froment. — En grains. | Id. | 2 60 |
| Froment. — En farine. | Id. | 5 00 |
| Fruits. — Secs ou tapés. | 100 kil. | 5 00 |
| Fruits. — Oléagineux, amendes, noix. | Id. | 10 00 |
| Graines à ensemencer et plants d'arbres. | » | Exempts. |
| Gram. | 100 kil. | 1 00 |
| Habillements et effets militaires pour les troupes et les corps organisés militairement. | » | Exempts. |
| Houille. | 100 kil. | 0 20 |
| Horlogerie, orfèvrerie, bijouterie et plaqué. | Valeur. | 10 p. 100 |
| Huiles. — Végétales de toute sorte. | 100 kil. | 11ᶠ 50 |
| Huiles. — Minérales. | Id. | 14 00 |
| Instruments de musique. | Valeur. | 5 p. 100 |
| Légumes secs. | 100 kil. | 0ᶠ 80 |
| Librairie et musique. — Journaux et autres que les journaux arrivant autrement que par la poste. | Valeur. | 4 p. 100 |
| Liège ouvré. | Id. | 4 p. 100 |
| Liqueurs. | Hectolitre. | 30ᶠ 00 |
| Maïs. | » | Exempt. |
| Machines et mécaniques. | Valeur. | 1 p. 100 |
| Marbres ouvrés de toute sorte. | Id. | 6 p. 100 |
| Médicaments de toute sorte. | Id. | 4 p. 100 |
| Métaux ou ouvrages (métaux y compris les outils) en. — Acier, fer-blanc et cuivre. | 100 kil. | 6ᶠ 00 |
| Métaux ou ouvrages (métaux y compris les outils) en. — Fer, tôle et étain. | Id. | 3 00 |
| Métaux ou ouvrages (métaux y compris les outils) en. — Fonte, plomb et zinc. | Id. | 2 00 |
| Meubles. | Valeur. | 5 p. 100 |

| Dénomination des produits. | Unités sur lesquelles portent les droits. | Droits. |
|---|---|---|
| Modes et fleurs artificielles. | Valeur. | 10 p. 100 |
| Morue et poissons salés | 100 kil. | 1f 00 |
| Noix d'areck, anis, tamarins et autres ingrédients malabars. | Id. | 10 00 |
| Objets de toute sorte introduits par l'administration locale pour le compte des services publics qui sont à la charge de la colonie. | » | Exempts. |
| Objets mobiliers, livres, outils et instruments d'art ou mécaniques importés par ou pour des personnes venant s'établir dans la colonie. | » | Exempts. |
| Opium. | Le kil. net. | 40f 00 |
| Ornements d'églises et objets destinés au culte, importés pour le compte des fabriques. | Valeur. | 4 p. 100 |
| Ouvrages en peau et en cuir, sellerie. | Id. | 4 p. 100 |
| Papiers blancs, peints ou autres, carton. | Id. | 4 p. 100 |
| Papiers à cigarettes. | Le kil. net. | 10f 00 |
| Parapluies et parasols. | Valeur. | 4 p. 100 |
| Parfumerie de toute sorte. | Id. | 10 p. 100 |
| Pâte d'Italie, semoule, sagou et salep. | 100 kil. | 5f 00 |
| Peaux préparées brutes, vertes et sèches. | Valeur. | 1 p. 100 |
| Peintures et vernis. | 100 kil. | 6f 00 |
| Poivre et piments. | Id. | 50 00 |
| Poudre de chasse. | Valeur. | 20 p. 100 |
| Poudre à mine. | Id. | 4 p. 100 |
| Produits chimiques. | Id. | 4 p. 100 |
| Riz. | 100 kil. | 0f 40 |
| Saindoux et beurre. | Id. | 12 00 |
| Savons autres que ceux de parfumerie. | Id. | 5 00 |
| Sel de marais, de saline, gemme. | Id. | 2 00 |
| Sucres. { Bruts. | » | Exempts. |
| Sucres. { Raffinés. | 100 kil. | 15f 00 |
| Suif et chandelles de suif. | Id. | 3 00 |
| Tabacs en feuilles ou fabriqués. | » | Exempts. |
| Thé. | Le kil. net. | 1f 50 |
| Tissus. { De coton, de laine, de lin et de chanvre. | Valeur. | 4 p. 100 |
| Tissus. { De soie (sans exception). | Id. | 8 p. 100 |
| Vanille. | » | Exempte. |
| Viandes salées. { Jambons et saucissons. | 100 kil. | 16f 50 |
| Viandes salées. { Autres de toute sorte. | Id. | 2 05 |
| Vinaigre. | Hectolitre. | 5 00 |

| Dénomination des produits. | | | Unités sur lesquelles portent les droits. | Droits. | |
|---|---|---|---|---|---|
| Vins ordinaires | En fûts | | Hectolitre. | 10f | 00 |
| | En bouteilles | | Id. | 17 | 00 |
| Vins et liqueurs. | Vermouth, guignolet. | | Id. | 25 | 00 |
| | Tous autres. | En fûts | Id. | 33 | 00 |
| | | En bouteilles. | Id. | 50 | 00 |
| Tous autres produits non dénommés ci-dessus. | | | Valeur. | 4 p. 100 | |

### DROITS DE NAVIGATION ET DROITS SANITAIRES.

(Ordonnance royale du 18 octobre 1846 modifiée par les lois des 19 mai 1866, 30 janvier 1872, les arrêtés locaux des 13 janvier 1868, 31 décembre 1873, par le projet de décret du 27 décembre 1875 et par le décret du 31 mars 1876.)

Droit de congé pour les bâtiments français. . . . . . . 6 fr.
Droit de passeport pour les bâtiments étrangers . . . . 6

*Droit de francisation.*

Bâtiments gréés et armés.

A voiles, en bois. . . . . . . 40 fr. par tonneau de jauge.
— en bois et fer . . . . 50 —
— en fer . . . . . . . 60 —
A vapeur, droits ci-dessus augmentés du droit afférent à la machine.

Coques de bâtiments de mer.

En bois. . . . . . . . . . . . 30 fr. par tonneau de jauge.
En bois et fer . . . . . . . . 40 —
En fer. . . . . . . . . . . . 50 —

10 centimes par tonneau pour tous bâtiments sans distinction de nationalité, sans que le montant de ces droits puisse excéder un maximum de 50 fr. par navire.

Ou 50 fr. par mois pour les navires qui font escale sur la même rade plus d'une fois par mois.

3 centimes par tonneau et par jour pour tous navires soumis à une quarantaine.

### TAXES ACCESSOIRES DE NAVIGATION.

(Arrêté local du 23 octobre 1843, décret colonial du 23 juin 1845 modifié par l'arrêté local du 3 juillet 1868; arrêtés locaux des 18 juillet 1849, 27 décembre 1861, 13 janvier et 3 juillet 1868, 28 septembre 1871, 27 juillet 1872 et décret du 31 mars 1876; projet de décret rendu provisoirement exécutoire par arrêté du 8 janvier 1877; projet de décret rendu provisoirement exécutoire par arrêté du 28 novembre 1877. — Décret du 21 février 1878.)

### Droit de pilotage.

**Navires sans distinction de nationalité.**

| | |
|---|---|
| De 100 tonneaux et au-dessous.... | 50 c. par tonneau. |
| Au-dessus de 100 tonneaux...... | 25 fr. par mètre de tirant d'eau. |
| Droit annuel sur les caboteurs et les bâtiments de la possession...... | 1 fr. par tonneau. |

### Droit de jaugeage des bâtiments français et étrangers.

| | | |
|---|---|---|
| De 30 tonneaux et au-dessous... | Non pontés... | 20 fr. par navire. |
| | Pontés..... | 30 — |
| De 31 tonneaux à 50...... | Non pontés... | 30 — |
| | Pontés..... | 40 — |
| De 51 à 75 tonneaux exclusivement. | Pontés et non pontés.... | 50 — |
| Par chaque tonneau au-dessus de 75 tonneaux... | | 1 fr. par tonneau. |
| Droit de phare................ | | 50 c. par tonneau. |
| Droit d'aiguade................ | | 2 fr. par kilolitre. |

### Droit de halage et d'accostage.

| | | |
|---|---|---|
| De 1 à 10 tonneaux........ | Voyage...... | 3f 50 |
| | Mois....... | 10 00 |
| De 7 à 8 rames......... | Voyage...... | 3 30 |
| | Mois....... | 10 00 |
| De 5 à 6 rames......... | Voyage...... | 2 30 |
| | Mois....... | 6 60 |
| De 3 à 4 rames......... | Voyage...... | 1 30 |
| | Mois....... | 5 00 |

Nota. — Les navires faisant le cabotage entre la Réunion, Maurice et Madagascar et jaugeant moins de 80 tonneaux, qui feront escale sur les rades de la colonie plus d'une fois pendant une période de trois mois, ne seront assujettis aux taxes accessoires de navigation que pour une seule de ces escales. (Projets de décrets rendus provisoirement exécutoires par arrêtés des 8 janvier et 28 novembre 1877. — Décret du 21 février 1878.)

## DROITS ACCESSOIRES DE DOUANE.

(Ordonnance royale du 21 octobre 1832. Arrêtés locaux des 23 mars 1842, 18 juillet 1849, 24 mars 1852, 16 juin 1860, 27 décembre 1861, 29 décembre 1864 et 7 mai 1866. Voir les tarifs annexés aux arrêtés des 24 mars 1852 et 29 décembre 1864.)

Droit de magasinage d'entrepôt (voir les tarifs annexés aux arrêtés des 31 juillet 1850 et 29 décembre 1864).

Droit de stationnement . .
- 1 fr. 50 c. par tonneau et par jour pour les quatre premiers jours.
- 2 fr. pour chaque jour en sus.

Remboursement de prix d'imprimés (voir les arrêtés des 16 juin 1860 et 27 décembre 1861).

10 p. 100 sur le produit des saisies.

Amendes.

La Réunion a exporté pour la France :

En 1876, pour 23,078,674 fr. de marchandises.
En 1877, pour 22,307,249 fr. —
En 1878, pour 21,867,616 fr. —
En 1879, pour 17,870,835 fr. —
En 1880, pour 15,727,007 fr. —

Elle a importé de France :

En 1876, pour 8,579,961 fr. de marchandises.
En 1877, pour 8,100,320 fr. —
En 1878, pour 9,729,205 fr. —
En 1879, pour 7,421,203 fr. —
En 1880, pour 9,198,643 fr. —

Au point de vue du mouvement de la navigation, il est entré à la Réunion, en 1880 : 36 navires français venant de France et jaugeant 19,202 tonneaux; 17 navires français venant des colonies françaises et jaugeant 5,512 tonneaux; 148 navires français venant de l'étranger et jaugeant 54,075 tonneaux.

Il est sorti de la Réunion : 38 navires français se rendant en France, et d'un tonnage de 16,119 tonneaux; 33 navires français se rendant dans les colonies françaises et jaugeant 15,229 tonneaux; 137 navires français se rendant à l'étranger et jaugeant

49,888 tonneaux ; enfin, 29 navires étrangers se rendant en pays étrangers et jaugeant 17,000 tonneaux.

*Service postal.* — La Réunion est reliée à la métropole par la grande ligne des Messageries maritimes, qui fait le service entre la France et la Nouvelle-Calédonie. Le service est mensuel. Les paquebots quittent Marseille le jeudi de toutes les quatre semaines, à partir du 16 janvier 1883. Ils font escale à Saint-Denis ; de ce point part un bâtiment d'une compagnie française qui relie nos possessions de Mayotte et de Nossi-Bé à la ligne de Marseille-Saint-Denis-Nouméa.

Au 1$^{er}$ janvier 1881, le transport des correspondances entre les divers points de l'intérieur de la colonie était assuré par le fonctionnement de lignes dont l'énumération suit :

1° De Saint-Denis à Sainte-Rose par Saint-Benoît ;

2° De Saint-Denis à la Possession ;

3° De la Possession à Sainte-Rose ;

4° De Saint-Paul à la Possession ;

5° De Saint-André à Hell-Bourg (Salazie) ;

6° De Saint-Benoît à la Plaine-des-Palmistes ;

7° De Saint-Louis à Cilaos.

Pour le tarif des correspondances, voir à l'article *Martinique*.

|  | 1877. | 1878. | 1879. |
|---|---|---|---|
| Recettes | 182,318$^f$ 04 | 207,189$^f$ 03 | 419,440$^f$ 18 |
| Dépenses | 181,215 34 | 204,736 53 | 415,367 12 |

*Services financiers.* — Les recettes et les dépenses de l'administration de la Réunion sont réparties en deux budgets : le budget de l'État et le budget de la Réunion.

Le budget de la marine et des colonies (service colonial) comprend, sur une dépense totale de 24,000,000 fr., déduction faite du service pénitentiaire, une somme de 2,615,902 fr. affectée à la Réunion (soit 10,5 p. 100). Mais il faut ajouter à cette somme les dépenses supplémentaires déjà signalées pour les autres colonies.

Le budget local comprend toutes les dépenses concernant les services intérieurs de la colonie et toutes les recettes nécessaires pour l'acquittement de ces dépenses. Le budget est délibéré chaque année par le conseil général et arrêté par le gouverneur.

| | |
|---|---|
| Il s'élève en recettes à. . . . . . . . . . . . . . . | 4,913,256f |
| — en dépenses à. . . . . . . . . . . . | 4,885,170 |
| Les contributions directes, qui figurent aux recettes pour . . . . . . . . . . . . . . . . . . . . . | 496,000 |

comprennent notamment :

| | |
|---|---|
| L'impôt des maisons . . . . . . . . . | 111,000 |
| L'impôt des voitures . . . . . . . . . | 34,000 |
| Les patentes. . . . . . . . . . . . . | 320,000 |
| Les poids et mesures . . . . . . . . | 27,000 |
| Les contributions indirectes, qui s'élèvent à . . . . . | 2,485,817 |

se composent notamment des droits de sortie et des taxes accessoires de navigation, 809,500 fr.; des droits sur les spiritueux et des licences, ainsi que des droits sur les tabacs, 1,676,317 fr. Le service de l'enregistrement comprend, outre l'enregistrement, le timbre, les hypothèques, les domaines, les curatelles, les eaux et forêts. Il est dirigé par un chef de service et un personnel de vérificateurs et de receveurs détachés de l'administration métropolitaine.

Les recettes de l'enregistrement s'élèvent à 731,699 fr.; les dépenses du service à 256,000 fr. environ.

*Monnaies et établissements de crédit.* — Autrefois, toutes les monnaies avaient cours à la Réunion, et jusque dans ces derniers temps on se servait principalement de piastres, de roupies et d'une monnaie de billon instituée spécialement pour la colonie, et qui avait reçu le nom de *kerveguen*. Mais, il y a quelques années, on a supprimé à ces monnaies le cours légal, qui fut réservé désormais à la monnaie française.

| | |
|---|---|
| L'ensemble des opérations d'escomptes, d'avances et de prêts de la Banque de la Réunion, pendant l'exercice 1881-1882, s'est élevé à . | 23,256,319f 92 |

Se décomposant ainsi :

| | |
|---|---|
| Effets sur place . . . . . . . . . . . . . . | 6,272,908f 92 |
| Traites à deux signatures. . . . . . . . | 1,945,850 00 |
| Obligations sur marchandises . . . . . . | 9,446,578 22 |
| — sur actions . . . . . . . . . . | 1,447,325 » |
| — sur titres divers . . . . . . . | 463,500 » |
| — sur matières d'or et d'argent . | 43,223 » |
| Les opérations de change présentent pour l'exercice examiné un mouvement général de tirages et remises s'élevant à. | 16,241,315 46 |
| Émissions . . . . . . . . . . . . . . . | 8,568,987f 85 |
| Remises . . . . . . . . . . . . . . . . | 7,672,327 61 |

Le mouvement général des caisses s'est traduit ainsi qu'il suit :

| | | |
|---|---|---|
| Numéraire... | Entrée | 1,270,176f 21 |
| | Sortie | 768,671 99 |
| Billets.... | Entrée | 48,158,590 » |
| | Sortie | 47,424,405 » |

Les comptes courants, tant au crédit qu'au débit, se sont élevés à . . . . . . . . . . . . . . . . . . . . . . . 24,880,176f 12

Déduction faite des prélèvements statutaires, les bénéfices réalisés ont permis de distribuer aux actionnaires un dividende de 83 fr. par action, soit 16 fr. 60 c. p. 100 du capital social.

*Services militaires.* — La garnison est composée de quatre compagnies d'infanterie de marine, d'une demi-batterie d'artillerie et d'une compagnie de gendarmerie.

La colonie possède les ressources nécessaires à la subsistance des rationnaires militaires, et toutes les denrées entrant dans la composition de la ration sont achetées sur place.

Il existe un hôpital militaire à Saint-Denis et un hôpital thermal militaire à Salazie.

Toutes les dépenses d'entretien des troupes et d'administration militaire sont mises au compte du budget du département de la marine et des colonies, à l'exception de celles du casernement de la gendarmerie, qui sont payées par la colonie.

## IV. — SAINTE-MARIE DE MADAGASCAR.

*Notice historique.* — L'occupation de l'île Sainte-Marie de Madagascar par la France remonte au 30 juillet 1750. La cession en fut consentie à la Compagnie des Indes par Béti, fille du roi de l'île, Ratzimilao, mais on l'avait négligée à cause de son peu d'importance.

En octobre 1821, une expédition chargée de former un centre d'occupation et de mouvement maritime, en même temps que de tenter la création d'un lieu d'essai de culture par les indigènes, débarqua à Sainte-Marie.

Depuis cette époque, Sainte-Marie, avec Nossi-Bé et ses dépendances, sont les seules de nos possessions de Madagascar que nous ayons occupées.

*Topographie.* — Sainte-Marie, en malgache Nossi-Bourahe ou Ibrahim, est une étroite bande de terre dirigée obliquement du N.-N.-E. au S.-S.-O., parallèle à la côte de Madagascar, dont la sépare un canal d'une largeur moyenne de 6 à 8 milles. Son extrémité nord est située par 16°40′ lat. Sud et 47°55′ long. Est; son extrémité sud, par 17°8′ lat. Sud et 47°32′ long. Est; sa partie moyenne par 16°54′ lat. Sud et 47°39′30″ long. Est.

Sa longueur est d'environ 50 kilomètres, sa largeur atteint à peine, en moyenne, 3 kilomètres, sa superficie peut être évaluée à 15,500 hectares. Dans les trois quarts environ de son pourtour, au Sud, à l'Est et à l'Ouest, l'île est entourée d'une ceinture de polypiers constituant ce qu'on appelle le récif. Cette ceinture est beaucoup plus éloignée à l'Est où, sur quelques points, elle se compose de 2 ou 3 bancs de coraux, ce qui rend la navigation dangereuse sur cette côte.

Un canal sépare au Sud une petite portion de terre appelée : « Ile aux Nattes ».

Sainte-Marie a dû constituer jadis la base de l'étage Est des chaînes qui vont s'élevant progressivement de la côte de Madagascar au plateau central de cette grande île.

Le parallélisme est évident ; son sol est de la même nature géologique ; il se compose de plusieurs séries de mornes à directions semblables, réunies entre elles par d'autres chaînes secondaires et dont le point culminant, situé au centre, atteint au plus une altitude de 50 mètres. Les flancs de ces mornes sont généralement ardus ; les espaces qu'ils laissent entre eux, profonds et étroits en général, servent d'écoulement aux eaux pluviales. Dans les points où cette profondeur atteint le niveau de la mer, la rencontre des eaux pluviales et des eaux salées a donné lieu à la formation de terrains d'alluvions composés de débris de roches, de sable calcaire des récifs et de détritus végétaux alternativement recouverts et abandonnés par les eaux. Les racines ou espaces entre les mornes sont donc, ou des lits de ruisseaux ou des marais d'eau douce, ou de véritables marais à peine émergés, recouverts dans les grandes marées.

Les naturels de Sainte-Marie sont d'origine malgache et descendent en ligne directe de la peuplade des Betsimisaraks dont ils ont conservé l'idiome et les mœurs ; ils se distinguent des peuplades avoisinantes par une vocation toute spéciale pour le métier de marins et forment ainsi une précieuse ressource, non seulement pour les navires et caboteurs qui fréquentent ces parages, mais encore pour les bâtiments de l'État en station dans la mer des Indes et les paquebots des Messageries maritimes qui desservent la ligne entre Aden et Maurice.

*Météorologie.* — Les pluies durent environ neuf mois de l'année, de décembre à septembre. La saison sèche, quoique courte, est très prononcée.

La durée du jour est sensiblement égale à celle de la nuit : l'écart est d'environ 2 heures 28 minutes. Ainsi les jours les plus longs sont de 13 heures 14 minutes ; les plus courts de 10 heures 45 minutes. On n'a pas constaté à Sainte-Marie de chute de bolide ; des ouragans, des tremblements de terre de peu d'intensité sont jusqu'ici les seuls phénomènes naturels à y signaler.

*Principaux ports et marchés.* — Sainte-Marie possède un port naturel très étendu qui, par sa position entre deux terres, est parfaitement protégé contre les ouragans et est de plus accessible par tous les temps en attaquant l'île, soit par le Nord, soit par le Sud. Il renferme deux îlots ; sur le plus petit, appelé l'île aux Forbans, d'une superficie d'un hectare environ, il n'y a encore d'établi que les parcs à charbon pour les bâtiments de l'État ; sur le plus grand, l'îlot Madame, qui est le siège du gouvernement, se trouvent l'hôpital, les magasins, les quais d'abatage, etc... Les navires en danger peuvent venir se mettre à l'abri dans le port et au besoin s'y faire réparer.

Ce port est malheureusement trop peu connu, car, par sa position sur la route des Indes et sous le vent des colonies de la Réunion et de Maurice où les cyclones sont si fréquents et si terribles, les capitaines pourraient, en s'y réfugiant, prévenir bien des sinistres. C'est dans tous les cas une question d'autant plus importante à examiner que, par suite du développement que prend tous les jours le commerce avec Madagascar, Sainte-Marie est appelée à devenir forcément un centre d'entrepôt pour les riches produits de la partie Est de la grande île africaine.

*Population*. — La population s'élève à 7,177 individus, comprenant 3,492 hommes et 3,685 femmes ; il y a 1,202 garçons au-dessous de 14 ans et 1,271 filles. La population flottante s'élève à 25 personnes. Le nombre des naissances s'est élevé à 200 en 1879 et à 191 en 1880 ; le nombre des décès a été en 1879 de 126 et en 1880 de 255 ; cette augmentation de la mortalité provient d'une épidémie de coqueluche qui a sévi dans la colonie. Il y a eu huit mariages en 1880.

*Gouvernement et administration*. — Par décret du 27 octobre 1876, l'île Sainte-Marie de Madagascar a été rattachée, comme dépendance, à la colonie de la Réunion ; elle est administrée par un résident placé sous l'autorité du gouverneur de la Réunion et ayant sous ses ordres quelques fonctionnaires ou employés.

Au point de vue de la justice, le résident est juge civil, juge de simple police et juge correctionnel. Les crimes commis à Sainte-Marie sont déférés à la cour d'assises de la Réunion.

Voici la statistique judiciaire pendant les années 1879 et 1880 :

|  | 1879. | 1880. |
|---|---|---|
| Affaires civiles. | 29 | 16 |
| — commerciales. | 2 | 19 |
| — de simple police | 46 | 33 |
| — correctionnelles. | 34 | 55 |

*Instruction publique*. — Il y a deux écoles, l'une pour les garçons, l'autre pour les filles ; elles coûtent annuellement 8,240 fr. pour frais d'internat et appointements du personnel.

*Culte.* — Le service du culte, qui appartenait autrefois à la mission de Madagascar, est confié actuellement à des prêtres séculiers envoyés par la métropole.

*Travaux publics et cultures.* — Le service des travaux publics est naturellement peu important. Il consiste principalement à des travaux d'entretien ou des travaux de réparation de bateaux et d'entretien de chemins.

Sainte-Marie, à l'exception de quelques petites forêts où l'on trouve de bons bois de construction et des plaines entières couverte de ravenalles, ne comporte guère d'autres productions naturelles connues susceptibles d'être utilisées dans l'industrie.

On y a introduit successivement la canne à sucre, le coco, le girofle, le café, et une grande variété de fruits et de légumes de toute espèce qui n'ont même pas eu à subir, comme on aurait pu le redouter, de période d'acclimatement. Enfin, la ramie, d'introduction récente, pourrait être substituée au raphia pour la confection des tissus à l'usage des indigènes.

*Commerce.* — Le commerce est peu important dans cette colonie. Le chiffre des importations s'est élevé à 181,602 fr., et celui des exportations à 110,000 fr. Il est entré à Sainte-Marie 326 navires français jaugeant 9,300 tonneaux et 117 navires étrangers jaugeant 737 tonneaux. Il est sorti 308 navires français jaugeant 9,400 tonneaux et 160 navires étrangers portant 654 tonneaux.

*Principaux objets d'importation.* — La colonie reçoit tout de de l'extérieur. Elle fait venir de Madagascar le riz qui forme la base principale de la nourriture de l'indigène et les bœufs de boucherie dont la consommation ne dépasse pas 150 têtes par an. Tous les autres articles, quincaillerie, mercerie, vin, farine, liqueurs fortes, conserves alimentaires, etc..., viennent généralement des îles de la Réunion et de Maurice qui, n'étant pas elles-mêmes des centres de production, ne peuvent délivrer que des marchandises déjà surchargées de frais de toute nature.

*Postes.* — La dépendance de Sainte-Marie ne communique avec la métropole que par l'intermédiaire de l'île de la Réunion, à laquelle elle est reliée par un service mensuel de bateaux.

*Services financiers*. — Moyennant une subvention de 62,050 fr. que le budget de la marine (service colonial) fait chaque année à la dépendance, Sainte-Marie pourvoit à toutes ses dépenses. Cependant, on a établi dans cette colonie quelques impôts, dont le total s'élève à 16,057 fr. Ces impôts comprennent :

    Les droits sur les emplacements. . . . . . . . . 1,103 fr.
    La cote personnelle . . . . . . . . . . . . . . . 3,240
    La contribution foncière . . . . . . . . . . . . 1,090
    Les patentes . . . . . . . . . . . . . . . . . . . 2,665
    Les droits sur les spiritueux. . . . . . . . . . . 7,093, etc.

*Monnaies*. — La monnaie française est la seule monnaie légale de Sainte-Marie, mais ces monnaies sont rares, attendu que les pièces de 5 fr. sont employées par les habitants pour acheter des denrées alimentaires à la Grande-Terre de Madagascar, où c'est la seule pièce qui ait cours.

# V. — SÉNÉGAL.

*Notice historique.* — La côte d'Afrique comprise entre les embouchures du Sénégal et de la Gambie fut visitée, dès le XIV⁰ siècle, par des marchands de Dieppe et de Rouen; ils y formèrent plusieurs comptoirs qui, pendant le XV⁰ siècle, à l'exception toutefois du Sénégal, tombèrent au pouvoir des Portugais, des Anglais et des Hollandais. Mais la France reprit bientôt ses droits, et les établissements furent cédés, en 1664, à la Compagnie des Indes occidentales, puis aux diverses Compagnies du Sénégal et de Gorée, enfin à la Compagnie des Indes orientales, sous le régime de laquelle ils prospérèrent.

Le Sénégal, pris par les Anglais en 1758, avec Gorée, qui nous fut rendue en 1763, fut repris par la France, en 1777, et la propriété lui en fut reconnue par le traité du 3 septembre 1783, qui règle encore les droits respectifs des deux nations sur la côte occidentale d'Afrique.

Pris de nouveau en 1809, les établissements de Sénégambie nous furent restitués, en 1814, par le traité de Paris, qui conserva tous nos droits sur la côte d'Afrique, et la rentrée en possession eut lieu le 25 janvier 1817.

Dès lors, les efforts de l'administration française purent se porter sur la protection et le développement des relations commerciales; et si, à plusieurs reprises, on eut à punir les déprédations et les attentats des Maures, si l'on eut à lutter contre l'apôtre noir de l'islam, El-Hadj-Omar, de nombreux traités sont venus consolider et accroître notre influence.

*Topographie.* — La colonie du Sénégal et dépendances, chef-lieu Saint-Louis, est située sur la côte occidentale d'Afrique, et comprend les points principaux suivants :

|  | Localités. | Latitude. | Longitude. |
|---|---|---|---|
| Côte Nord. | Cap Blanc. . . . . . . . . . . . . . . | 20°46'55" | 19°18'30" |
| | Ile d'Arguin. . . . . . . . . . . . . . | 20 25 00 | 18 57 00 |
| | Portendic. . . . . . . . . . . . . . . | 18 17 28 | 18 26 54 |

## SÉNÉGAL.

| | Localités | Latitude. | Longitude. |
|---|---|---|---|
| **Fleuve du Sénégal et affluents.** | Saint-Louis. . . . . . . . . . . . . | 16 00 48 | 18 51 10 |
| | Mérinaghen. . . . . . . . . . . . . | 15 57 15 | 18 18 20 |
| | La Taouey (Richard-Toll) . . . . . . | 16 27 20 | 18 01 00 |
| | Dagana. . . . . . . . . . . . . . . | 16 39 30 | 17 17 30 |
| | Saldé (Tour de) . . . . . . . . . . | 16 11 30 | 16 14 05 |
| | Matam (Tour de). . . . . . . . . . | 15 40 10 | 16 36 33 |
| | Bakel (Fort de). . . . . . . . . . . | 14 53 13 | 14 49 25 |
| | Médine (Fort de). . . . . . . . . . | 14 20 10 | 13 44 09 |
| | Bafoulabé (Fort de) [confluent du Bakoy]. | 13 50 00 | 13 14 00 |
| | Sénoudébou (Falémé). . . . . . . . | 14 25 22 | 14 36 49 |
| **Sénégambie.** | Gorée . . . . . . . . . . . . . . . | 14 39 55 | 19 45 00 |
| | Rufisque . . . . . . . . . . . . . | 14 43 00 | 19 33 45 |
| | Portudal . . . . . . . . . . . . . | 14 27 30 | 19 23 20 |
| | Joal . . . . . . . . . . . . . . . | 14 12 30 | 19 13 00 |
| | Pointe de Sangomar (rivière de Saloum) . | 13 49 30 | 19 07 45 |
| | Kaolack (Saloum) . . . . . . . . . | 14 02 00 | 18 26 00 |
| | Carabane (Casamance) . . . . . . . | 12 32 30 | 19 09 00 |
| | Sedhiou (Casamance) . . . . . . . . | 12 36 00 | 18 00 00 |
| **Rivières du Sud.** | Boké (Rio-Nunez). . . . . . . . . . | 10 53 30 | 16 34 30 |
| | Victoria (Rio-Nunez) . . . . . . . . | 10 47 30 | 17 56 40 |
| | Bangalang (Rio-Pongo) . . . . . . . | 10 18 15 | 16 20 00 |
| | Benty (Mellacorée). . . . . . . . . | 9 08 00 | 15 35 00 |
| **Rives du Sénégal.** | Podor . . . . . . . . . . . . . . | 17 13 00 | 16 40 00 |
| | Matam . . . . . . . . . . . . . . | 15 36 00 | 15 39 00 |
| | Saldé. . . . . . . . . . . . . . . | 16 14 00 | 16 12 00 |
| **Région des Hauts Fleuves.** | Bakel. . . . . . . . . . . . . . . | 14 49 00 | 14 54 00 |
| | Sénoudébou. . . . . . . . . . . . | 14 35 00 | 14 24 00 |
| | Médine. . . . . . . . . . . . . . | 13 45 00 | 14 21 00 |
| | Bafoulabé. . . . . . . . . . . . . | 13 49 00 | 13 09 00 |
| | Kita . . . . . . . . . . . . . . . | 11 45 00 | 13 03 00 |
| | Bammakou . . . . . . . . . . . . | 10 20 00 | 12 10 00 |

La côte d'Afrique, depuis l'embouchure du Sénégal jusqu'à Sierra-Leone, est basse, bordée d'une triple ligne de bancs de sable sur lesquels la mer vient déferler sans cesse. Cette poussée continuelle des sables vers la côte forme à l'entrée de chaque cours d'eau des bancs que les navires ne franchissent que par le beau temps et guidés par des pilotes expérimentés.

La partie orientale, au contraire (Fouta-Djalon), est montagneuse, et c'est de là que descendent vers l'Ouest et le Nord les nombreuses ramifications dont sont formés les bassins supérieurs des principaux fleuves et rivières qui se dirigent vers la côte.

Cette chaîne principale du Fouta-Djalon n'est que le prolongement du grand plateau de l'Afrique centrale. Elle forme des terrains distincts, des rangées de montagnes successives et plus ou moins parallèles qui se dégradent et avancent vers l'Ouest et vers le Nord. A l'Ouest, une dernière chaîne de montagnes sépare le haut pays des contrées basses et marécageuses du littoral; au Nord, c'est une contrée boisée et couverte de steppes unies qui sépare ces montagnes des déserts de sable.

L'aspect général du pays situé entre le Sénégal et la Gambie est triste et désolé, sauf les territoires du haut pays, immédiatement placés sur le bord de ces fleuves. Ce ne sont partout que terrains sablonneux recouverts d'une rare verdure et d'arbrisseaux rabougris qui ne rappellent en rien la végétation luxuriante des pays intertropicaux. Néanmoins, le sol est fertile, et lorsque les populations indigènes qui, comme toutes celles de l'Afrique, sont relativement très peu denses, ne sont pas occupées à des guerres intestines ou religieuses, le sol se couvre de produits que de nombreuses caravanes viennent annuellement échanger à nos escales contre des marchandises d'Europe.

Au Sud de la Gambie, dès que l'on est arrivé à la rivière Casamance, l'aspect de la contrée change complètement : la verdure reparaît partout et la végétation se montre avec autant de force et d'éclat que dans les autres parties du monde, sous les mêmes latitudes.

Les principales rivières qui vont se jeter à la mer, depuis l'embouchure du Sénégal jusqu'à la colonie anglaise de Sierra-Leone (Free-Town), sont :

La rivière de Saloum, la Gambie, la Casamance, la rivière Cacheo ou Santo-Domingo, la rivière du Géba, le Rio-Grande, la rivière Cassini, la rivière Company, le Rio-Nunez, le Rio-Pongo, la rivière Mellacorée, les deux Scarcies. Depuis la Casamance jusqu'à Free-Town, un grand nombre de petites rivières se joignent aux premières pour découper cette partie de la côte ou les réunir entre elles et ne sont encore complètement connues qu'à leur embouchure.

*Sénégal.* — *Saint-Louis.* — Le Sénégal, le plus grand fleuve de la côte occidentale d'Afrique après le Niger, prend sa source dans le Fouta-Djalon, en deux points différents sous les noms de Bakoy et de Bafing, qui coulent du S.-E. au N.-O, et se réunissent à Bafoulabé. C'est entre deux bras de ce fleuve, sur une île de sable, à quelques milles de son embouchure, que se trouve Saint-Louis, chef-lieu de la colonie.

Quatre ponts relient la ville à la pointe de Barbarie et à la rive gauche du fleuve.

Les villages de Guet-N'dar et de N'dar-Toute (Parc de Saint-Louis et Petit-Saint-Louis) sont situés sur ladite pointe de Barbarie. Le premier est habité par des pêcheurs qui, chaque jour, rapportent à Saint-Louis d'excellents poissons en abondance. Le second est généralement composé de villas et de jardins où les habitants riches de Saint-Louis vont chercher, pendant l'hivernage, un peu de fraîcheur et la facilité de prendre des bains de mer.

Les villages de Bouet-Ville et de Sor, situés dans l'île de ce dernier nom, sont habités par une population commerçante traitant avec les nombreuses caravanes arrivant de l'intérieur. Beaucoup de particuliers et les différents corps de troupe ont construit sur les dunes de sable que l'on trouve à quelque distance des jardins, produisant des légumes en abondance, et où commencent à venir des arbres fruitiers et d'ornement.

Les pays arrosés par le Sénégal sont nombreux et habités par des races très différentes les unes des autres. Les Bambaras, les Sarakolets, les Toucouleurs et les Peuhls habitent les deux rives du bassin supérieur; les Maures occupent la rive droite du moyen et bas Sénégal; les Toucouleurs, les Peuhls et les Ouolofs la rive gauche de ces deux mêmes parties. Ces vastes étendues forment, en remontant le fleuve, les provinces suivantes : 1° sur la rive droite : le pays des Maures Trarzas, des Maures Braknas et des Maures Douichs, trois grandes familles divisées en une infinité de tribus; le Guidimaka, le Diombokho, le Kaarta, le Fouladougou; 2° sur la rive gauche : le Oualo, le Dimar, le Toro, le Fouta, le Damga, le Guoye, le Bondou, le Kaméra, le Bambouk, le Baniakadougou.

Quelques-uns de ces pays appartiennent complètement à la France, d'autres sont placés sous son protectorat, d'autres enfin sont indépendants, tout en entretenant avec nous des relations de bon voisinage et de commerce; ces dernières sont généralement réglées par des traités.

Les principaux affluents du Sénégal sont :

Sur la rive droite, la rivière de Kouniakary qui, prenant sa source dans les plateaux situés au Nord de Kaarta, vient se jeter dans le fleuve un peu au-dessous de Médine.

Sur la rive gauche : la Falémé, qui prend sa source dans le Fouta-Djalon et vient se jeter dans le fleuve au-dessus de Bakel.

*Gorée. — Dakar.* — L'île de Gorée est située près de la presqu'île du Cap-Vert. C'est un point de relâche bien connu des navigateurs. A l'une des extrémités de l'île, se trouve le Castel, position fortifiée occupée par une garnison.

Dakar est une ville encore à construire; le plan en est fait, les rues sont tracées, les concessions données, mais, à part les édifices publics, il n'existe encore que peu de maisons éloignées les unes des autres. Elle est en face de Gorée, sur la Grande-Terre, dans une très belle position, et possède un bon port. Le mouillage en est sûr et les atterrissages sont parfaitement éclairés par trois beaux phares et plusieurs fanaux : les navires y sont abrités des vents et de la mer, d'une part par la côte qui, de Rufisque au cap Manuel, décrit presque une vaste circonférence et, d'autre part, par deux jetées dont une n'a pas moins de 600 mètres de long par 9 mètres de fond et contre lesquelles la houle du large vient se briser.

Les autres rivières arrosant les établissements français, au Sud du cap Vert, sont les suivantes :

1° La rivière de Saloum, dont le bassin n'est tracé par aucune chaîne de montagnes ou ondulation, prend sa source dans une vaste plaine inondée pendant la saison des pluies, traverse le pays dont elle porte le nom, et se jette dans la mer par trois embouchures principales. En outre du Saloum, elle arrose la partie sud-ouest du royaume de Sine, le Guilor et le Bar.

A 60 milles marins environ de son embouchure, on trouve sur la rive droite le poste de Kaolack.

2° La Casamance, dont les sources sont encore inexplorées, traverse des contrées couvertes d'une belle végétation.

Dans la haute Casamance, sur la rive droite, on trouve le poste de Sédhiou ; dans la basse Casamance, sur une île située presque à l'entrée de la rivière, celui de Carabane. Entre les deux, sur la rive gauche, l'établissement de Zighinchor.

3° Le Rio-Nunez descend du Fouta-Djalon, traverse le pays des Landoumans, des Nalous et des Bayas, et vient se jeter dans la mer à 25 milles environ au Nord du cap Verga. Le poste de Boké, sur la rive gauche, à 45 milles de l'embouchure, assure la sécurité des nombreuses factoreries françaises établies sur les deux rives de ce cours d'eau. Le poste de douane de Victoria, situé dans une jolie position, sur la rive droite et près de l'embouchure, assure la perception des droits à la sortie sur toutes les denrées sans distinction de pavillon.

4° Le Rio-Pongo arrose le pays des Sousous et des Bagas, se jette dans la mer à 25 milles du cap Verga par plusieurs embouchures. Non loin de l'entrée de la principale, se trouve l'établissement de Boffa qui, jusqu'à présent, n'est qu'un poste de douane.

5° La rivière de Mellacorée, qui arrose le pays des Sousous et celui des Boulames, se jette dans la mer à 35 milles de Free-Town. Le poste de Benty, sur la rive gauche, à peu de distance de l'embouchure, est occupé par une garnison qui a un poste détaché en face, sur la rive droite, dans l'île de Cakoutlaye.

Les pays situés entre le Sénégal et la Gambie, et que nous n'avons pas encore énumérés, sont presque exclusivement habités par des Ouolofs, des Sérères et quelques Peuhls ; ce sont : le Cayor, le Baol, le Sine, le Rip ou Badibou, le Niani, le Ouli, le Dentilia, et enfin le Djolof, dont le roi avait autrefois la suzeraineté de tous les pays ouolofs. De récents traités ont placé sous l'autorité de la France le Cayor et les cantons compris entre ce pays et la banlieue de Saint-Louis.

*Météorologie.* — Il existe au Sénégal deux saisons bien tranchées : la saison sèche et la saison des pluies. La première dure de décembre à la fin de mai, et est caractérisée, en général, par des nuits relativement très fraîches, auxquelles succèdent des journées d'une chaleur excessive, avec sécheresse extrême de l'atmosphère. Le thermomètre, qui varie ordinairement de + 11° à + 25° à l'ombre, à cette saison, monte, par les vents d'Est, jusqu'à 42°. L'île de Gorée, vu la nappe d'eau qui la sépare de la Grande-Terre, est naturellement exempte de cette sorte de sirocco. L'hivernage commence fin mai pour finir fin novembre. La chaleur oscille alors entre 27° et 32°, à l'ombre.

*Population.* — La population du Sénégal s'élève à 190,789 individus, comprenant 90,521 hommes et garçons et 100,268 femmes et filles. Il y a, en outre, une population flottante de 2,135 personnes. Le nombre des mariages a été en 1880 de 89 ; celui des naissances de 1,405 et celui des décès de 1,567.

Indépendamment des individus de race ou d'origine européenne qui habitent le Sénégal, on trouve, sur la rive droite du fleuve, une race caractéristique à cheveux plats, dont l'origine n'est pas encore bien constatée, mais qui, sans aucun doute, descend des races berbère et arabe, mélangées souvent de sang nègre et dont les individus, comme ceux qui ont envahi autrefois l'Espagne, portent le nom de Maures. Mais, déjà, par suite du croisement, ces tribus se composent par tiers environ de mulâtres arabes, de mulâtres berbères et de noirs portant communément le nom de Pourognes. Quoi qu'il en soit, les différences des traits et de la couleur de cette race sont si bien tranchées, qu'il est permis de dire que le fleuve du Sénégal est la limite où finit la Mauritanie et où commence la Nigritie.

Divisés aujourd'hui en trois grandes tribus, ces Maures sont mahométans et pratiquent rarement les principes des vertus morales que leur enseigne le Coran.

Les noirs du Sénégal se divisent en races qui se distinguent par la teinte plus ou moins foncée de leur peau, par les formes du corps et le degré d'intelligence. Les principales races sont : les Peuhls, les Toucouleurs, les Mandingues, les Sarakolets, les Ouolofs, les Sérères, les Diolas et les Bambaras.

Les Peuhls, qui habitent généralement le Fouta, le Damga, le Bondou et le Fouta-Djalon, sont d'un brun rougeâtre, aux cheveux presque plats et aux traits européens. Par suite de leur mélange avec leurs captifs ou voisins de race noire, il s'est formé parmi eux une nouvelle race qui porte le nom de Toucouleurs.

Les Peuhls sont mahométans et exercent vis-à-vis des autres peuples le rôle de convertisseurs à main armée. Cette race, disséminée dans toutes les provinces de l'Afrique avoisinant nos possessions, semble être venue du Nord, et rappelle celle des Fellahs de l'Égypte.

Les Malinkés et les Soninkés, connus au Sénégal sous les noms de Mandingues et de Sarakolets, sont des noirs de haute taille, parlant divers dialectes dérivant d'une même langue. Les premiers sont guerriers par tempérament ; les seconds sont les noirs les plus commerçants de la côte occidentale d'Afrique.

Les Mandingues n'ont, en général, aucune religion et leur véritable dieu est l'or qu'ils trouvent dans les mines du Bambouck. Très hospitaliers vis-à-vis des noirs africains, ils n'aiment pas à voir venir chez eux les Européens. Les Sarakolets, au contraire, sont de fervents mahométans et se font remarquer par leur gravité et leur indifférence. On remarque chez les femmes une grande propreté, chose bien rare dans la Sénégambie.

Les Ouolofs, les Sérères, qui habitent le Cayor, le Oualo, le Djolof et une grande partie du Baol et du Sine, sont les plus grands, les plus beaux et les plus noirs de tous les nègres de l'Afrique ; ils sont polygames, comme tous les Africains, et les chefs ont de véritables sérails.

Les Diolas habitent les environs de la rivière de Géba ; ils diffèrent essentiellement de tous les noirs de l'Afrique par leur constitution, leur langue, leurs mœurs et leurs coutumes ; leurs traits sont grossiers et le nez est épaté ; les lèvres sont très épaisses et le ventre très proéminent : ils se nourrissent de la chair du chien qui est un régal pour eux ; ils sont fétichistes et se tatouent le corps.

Les Bambaras, qui des rives du Djioliba (Niger ou Nil des noirs) ont poussé leurs conquêtes jusqu'aux rives du Sénégal, dans le pays de Kaarta et de Khasso, ne sont pas aussi noirs que les Ouolofs et pas aussi clairs que les Peuhls ; leur couleur est d'un bronze rouge noirâtre et leurs cheveux sont laineux. C'est le peuple le plus industrieux de tous ses voisins ; il est très sobre, très économe et aime beaucoup la musique et la chasse. C'est de chez eux que l'on retire la plus grande partie de l'ivoire ; les éléphants abondent dans ces parages. Les Bambaras ne se livrent à aucun acte extérieur de religion.

*Gouvernement et administration.* — Le Sénégal est représenté en France par un député.

L'administration de la colonie est confiée au gouverneur, qui a auprès de lui un directeur de l'intérieur et un chef du service judiciaire, un commandant supérieur des troupes, un commandant de la marine. Le chef du service administratif dirige l'administration et la comptabilité des services militaires et maritimes ; le chef du service de santé a sous ses ordres tout ce qui est relatif au fonctionnement du service sanitaire ; le trésorier-payeur dirige le service du Trésor. Un inspecteur des services administratifs et financiers veille à la régularité de l'administration et requiert, à cet effet, l'exécution des lois et règlements.

Les rivières du Sud, depuis la rivière de Saloum jusqu'à la Mellacorée, sont placées sous l'administration d'un lieutenant-gouverneur résidant à Benty. Relevant du gouverneur du Sénégal, ce fonctionnaire est chargé de la centralisation du service dans toute la partie méridionale de la colonie.

Nous avons indiqué dans la notice préliminaire l'organisation du conseil privé, du conseil du contentieux administratif et du conseil général.

Le conseil général est composé de 16 membres élus par le suffrage universel ; dix de ces conseillers sont élus par l'arrondissement de Saint-Louis, et six par celui de Gorée. Le président, le vice-président et le secrétaire sont nommés chaque année par le conseil.

Le Sénégal compte trois communes, ayant chacune un maire, des adjoints et un conseil municipal. Ces communes sont : Saint-Louis, Gorée-Dakar et Rufisque.

*Justice.* — L'organisation du Sénégal a été réglementée au début par l'ordonnance royale du 7 janvier 1822, qui institua un tribunal de première instance à Saint-Louis et à Gorée. L'appel était porté devant un conseil composé du gouverneur, président, de l'officier d'administration de la marine chef du service, de l'officier commandant l'infanterie, de l'officier du génie et de l'artillerie le plus ancien en grade, de deux notables désignés par le gouverneur. Le contrôleur colonial remplissait les fonctions du ministère public. Cette organisation a été modifiée par l'ordonnance royale du 24 mai 1837, qui créa dans la colonie deux tribunaux de première instance, un à Saint-Louis, l'autre à Gorée, et une cour d'appel. Cette ordonnance fut successivement modifiée par celles du 9 novembre 1840, du 27 mars 1844, du 4 décembre 1847 et enfin par le décret du 9 août 1854.

C'est ce dernier acte qui régit en ce moment l'administration de la justice. D'après ce décret, l'organisation judiciaire se trouve ainsi constituée :

*Cour d'appel.*

1 président, chef du service judiciaire, 1 conseiller, 1 conseiller auditeur.

*Tribunal de Saint-Louis.*

1 juge président, 1 procureur de la République, 1 greffier.

*Tribunal de Gorée.*

1 juge, président, 1 procureur de la République, 1 greffier.

Le procureur de la République près le tribunal de Saint-Louis remplit les fonctions du ministère public près la cour d'appel. Le greffier est en même temps greffier de la cour et, comme son collègue de Gorée, il est chargé du service du notariat.

La justice criminelle est administrée par une cour d'assises siégeant à Saint-Louis et composée des membres de la cour et de quatre notables tirés au sort sur une liste arrêtée tous les ans par le gouverneur. Lorsque les besoins du service l'exigent, la cour d'assises peut tenir ses audiences à Gorée.

Des conseils commissionnés, nommés par le gouverneur, postulent pour les parties et les représentent devant les tribunaux.

STATISTIQUE DES TRIBUNAUX (1880).

*Cour d'appel.*

| | |
|---|---|
| Affaires civiles. | 16 |
| Affaires commerciales. | 12 |
| Affaires criminelles. | 13 |
| Appels correctionnels. | 1 |

*Tribunal de Saint-Louis.*

| | |
|---|---|
| Affaires civiles. | 85 |
| Affaires commerciales. | 42 |
| Affaires correctionnelles. | 51 |

*Tribunal de Gorée.*

| | |
|---|---|
| Affaires civiles. | 46 |
| Affaires commerciales. | 20 |
| Affaires correctionnelles. | 113 |

*Affaires de la compétence des justices de paix.*

| | |
|---|---|
| Affaires civiles. | 61 |
| Simple police | 582 |

*Législation.* — Le Code civil a été appliqué au Sénégal par un arrêté du gouverneur du 5 novembre 1830. Un arrêté antérieur du 23 juin 1823 avait édicté dans la colonie un Code spécial de procédure civile dont les dispositions sont actuellement soumises à un travail de révision. Le Code de commerce rendu exécutoire le 4 juin 1819 a été de nouveau promulgué en exécution de la loi du 7 décembre 1850. Le Code d'instruction criminelle, modifié suivant les besoins de l'organisation judiciaire de la colonie, a été publié le 14 avril 1838, en exécution de l'ordonnance royale du 14 février de cette même année. Quant au Code pénal, il a été rendu exécutoire dans la colonie par le décret du 6 mars 1877.

*Instruction publique.* — 18 instituteurs donnent l'instruction à 802 garçons, 17 institutrices enseignent 324 jeunes filles.

A Saint-Louis, Dakar, Gorée et Joal, l'enseignement primaire est exclusivement congréganiste. Il est donné aux garçons par les frères de l'Instruction chrétienne et les missionnaires du Saint-Esprit, et aux filles par les sœurs de Saint-Joseph de Cluny. A Rufisque, un instituteur et une institutrice laïques sont chargés de l'enseignement primaire.

La colonie entretient en France un nombre considérable de boursiers qui y reçoivent l'enseignement secondaire spécial et classique.

Un professeur de l'Université a été spécialement envoyé en vue de préparer les jeunes gens à entrer dans les lycées et collèges de la métropole, en leur enseignant les éléments du latin.

La colonie a créé à Saint-Louis une école d'apprentis destinée à former des ouvriers pour le bois et les métaux.

*Cultes.* — Le chef du service religieux est un préfet apostolique.

Les préfets apostoliques n'ont pas les mêmes pouvoirs que les évêques : ils ne peuvent pas conférer les ordres sacrés ; cependant ils reçoivent mission du Saint-Siège et administrent le sacrement de la confirmation.

Leurs pouvoirs d'administration ecclésiastique sont sensiblement les mêmes que ceux des évêques ; les deux arrêtés des 13 messidor an X et 12 frimaire an XI les rendent révocables par le Gouvernement. La nomination qu'ils font des curés doit être agréée par le chef de la colonie.

Le préfet apostolique du Sénégal, qui appartient à la congrégation du Saint-Esprit, a été autorisé à accepter, sous un titre d'évêque *in partibus*, la direction de la mission de la Sénégambie, mais les deux juridictions apostoliques restent absolument distinctes bien que réunies dans la même main.

*Concessions. Travaux publics.* — Des concessions de terres sur la côte occidentale d'Afrique ont été accordées, à Saint-Louis, Rufisque, Carabane, etc., en vue de la culture du coton. Mais, pour diverses causes, ces exploitations paraissent n'avoir donné que peu ou point de résultats.

Les concessions de terres que se borne à faire depuis quelques années l'administration du Sénégal, consistent en lots de terres d'une faible importance, destinés plutôt à la fondation d'établissements commerciaux que d'exploitations agricoles proprement dites.

La colonie affecte chaque année près de 1,200,000 fr. pour les travaux publics. Parmi les principaux travaux qui sont en cours dans la colonie, il faut citer l'agrandissement de l'hospice civil, la construction de casernes, l'établissement de quais et de ponts, la conduite d'eau destinée à l'alimentation de Saint-Louis, la construction d'un chemin de fer de Saint-Louis à Dakar et d'une voie ferrée pour relier la partie supérieure du fleuve du Sénégal au Niger. Ces deux derniers travaux sont entrepris non pas sur les crédits de la colonie, mais au compte de la métropole.

Le chemin de fer de Dakar à Saint-Louis est destiné à faciliter l'embarquement et le débarquement des marchandises provenant du fleuve ou ayant cette destination, et que la barre empêche très souvent de charger ou de décharger au chef-lieu de la colonie. Cette ligne part de Dakar, se rend à Rufisque, puis traversant le Cayor, arrive à Saint-Louis avec un développement de 259 kilomètres. Concédée à la Compagnie des Batignolles, moyennant une garantie de 1,154 fr. par kilomètre, cette ligne sera ouverte à l'exploitation, au mois de juin probablement, sur une longueur de 20 à 30 kilomètres à chaque extrémité : on espère qu'elle pourra être achevée en 1884.

*Agriculture.* — L'agriculture, entièrement laissée aux mains des indigènes, après être restée longtemps dans un état voisin de l'enfance, a fait des progrès sensibles depuis plusieurs années.

Les troubles qui agitaient sans cesse les peuplades environnantes ne laissaient aucune sécurité aux travailleurs et étaient la principale cause de l'abandon du sol. Mais tout porte à croire qu'avec la cessation de ces troubles, grâce aux nombreuses répressions qui ont été infligées à leurs auteurs, l'agriculture reprendra de la force et de l'extension.

Le gouvernement de la colonie, persuadé, du reste, des immenses ressources que pourrait procurer au pays cette branche du commerce, concentre tous ses efforts pour encourager et protéger ceux qui se livrent à la culture.

Dans ce but, une Société d'agriculture a été instituée le 29 décembre 1874, avec mission spéciale de faire naître et de propager le goût du travail des terres. Déjà de nombreuses graines de diverses espèces ont été distribuées aux habitants qui en ont fait la demande, et la Société s'occupe en ce moment de créer aux environs de Saint-Louis une pépinière dont les produits seront distribués aux cultivateurs.

Quelques habitants de Saint-Louis et de Dakar, de leur côté, s'adonnent courageusement à des essais de culture de quelques plantes fourragères, oléagineuses et textiles.

A mesure que le voyageur remonte le fleuve du Sénégal, il

est frappé de la manière dont les rives sont de mieux en mieux cultivées. C'est ainsi que, dans le Kaméra et le Kasso, les diverses céréales et les arachides sont plantées en sillons assez bien bombés et alignés à la houe.

*Industrie.* — Les professions industrielles sont généralement considérées comme déshonorantes par les indigènes et laissent beaucoup à désirer. On ne trouve, en effet, dans le pays aucun établissement industriel; les seules fabriques que l'on soit appelé à rencontrer sont les briqueteries et les chaufourneries dans les environs de Saint-Louis et de Dakar. Les terres argileuses et la quantité considérable de coquilles d'huîtres que l'on peut se procurer aux environs de Saint-Louis permettent un travail facile aux fabricants, qui ne livrent d'ailleurs que des produits de qualité tout à fait inférieure.

Les professions manuelles sont celles de menuisier, de maçon, de calfat, de tisserand, de forgeron. Parmi les ouvriers de cette dernière profession, on trouve des orfèvres très habiles, et les bijoux qu'ils ont travaillés à la main, avec des instruments tout à fait primitifs, ont un certain cachet d'originalité et de bon goût.

Le métier de tisserand n'est exercé que par les noirs du Sénégal. Ils se réunissent quinze ou vingt sous des nattes en paille, et là, pendant toute la journée, ils se livrent au tissage de bandelettes d'étoffes de deux mètres de long environ. Ces bandelettes, réunies ensemble, sont vendues aux indigènes pour leur servir de pagne, principal costume du pays. Les plus beaux de ces pagnes sont mêlés de fils de couleur qui forment des dessins très réguliers et parfois assez compliqués. Le nombre des tisserands excède à lui seul celui de tous les autres ouvriers réunis.

Le Sénégal possède des mines d'or très riches dans le Bambouck et le Tambaoura, mines que le Gouvernement avait fait exploiter, mais auxquelles il a été obligé de renoncer après quelques années d'essai, à cause de l'insalubrité du climat; cet or se trouve dans les terrains d'alluvions formés de sable, de cailloux quartzeux et d'argile schisteuse. C'est sur ce fond facile à creuser que les noirs pratiquent, pendant la saison, des trous de 7 à 8 mètres de profondeur; à mesure que la terre en est extraite, les femmes en emplissent des calebasses qu'elles vont laver au marigot le plus proche.

On conçoit facilement que, par de tels procédés, l'on ne recueille qu'une faible partie de l'or contenu dans les sables aurifères.

Dans les environs de Bakel, vers le Boundou, on trouve des terres contenant du mercure à l'état natif et par globules de près d'un millimètre de diamètre. Les indigènes le recueillent en faisant des trous coniques à parois très inclinées sur lesquelles roule le précieux liquide.

*Commerce.* — Les principaux ports de la colonie sont : Saint-Louis, Gorée, Dakar et Rufisque. Les rivières du Sud, ainsi que quelques points intermédiaires de la côte, offrent également d'assez bons mouillages aux navires qui les fréquentent pour y laisser ou y prendre des chargements.

Les marchés de la colonie sont : Saint-Louis, pour les marchandises d'importation et d'exportation ; Gorée, pour les marchandises d'importation, qui sont expédiées de là dans les rivières du Sud et sur la côte occidentale ; enfin Rufisque, qui est exclusivement un grand marché d'exportation. La Casamance, le Rio-Nunez, le Rio-Pongo, la Mellacorée exportent également une assez grande quantité de produits du sol, mais leur mouvement commercial ne peut se comparer à celui des grands marchés cités plus haut. Dakar n'est encore, jusqu'à présent, qu'un bon port dont l'activité commerciale est peu considérable, à raison de la proximité de Gorée et de Rufisque, où les négociants ont leurs magasins et leurs habitudes ; les transactions se bornent aux marchandises apportées ou expédiées par les paquebots et à l'énorme arrivée des charbons français et anglais que viennent y prendre les steamers de toutes les nations passant par le cap Vert.

Les produits naturels de la colonie sont : les gommes, dont le commerce se soutient encore, malgré la concurrence des gommes arabiques et autres matières tendant à la remplacer dans les préparations industrielles ; le caoutchouc, les plumes de parure, les oiseaux vivants et les peaux, la cire, l'ivoire et les vessies natatoires. Les produits du sol comprennent les arachides, qui forment le principal article d'exportation, le sésame, l'huile et les amandes de palme, le café du Rio-Nunez et du Rio-Pongo et autres produits de moindre importance.

Le Sénégal exporte, en outre, mais en petites quantités, du mil, du riz en paille, de l'or, des écorces tinctoriales et tannantes.

Les prix de ces divers articles, d'après les dernières mercuriales, étaient fixés ainsi qu'il suit :

| | |
|---|---|
| Gommes | 90 à 100 fr. les 100 kilogr. |
| Caoutchouc | 1 fr. à 2$^f$,50 le kilogramme, suivant la qualité. |
| Plumes d'autruche | 500 à 1,500 fr. le kilogramme, suivant la qualité. |
| Oiseaux vivants | 0$^f$,25 à 0$^f$,75 la paire. |
| Peaux d'oiseaux (merles métalliques et autres) | 0$^f$,75 à 1$^f$,25, suivant la qual. |
| Cire clarifiée | 225 à 300 fr. les 100 kilogr. |
| Ivoire | 600 fr. les 100 kilogr. |
| Peaux de bœufs | 60 à 100 fr. les 100 kilogr. |
| Arachides en coques | 20 fr. les 100 kilogr. |
| Sésame | 30 fr. id. |
| Huile de palme | 80 fr. id. |
| Amandes de palme | 20 fr. id. |
| Café de Rio-Nunez et de Rio-Pongo | 250 fr. id. |
| Gros mil | 15 fr. id. |
| Petit mil | 20 fr. id. |
| Riz de la Casamance (en paille) | 15 fr. id. |
| Or de Galam | 3 fr. le gramme. |

Les principaux articles d'importation sont : la guinée (toiles bleues de l'Inde), les étoffes des manufactures de France, le fer, l'eau-de-vie, les armes à feu, les munitions de guerre, le corail, l'ambre, les verroteries, le tabac et les comestibles.

Le principe de la liberté commerciale a été posé par le décret du 24 décembre 1864. Les marchandises de toute nature et de toute provenance peuvent être importées par tout pavillon à Saint-Louis et à l'île de Gorée. Elles sont soumises aux droits de douane ci-après : 15 p. 100 de la valeur sur les armes et munitions de guerre ;

10 p. 100 sur les tabacs en feuille ;

5 p. 100 sur les autres marchandises ;

Deux centimes et demi par mètre sur les toiles dites guinées fabriquées en France ou dans les colonies françaises ;

Six centimes et demi par mètre sur les guinées de toute autre origine.

Les produits chargés à Saint-Louis et à Gorée peuvent être expédiés pour toute destination et par tout pavillon. Des taxes de navigation et des taxes accessoires de navigation sont établies en outre par des arrêtés locaux, après vote du conseil général. Enfin, des octrois de mer ont été établis par des arrêtés locaux au profit des communes de Saint-Louis et de Gorée.

Le Sénégal a exporté en France :

En 1876 pour  9,205,538 fr. de marchandises.
En 1877 pour 10,674,581 —
En 1878 pour 11,846,093 —
En 1879 pour 12,678,812 —
En 1880 pour 19,783,479 —

Il a exporté pour l'étranger :

En 1879 pour 2,000,000 de francs de marchandises.
En 1880 pour 2,000,000 —

Il a importé de France :

En 1876 pour 4,767,081 fr. de marchandises.
En 1877 pour 4,854,709 fr. —
En 1878 pour 4,859,207 fr. —
En 1879 pour 6,172,944 fr. —
En 1880 pour 7,846,406 fr. —

Il a importé de l'étranger :

En 1879 pour 6,000,000 de francs de marchandises.
En 1880 pour 6,000,000 de francs —

Au point de vue du mouvement de la navigation, il est entré au Sénégal : 112 navires français venant de France et jaugeant 52,000 tonneaux ; 618 navires français et étrangers, d'un tonnage de 30,000 tonneaux, venant des colonies françaises, et 42 bâtiments français et étrangers venant de pays étrangers.

Il est sorti du Sénégal : 111 bâtiments français se rendant en France et d'un tonnage de 54,000 tonneaux ; 571 navires, d'un tonnage de 36,000 tonneaux, se rendant dans les colonies françaises, et 87 bâtiments se rendant à l'étranger.

*Service postal et télégraphique.* — Au point de vue des communications avec la France, le Sénégal est une de nos colonies privilégiées. Elle possède, en effet, deux lignes régulières de paquebots de poste. La plus ancienne est la ligne de Liverpool à Bonny et à Fernando-Po. Les paquebots de cette ligne quittent Liverpool le samedi de toutes les trois semaines, à partir du 6 janvier 1883.

La seconde ligne est celle des Messageries maritimes. Moyennant une subvention annuelle, la Compagnie s'est engagée à faire un voyage par mois au Sénégal, mais elle en effectue deux régulièrement. Ses paquebots partent de Bordeaux les 5 et 20 de chaque mois, et arrivent à Dakar les 14 et 29 du même mois.

Voici le tarif des correspondances :

CORRESPONDANCE OFFICIELLE.

*Franco.*

CORRESPONDANCE PRIVÉE.

Lettres, par 15 grammes : affranchies . . . . . . . . . . . . . . . 0f 25
— non affranchies . . . . . . . . . . . . 0 60
Recommandées (droit fixe en sus de l'affranchissement) . . . . . . 0 25
Lettres des militaires et marins . . . . . . . . . . . . . . . . . . 0 15
Cartes postales . . . . . . . . . . . . . . . . . . . . . . . . . . 0 15
Cartes postales recommandées . . . . . . . . . . . . . . . . . . . 0 40

Papiers d'affaires, 25 cent. jusqu'à 250 grammes; au-dessus de 250 grammes, 5 cent. par 50 grammes ou fraction de 50 grammes. Échantillons, 10 cent. jusqu'à 100 grammes; au-dessus de 100 grammes, 5 cent. par 50 grammes ou fraction de 50 grammes.

Imprimés, 5 cent. par 50 grammes ou fraction de 50 grammes.

Papiers d'affaires, échantillons et imprimés recommandés (droit fixe en sus de l'affranchissement) . . . . . . . . . . . . . . . . . . . . . 0f 25
Avis de réception des objets recommandés . . . . . . . . . . . 0 10

La colonie renferme 4 bureaux de poste à Saint-Louis, Dakar, Gorée et Rufisque. Indépendamment de ces bureaux, le service postal, dans les postes, est confié aux commandants de cercle ou de poste.

Les lettres à destination du Sénégal sont déposées à Dakar, où vient les prendre un bâtiment qui fait le service entre Saint-Louis et Dakar et qui apporte en ce point les dépêches de la colonie pour le continent.

Un service hebdomadaire par piéton fonctionne entre Saint-Louis, Rufisque, Dakar et Gorée.

Entre Dakar et Gorée, le service est assuré par les canots du service de l'administration qui font la traversée 2 fois par jour.

Entre Gorée, Dakar et Rufisque, le service a lieu journellement.

A partir du 2 février 1881, un service régulier a été établi au moyen des avisos le *Dakar* et le *Laprade* qui desservent chaque mois, à tour de rôle, les postes français du Sud et les comptoirs étrangers ci-après désignés : Dakar, Gorée, Rufisque, Foundioune, Kaolack, Carabane, Sedhiou, Boulam, Bel-Air, Boffa, Konakrys, Benty et Sierra-Leone. Le service est interrompu pendant les mois de juillet, août et septembre, à cause de la rigueur de la saison.

Pendant ce temps, on profite, pour l'expédition des correspondances, de toutes les occasions du commerce qui peuvent se présenter.

En 1882, les recettes du service postal se sont élevées à 25,000 fr.

Le Sénégal n'est pas encore relié par le télégraphe à la métropole, mais un crédit a été voté par le Parlement pour relier prochainement cette colonie à l'Europe, soit par les Canaries, soit par les îles du Cap-Vert. De Dakar pourra partir plus tard un prolongement de cette ligne vers les rivières du Sud, la Côte-d'Or, le Gabon et le Congo. Une ligne télégraphique fonctionne entre Saint-Louis et Dakar ; une autre entre Saint-Louis et Soldé, une troisième entre Bakel et Bammakou.

*Services financiers.* — Les recettes et les dépenses de l'administration du Sénégal sont réparties en deux budgets, le budget de l'État et le budget local.

Le budget de la marine et des colonies (service colonial) comprend, pour le Sénégal, sur une dépense de 24 millions, déduction faite du service pénitentiaire, une somme de 3,610,907 fr. (soit 15 p. 100), sans compter les dépenses faites pour la pénétration au Soudan. Il faut ajouter à cette dépense la solde et les frais de passage de la garnison et de quelques fonctionnaires qui sont des dépenses métropolitaines payées par le budget de la marine.

Le budget local comprend toutes les dépenses relatives au service intérieur de la colonie, ainsi que toutes les recettes nécessaires pour l'acquittement de ces dépenses. Ce budget est délibéré chaque année par le conseil général et arrêté par le gouverneur. Il s'élève, en recettes et en dépenses pour 1883, à 2,698,263 fr.

Les contributions directes y figurent pour une somme de de 255,000 fr. ; elles comprennent notamment :

| | |
|---|---|
| L'impôt personnel des villages. | 53,000ᶠ |
| L'impôt foncier | 33,000 |
| Les patentes | 141,000 |

Les contributions indirectes figurent pour une somme de 1,900,000 fr. ; elles comprennent entre autres les droits de douane, 1,179,000 fr.

Le service de l'enregistrement, qui comprend l'enregistrement, le timbre, les hypothèques, le domaine, la curatelle aux successions vacantes, est, comme tous les services financiers, placé sous les ordres du directeur de l'intérieur. Les recettes de ce service s'élèvent à 79,000 fr. et les dépenses à 23,000 fr.

*Monnaies et établissements de crédit.* — La seule monnaie légale au Sénégal est la monnaie française. Pour les affaires de troc dans l'intérieur de la colonie, on se sert également de la pièce d'étoffe appelée guinée.

Il existe à Saint-Louis un établissement de crédit, la Banque du Sénégal.

L'ensemble des opérations d'escomptes et de prêts de cette Banque s'est élevé pendant l'exercice 1881-1882 à. . . . . . . . . . . . . 1,021,390ᶠ »
Se décomposant ainsi :
Obligations sur actions . . . . . . . . .   21,550 »
Effets sur place . . . . . . . . . . . .  869,255 »
Prêts sur matières d'or ou d'argent . . . .  130,585 »
Les opérations de change se traduisent ainsi :
Émissions. . . . . . . . . . . . . . . . . . . . . . . 3,431,207 18
Remises . . . . . . . . . . . . . . . . . . . . . . . 3,991,661 15
Le mouvement des caisses a donné : ,
Numéraire ( Entrée. . . . . . . . . . . . . . . . 6,112,627 04
et billets. ( Sortie. . . . . . . . . . . . . . . . . 5,752,134 47
Le mouvement général des comptes courants s'est élevé à. .   877,411 35

Déduction faite des prélèvements statutaires, les bénéfices réalisés ont permis de distribuer 40 fr. par action, soit 8 p. 100 du capital social.

*Services militaires.* — La garnison comprend 5 compagnies d'infanterie de marine, 2 batteries d'artillerie de marine, et 1 compagnie d'ouvriers, des gendarmes, 1 escadron de spahis, 1 compagnie de conducteurs sénégalais, 2 bataillons de tirailleurs sénégalais et 1 compagnie de disciplinaires ; mais ces troupes ne sont pas uniquement destinées à la garnison du Sénégal, elles doivent encore assurer le service du Haut-Fleuve.

La colonie reçoit de France les principales denrées entrant dans la composition de la ration : le vin, l'eau-de-vie, la farine, le biscuit, le lard salé, les conserves, les assaisonnements, le riz. On se procure sur place la viande fraîche et les aliments légers.

Il existe deux hôpitaux militaires au Sénégal, l'un à Saint-Louis et le second à Gorée.

*Pénétration au Soudan.* — L'œuvre entreprise par le général Faidherbe, en vue de porter la civilisation dans le Soudan et d'ouvrir au commerce ces régions inexplorées, a été reprise depuis quelques années et menée avec une grande activité. De Médine, où s'arrêtait en 1878 l'influence française, notre drapeau a été successivement porté à Bafoulabé, à Kita, enfin, cette année, à Bammakou, sur le Niger. La route des caravanes se trouve ainsi protégée par une série de postes construits par le colonel Desbordes, pendant les trois campagnes de 1880-1881-1882-1883. La route a été améliorée ; en même temps on entreprenait les travaux d'un chemin de fer destiné un jour à relier la partie navigable du Niger à celle du Sénégal. La première section de ce chemin de fer de Khay (près Médine) à Bafoulabé, sur 135 kilomètres, a été décidée par le Parlement; à la fin de la campagne actuelle, la circulation sera ouverte sur une longueur de 16 kilomètres, et les travaux de terrassement préparés de manière à activer à la campagne prochaine la pose de la voie.

## VI — GABON

*Historique.* — Par un traité conclu avec le chef Louis, le 18 mars 1842, une partie du territoire situé sur la rive droite du Gabon fut cédée à la France, dans une position préférable à celle que nous eût procurée le traité passé précédemment avec le roi Denis, chef le plus influent de la rive gauche.

La prise de possession eut lieu le 18 juin 1843.

En avril et juillet 1844, de nouveaux traités passés avec les chefs importants des deux rives assurèrent la souveraineté de la France sur toutes les terres, îles et presqu'îles qui sont baignées par le Gabon ou ses affluents.

Cette possession s'est complétée par la cession du territoire du cap Lopez, qui nous a été consentie, le 1er juin 1862, par le roi et par les principaux chefs de ce pays. Plus récemment encore, les chefs de Sangatang et d'Isambey, anciens foyers de traite, ont reconnu notre souveraineté. Cet exemple a été suivi par ceux de la rivière Danger et des îles Élobey, points situés au Nord du Gabon.

*Topographie.* — L'estuaire du Gabon forme une magnifique rade de 23 milles de longueur sur une largeur moyenne de 8 à 10 milles qui peut fournir un abri sûr à un bon nombre de navires. Il reçoit plusieurs rivières dont les principales sont celles de Como et de Rhamboë. Le premier, qui reçoit le tribut des eaux du Bogoé, se déverse dans le Gabon un peu au-dessus de la rivière de Rhamboë. Celle-ci se jette dans le même estuaire (sur la rive gauche), au point dit Chinchiva, centre du commerce de cette partie du pays.

Le Como est l'objet d'un certain mouvement d'affaires. La navigation de la rivière est facile jusqu'au mouillage de Ningué-Oingué; au-dessus, elle ne peut employer que des bâtiments d'un faible tirant d'eau.

Deux autres cours d'eau importants dépendent de notre établissement.

Au Nord, la rivière Moundah ou Mondah se jette dans la mer non loin du cap Esterias, à 23 milles au-dessus du Gabon.

Elle fut comprise dans la cession à nous faite par le traité général passé le 1er avril 1844, avec tous les chefs de l'estuaire.

Au Sud, l'Ogoway ou rivière Nazareth, se jette dans la mer un peu au-dessous du cap Lopez (dont on lui donne également le nom), à 60 milles environ des bouches du Gabon. Son cours général prend la direction du Nord-Ouest au Sud-Est. Le volume de ses eaux, sa largeur et sa profondeur sont considérables, mais son cours est malheureusement coupé de rapides qui empêchent les bâtiments d'un certain tonnage de les remonter au loin. Sa distance de la rivière Rhamboë par l'intérieur n'est guère que de 30 lieues. Elle atteint 1,200 mètres de large, mais ses bouches présentent quelques difficultés à cause du peu de profondeur des eaux.

Le territoire du Gabon est peuplé par un grand nombre de tribus indépendantes, depuis le Pongwé à demi civilisé, paresseux et sensuel, jusqu'au Fan ou Pahouin, anthropophage. Les peuplades les plus connues sont celles des Orungu, N'Rami, Ajumba, Inlenga, Igalua, Sekiani et Bakalets; elles sont dominées par les Fans cités plus haut et par les Osyebas, maîtres des affluents du Gabon, de la rivière Mondah et de presque toute la rive droite de l'Ogoway.

La rade du Gabon a reçu, en 1876, 122 navires marchands de différents tonnages. Les principales denrées d'exportation de ce pays et leurs prix, suivant les derniers avis reçus, sont : bois rouge à 9 cent. la bûche; ébène à 9 cent. le kilogramme; caoutchouc à 9 cent. le kilogramme; ivoire au-dessus de 10 kilogr. à 14 fr. 50 c. le kilogramme; ivoire au-dessous de 10 kilogr. à 7 fr. 83 c. le kilogramme; noix de palme concassées à 9 cent. le kilogramme; huile de palme à 27 cent. le kilogramme; cire à 1 fr. 25 c. le kilogramme; écaille de tortue à 4 fr. le kilogramme; arachides à 20 cent. le kilogramme; gomme copal à 20 cent. le kilogramme; dika à 25 cent. le kilogramme; écorce de palétuvier à 1 cent. le kilogramme.

La plupart de ces produits proviennent des rivières Como et Rhamboë formant le Gabon proprement dit, de la rivière Mondah, de la lagune de Fernand-Vaz et enfin de l'Ogoway où le mouvement commercial est le plus accentué.

*Population.* — La vie nomade que mènent les indigènes du

Gabon ne permet pas d'évaluer le chiffre de la population. Sur le littoral occupé par l'élément européen, la population s'élève à environ 200 âmes.

*Gouvernement et administration.* — L'administration du Gabon est confiée à un commandant, qui est assisté d'un chef de service de l'intérieur et d'un chef de service judiciaire. Le chef du service de l'intérieur est en même temps chef du service administratif et dirige tout ce qui concerne la comptabilité et l'administration des services militaires. Auprès du commandant est établi un conseil d'administration qui est composé du commandant, du chef du service de l'intérieur et de deux habitants notables, désignés par le commandant. Le conseil donne son avis sur les questions relatives à l'administration de la colonie.

*Justice.* — Le service de la justice a été organisé par les décrets du 1er juin 1878, du 20 avril 1879 et du 26 décembre 1881.

Aux termes de ces actes, la justice est rendue par un tribunal de première instance composé d'un juge président.

Ce magistrat connaît des affaires civiles, commerciales et correctionnelles. Les crimes sont jugés au Sénégal, à moins qu'ils n'aient un caractère politique ou qu'ils ne soient de nature à compromettre l'action de l'autorité française; ils sont alors jugés sur place par un tribunal criminel spécial.

*Législation.* — Le décret du 1er juin 1878 a ordonné la promulgation de la législation du Sénégal.

*Instruction publique.* — L'instruction publique, dans nos établissements du Gabon, a été confiée jusqu'à ce jour à des missionnaires.

L'école des garçons a 206 élèves et l'école des filles en a 88.

Les enfants apprennent les éléments de la langue française et reçoivent une éducation professionnelle comprenant la connaissance de divers métiers et celle de l'agriculture.

En outre, des écoles sont organisées par les missionnaires protestants américains. Par un décret du 9 avril 1883, l'enseignement de la langue française a été rendu réglementaire.

*Cultes.* — Le service du culte au Gabon est assuré par les Missions étrangères, qui reçoivent une indemnité annuelle de 20,000 fr. La mission est placée sous l'autorité d'un évêque *in partibus* qui n'est pas reconnu du Gouvernement.

*Travaux publics et cultures.* — Les principaux travaux en cours d'exécution sont : des fouilles et des recherches d'eau, ainsi que la construction d'une conduite d'eau, la construction d'un hôpital et d'un marché, enfin l'édification d'un phare.

La principale culture du pays est le manioc qui, avec le poisson sec, constitue la nourriture ordinaire des indigènes. Il existe aussi quelques plantations de riz et de maïs de faible importance. Des essais de plantation de café, dans divers points du Gabon, ont été tentés, notamment à Sibange, mais ces plantations ne sont pas encore en voie de rapport. On peut espérer également planter avec succès le cacao, le tabac et le coton. La culture qui doit assurer le plus grand bénéfice aux planteurs est celle du palmier, qui produit une huile très appréciée et se vend à un prix assez élevé. Cet arbre est originaire du pays et y croît avec une très grande activité.

L'industrie est nulle au Gabon.

Le nombre des travailleurs étrangers qui résident dans la colonie peut être fixé à 400. Ils proviennent de la côte de Kroumen et du Congo. Les Kroumen s'engagent pour un ou deux ans, moyennant le rapatriement à l'expiration de leur engagement. Le Gabon, qui est placé dans un climat torride, ne permet pas aux Européens de se livrer aux travaux de la terre. Cependant, le pays est entré dans une voie d'assainissement au moyen de débroussaillements et de plantations d'eucalyptus.

Dans ces derniers temps, l'attention d'un certain nombre d'industriels français s'est portée vers le Gabon, où la culture du palmier en vue de la production de l'huile de palme paraît devoir donner d'assez beaux bénéfices.

Il serait à désirer qu'à cet égard l'agriculture secondât les efforts du commerce ; mais malheureusement les Européens qui habitent le Gabon ne s'adonnent qu'à la recherche de l'ivoire, du caoutchouc, de l'ébène et du bois rouge.

Cependant une maison de commerce a entrepris une plantation de café ; les résultats obtenus jusqu'ici paraissent satisfaisants ; si cette entreprise réussit, comme tout le fait supposer, il y a lieu de croire que l'exemple sera suivi par beaucoup d'autres commerçants.

Mais ici se place la question du domaine colonial et en présence de l'exiguïté de son périmètre, on est conduit à se demander quel appoint de terre il pourrait fournir à la colonisation.

Voici quelle est en substance la constitution de son étendue :

Un arrêté local du 20 novembre 1864 divise le territoire du Gabon en trois parties :

1° Terrains domaniaux ;

2° Propriétés particulières et terres appartenant à des indigènes ;

3° Terrains vagues.

Le domaine colonial proprement dit ne se compose que de quelques terrains réservés pour l'exécution des travaux nécessaires à la défense et d'une zone s'étendant sur une profondeur de 600 mètres du fort d'Aumale aux rochers calcaires appelés « Pointes fétiches ».

Cette dernière partie du domaine, où se trouvent presque au centre et près du rivage les établissements du Gouvernement, mesure une superficie de 135 hectares environ d'un seul tenant. Elle a été partagée depuis l'occupation en un grand nombre de concessions, et les quelques terrains encore vacants dont on pourrait disposer ne suffiraient certainement pas à une exploitation agricole.

On considère encore comme faisant partie du domaine colonial les terrains vagues ou abandonnés dont nul ne peut réclamer la possession. Ces terrains, qui sont, avec ceux dont on vient de parler, les seuls que le Gouvernement puisse concéder, soit à titre onéreux, soit à titre gratuit, ne réunissent pas les conditions nécessaires à des exploitations agricoles d'une certaine importance.

En tout cas, les concessions gratuites que le Gouvernement du Gabon pourrait accorder ne peuvent être prises que sur des terres de l'intérieur, à des distances plus ou moins rapprochées du plateau.

Cependant les Européens qui désireraient sérieusement fonder des établissements agricoles dans la colonie, pourraient le faire s'ils n'hésitaient pas à sacrifier une faible somme pour l'acquisition d'une concession. Les indigènes n'attachent pas une grande valeur à la terre et cèdent volontiers d'immenses étendues de terrains pour de modiques sommes payables en marchandises d'Europe, ce qui atténue de beaucoup le prix qu'ils en demandent.

Le meilleur de tous les procédés paraît être d'arriver au Gabon avec un outillage complet, d'acheter du terrain aux indigènes et de débroussailler les forêts de palmiers en ne laissant debout que les sujets jeunes et vigoureux.

Les Européens qui désirent se livrer à la culture du palmier à huile doivent engager des Krowmen sur la côte de Krow du golfe de la Guinée; on ne peut pas compter sur les Gabonnais pour les travaux agricoles; ils ne culitvent que les denrées qui doivent assurer leur existence.

Les attaques ne sont pas à craindre de la part des indigènes, et les navires à vapeur et à voiles fréquentent le Gabon assez régulièrement.

La colonie du Gabon comprend parmi les cours d'eau qui l'arrosent, l'un des fleuves importants de l'Afrique centrale, l'Ogôoué.

L'Ogôoué, dont l'embouchure est située à environ 170 kilomètres au Sud de l'établissement de Libreville, présente une importance considérable au point de vue commercial; des explorations récentes ont permis de le reconnaître dans une grande partie de son cours. Le haut Ogôoué ne se trouve éloigné de l'Alima, affluent du Congo, que d'une trentaine de lieues, ce qui permet de considérer ce fleuve comme une voie toute tracée pour arriver au bassin du Congo moyen. Nous n'avons établi jusqu'à présent qu'un seul poste sur les rives de l'Ogôoué, à Lambaréné; quelques maisons de commerce entretiennent des agents le long de ce fleuve, et principalement vers son embouchure. Les opérations de ces commerçants sur les différentes escales du Gabon, peuvent être évaluées à environ 3,000,000 de francs par an.

*Service postal.* — Les communications avec la métropole sont assurées par des services anglais et portugais.

Les paquebots anglais font un service mensuel, mais comme ils ne touchent pas régulièrement au Gabon, on emploie de préférence la voie portugaise qui fonctionne aussi mensuellement: les correspondances sont déposées à San-Thomé; le service entre San-Thomé et le Gabon est assuré par un bâtiment de l'État. Le Gabon est également desservi par des transports de l'État qui partent deux fois par an de France pour nos comptoirs de la côte d'Afrique. Voici le tarif des correspondances.

CORRESPONDANCE OFFICIELLE.

*Franco.*

CORRESPONDANCE PRIVÉE.

Lettres, par 15 grammes : affranchies. . . . . . . . . . . . . 0$^f$ 25
— — non affranchies. . . . . . . . . . . 0 50
Recommandées (droit fixe en sus de l'affranchissement). . . . . 0 25
Cartes postales. . . . . . . . . . . . . . . . . . . . . . 0 10

Papiers de commerce ou d'affaires, 25 centimes jusqu'à 250 grammes. Au-dessus de 250 grammes, 5 centimes par 50 grammes ou fraction de 50 grammes.
Échantillons, 10 centimes jusqu'à 100 grammes. Au-dessus de 100 grammes, 5 centimes par 50 grammes ou fraction de 50 grammes.
Imprimés, 5 centimes par 50 grammes ou fraction de 50 grammes.

*Recettes et dépenses du service postal.*

|          | 1877.     | 1878.     |
|----------|-----------|-----------|
| Recettes | 1,014$^f$ 43 | 1,185$^f$ 65 |
| Dépenses | 1,026 39  | 960 57    |

*Services financiers.* — Les recettes et les dépenses du Gabon sont inscrites dans le budget local de la colonie, qui reçoit de la métropole une subvention annuelle de 62,050 fr. Ce budget s'élève en recettes et en dépenses à la somme de 140,000 fr.

Les principaux impôts sont les droits de douane, l'impôt foncier et l'impôt des patentes.

*Monnaies et établissements de crédit.* — Les monnaies françaises sont les seules qui aient cours légal dans la colonie ; il existe cependant quelques monnaies étrangères dont se servent les Anglais établis à Glass et les indigènes qui se livrent au commerce. Ce sont, pour la plupart, des monnaies anglaises et quelques monnaies espagnoles et portugaises.

Il n'y a pas encore d'établissement de crédit au Gabon.

*Services militaires.* — La garnison du Gabon est assurée par une section de tirailleurs sénégalais et les équipages des petits navires de la station.

## ÉTABLISSEMENTS DE LA CÔTE-D'OR.

Au Gabon se rattachent les comptoirs de la Côte-d'Or. Ces comptoirs comprennent Grand-Bassam, Dabou et Assinie.

En outre, le protectorat français est établi sur un certain nombre de points de la Côte-d'Or, notamment à Porto-Novo.

*Notice historique.* — Les Dieppois, outre leurs voyages et leur établissement au Sénégal, avaient poussé leurs explorations jusqu'à la Côte-d'Or, et y avaient élevé en 1382, le fort de la Mine.

En 1700, la Compagnie d'Afrique voulant relever le commerce de la Côte-d'Or, fondait à l'entrée de la rivière d'Assinie une factorerie qu'elle abandonna en 1707 à la France, conserva jusqu'en 1797, à Whydah, sur la côte des Esclaves, un fort connu encore sous le nom de Fort Français qui sert de comptoir à une importante maison de Marseille.

C'est pour reprendre ces relations anciennes que fut décidée la création des établissements d'Assinie, de Grand-Bassam et de Dabou, dont la souveraineté fut acquise à la France en 1842, par divers traités conclus entre les rois indigènes et M. E. Bouët-Willaumez, commandant la station navale des côtes occidentales d'Afrique. Ces traités furent ratifiés par le gouvernement français ; la prise de possession du comptoir d'Assinie eut lieu le 29 juillet 1843 et celle de Grand-Bassam le 29 septembre suivant.

La population et ses chefs ayant éludé les traités et s'étant révoltés, on les attaqua et à la suite de nos diverses expéditions victorieuses de 1849, de 1852 et de 1853, le Grand-Bassam fit sa soumission, le roi d'Assinie rentra dans le devoir et le pavillon français flotta sur le nouveau poste de Dabou, qui fut alors installé.

La garnison de ces postes a été momentanément supprimée en 1871, mais des résidents sont établis à Assinie et à Grand-Bassam.

*Grand-Bassam et Dabou.* — L'établissement de *Grand-Bassam* est situé par 5° de latitude nord et 6° longitude ouest, non loin de la rivière du même nom.

Le comptoir est construit à l'entrée de la rive droite de la lagune dite d'Ébrié. Cette lagune pénètre à 10 kilomètres dans les terres, puis se dirige de l'Est à l'Ouest, parallèlement à la côte, sur une longueur d'environ 110 milles. A son embouchure, ses rives sont basses, sablonneuses, couvertes de mangliers et inhabitées.

Le premier village qu'on rencontre sur son parcours est celui de Grand-Bassam : il est placé sur la rive droite, près de l'embouchure de l'Ackba, à 4 kilomètres de la mer. Un chemin tracé par les indigènes, le met en communication avec le poste. La rive droite, qui semble formée par les sables que les brisants ont amoncelés, reste basse et peu habitée ; elle est envahie par les broussailles où se mêlent de temps en temps quelques palmiers ; la rive gauche, au contraire, s'élève rapidement depuis Abra, situé au confluent du Potou (cours d'eau qui se déverse dans la lagune) jusqu'à Tiakba, à l'autre extrémité du lac ; les villages se succèdent sans interruption.

Les nombreuses pêcheries qui couvrent la rivière témoignent des occupations des habitants. Ils chargent leurs pirogues de poissons secs qu'ils vont vendre dans le haut de la lagune ; ce poisson est échangé contre l'huile de palme de l'intérieur.

La rive gauche est découpée dans tous les sens ; elle présente un très grand nombre de criques qui facilitent les communications entre différentes peuplades et servent de débouché aux cours d'eau de l'intérieur. Plusieurs sont encore inexplorées.

L'Ackba et le Potou sont les affluents principaux de la lagune ; ce sont des fleuves larges et profonds qui ont, dit-on, un très grand parcours, et dont on place les sources au pied des montagnes de Kong ; ils sont peu connus. L'Ackba n'a été remonté que jusqu'à Alépé, à 12 lieues au Nord de Grand-Bassam. La partie explorée est riche et peuplée, et ces cours d'eau offrent le grand avantage de venir déboucher dans la lagune à côté de notre comptoir. L'aspect du pays, ses nombreux villages, les palmiers qui apparaissent de tous côtés, ne permettent pas de mettre en doute l'importance de ce fleuve.

Le poste de *Dabou* a été construit dans la lagune, au fond de la crique du même nom, sur un terrain cédé par les chefs de Débrimou. C'est une position élevée, aérée et qui commande le pays. Il se compose d'un fort et d'une enceinte bastionnée. De larges sentiers le mettent en communication avec les villages voisins; l'un, se dirigeant à l'Est, conduit à Bouba et Abobo, peuplés de pêcheurs ; l'autre se dirige au Nord vers Kataéré et Débrimou; ce dernier village est peuplé de 1,500 à 2,000 âmes. En arrière du fort s'étendent de vastes plateaux alternativement couverts d'herbes et de forêts. Ces régions complètement inexplorées sont, dit-on, très peuplées ; on cite plusieurs villages qui font un commerce d'échange avec les chefs de la lagune.

Du haut des petites collines qui entourent le poste, la vue s'étend fort loin et domine plusieurs lignes de forêts successives; ce sont ces forêts qui fournissent l'énorme quantité d'huile de palme qui s'exporte par l'intermédiaire des Jack-Jack. Dabou est au centre de cette production et admirablement placé pour en profiter.

La baie de Dabou offre un excellent abri : la profondeur de l'eau y est de 4 mètres en moyenne et l'on peut y mouiller par 2 mètres et demi à deux encablures de terre, en face du fort; elle a deux milles et demi de longueur et une largeur égale. On n'y compte que deux villages, celui d'Ilaf sur la côte Est, et celui de Daboitier sur la côte ouest.

Indépendamment de l'huile de palme, la lagune fournit une quantité notable d'or, d'ivoire et de bois de teinture.

Les principaux objets d'échanges employés à la Côte-d'Or sont: les étoffes liménéas, satin streep, tom coffée, comals, indienne, madapolam, les barils de poudre (de 5 livres), les fusils de troque ou de traite de l'État, les fusils longs en bois noir, le tafia, le tabac, les cadenas en fer, le fer en barres, les sabres manchettes, les pierres à fusil, les pipes en terre, les marmites, les caisses à savon, les masses de perles (blanc de lait).

Ces objets forment les pacotilles à l'aide desquelles s'opèrent les échanges. A ces objets, il faut ajouter les dons, à titre de cadeaux ou Dash, qui varient suivant les circonstances et l'importance des transactions. A Dabou, on donne comme Dash un litre de tafia par krou (environ 30 litres) d'huile.

*Assinie.* — Le poste d'Assinie est situé par 5°07′47″ de latitude nord, à 28 milles environ de celui de Grand-Bassam.

L'établissement est situé sur la rive droite de la rivière d'Assinie.

Ce cours d'eau se jette dans la mer à 6 lieues dans l'Est du Grand-Bassam. La barre est plus longue que celle de cette dernière rivière, et elle est rendue plus difficile par le coude de l'Assinie ; elle court ensuite pendant près de sept milles parallèlement à la mer.

Le poste est établi sur le point où la rivière s'élargit pour former le grand lac d'Ahy, dont une portion communique avec Apollonie. Au delà du lac, la rivière conserve une largeur de plusieurs milles, pendant tout son parcours dans le royaume d'Atacla, puis elle pénètre dans le pays des Achantis. Cette dernière partie de son cours est complètement inconnue ; mais, dans toute l'étendue de nos possessions, elle est navigable pour les petits bâtiments de commerce qui peuvent franchir la barre.

*Commerce.* — On fait à Assinie le commerce de l'or, de l'ivoire et des peaux de singes noirs et gris. Les forêts de l'intérieur sont admirables de végétation : les bois de haute futaie, les bois de teinture, les arbres à gomme, à résine, y abondent.

## VII. — GUYANE.

*Notice historique*. — Les côtes de la Guyane avaient été reconnues par Christophe Colomb, à son troisième voyage en Amérique, lorsqu'il y aborda, le 14 août 1498, dix mois avant le fameux Améric Vespuce.

En 1626, quelques agriculteurs français vinrent s'y fixer sur les bords de la Sinnamary et furent suivis, en 1630, 1634 et 1635, par d'autres colons, qui construisirent en 1635, à l'embouchure de la rivière de Cayenne, un fort et la ville qui devait devenir le chef-lieu de la colonie.

Concédée successivement à diverses Sociétés, la Compagnie du cap Nord, une première et une deuxième Compagnie de la France équinoxiale ou des Douze-Seigneurs, en lutte incessante avec les Indiens Galibis, la Guyane finit par être concédée, comme nos autres établissements d'Amérique, en mai 1664, à la Compagnie des Indes occidentales et commençait à prospérer quand, pendant la guerre de 1667, les Anglais la ravagèrent, mais sans y former d'établissement.

Prise, en 1672, par les Hollandais, la Guyane fut reconquise, en 1674, par l'amiral d'Estrées, qui en prit possession au nom du roi et qui supprima la Compagnie. Devenue dès lors colonie française dans le vrai sens du mot, la Guyane fut l'objet d'essais nombreux de colonisation tentés, en 1763 d'abord, par une nouvelle Compagnie, ensuite d'après les plans du baron de Bessner en 1778, et enfin par M. Malouet, qui fut un des moins malheureux au milieu de ces tentatives diverses.

Le décret de la Convention qui abolit l'esclavage en 1794, eut pour effet l'abandon des cultures par les noirs révoltés.

De 1800 à 1809, la Guyane courut les hasards de la guerre et se livra à la piraterie, mais attaquée bientôt par une expédition anglo-portugaise, elle dut se rendre aux Portugais, qui la conservèrent pendant huit ans.

Restituée à la France par le traité de Paris (1814), la reprise de possession en eut lieu, en 1817, sauf fixation de ses limites du côté de l'Amazone conformément au traité d'Utrecht.

*Topographie.* — La Guyane française est comprise entre les 2° et 6° de latitude nord. Elle est bornée : au Nord-Est par l'Océan Atlantique, au Nord-Ouest et à l'Ouest par le Maroni, qui la sépare de la Guyane hollandaise, et par les pays intérieurs, encore peu connus, situés au delà du Rio-Branco. Au Sud, la limite n'est pas encore exactement déterminée (territoire contesté entre le Brésil et la France).

La longueur des côtes, depuis le Maroni jusqu'à la rivière Vincent-Pinçon, est de 500 kilomètres.

On distingue les terres de la Guyane en terres hautes et terres basses. Celles-ci occupent tout le littoral et s'étendent jusqu'aux premiers sauts des rivières ; elles sont formées de terres d'alluvion dont une partie est cultivée et l'autre est en savanes sèches ou noyées.

Les terres hautes se continuent au delà des premières cataractes des rivières, à partir desquelles s'étend, dans l'intérieur, une chaîne de montagnes de 500 à 600 mètres d'élévation, se dirigeant vers la chaîne principale de Tumuc-Humac, qui occupe toute la partie sud de la Guyane, sur une largeur moyenne de 10 à 12 kilomètres, et dont les pitons les plus élevés atteignent jusqu'à 1,000 et 1,200 mètres.

Les forêts commencent à 60 ou 80 kilomètres des côtes et se prolongent, dans l'intérieur du continent, jusqu'à des profondeurs inconnues. Celles qui couvrent les terres hautes produisent beaucoup d'espèces de bois dur, tandis que les terres basses ne donnent que des bois mous.

La partie basse est couverte, sur beaucoup de points, de vastes marais d'où s'élèvent des forêts de mangliers (*Rizophora mangle*), atteignant une hauteur de 20 à 30 pieds. Ceux de ces marais qui sont le plus profondément inondés, reçoivent le nom de pripris ; ceux qui sont desséchés forment d'immenses prairies où les palmiers pinots ont, à la longue, remplacé les mangliers ; de là leur vient le nom de pinotières. On remarque enfin, entre les rivières de Kaw et de Mahury, ainsi que dans le quartier de Sinnamary, de vastes espaces formés par l'assemblage d'herbes aquatiques reposant sur un fond de vase molle : ce sont de véritables tourbières en voie de formation, qu'on désigne sous le nom de savanes tremblantes.

Peu de pays sont plus sillonnés de cours d'eau que la Guyane française. On y compte 22 fleuves dont les principaux sont, en commençant par le Nord : le Maroni, la Mana, le Sinnamary, le Kourou, la rivière de Cayenne, le Mahury, l'Approuague, l'Ouanary et l'Oyapock ; et dans le territoire contesté, l'Ouassa, le Cachipour, le Conani, le Carséouène, le Mayacaré et la rivière Vincent-Pinçon.

On désigne ordinairement sous le nom de criques les petits embranchements des rivières.

On compte une dizaine de lacs. Les lacs Mépécucu, Macari et Mapa, situés dans le voisinage du cap Nord, dans la partie contestée, sont les plus étendus.

*Météorologie.* — On n'éprouve pas à la Guyane les chaleurs torrides auxquelles on pourrait s'attendre en venant habiter une région si voisine de l'équateur. Pendant la saison chaude (août, septembre, octobre), le thermomètre monte généralement à 30° ; il n'accuse presque jamais plus de 31°, chiffre auquel il ne s'élève que très rarement. Pendant la saison la plus fraîche, il descend bien rarement à 21°, et marque en moyenne 26°.

Le trait caractéristique du climat de Cayenne est le peu d'écart entre la température du jour et celle de la nuit.

Si la plupart des tentatives de colonisation qui ont été faites, à diverses époques, à la Guyane, n'ont pas réussi, ce résultat doit être plutôt attribué à l'inexpérience, aux privations et à la nostalgie qu'à l'insalubrité du climat. Malgré l'extrême humidité qui règne pendant la plus grande partie de l'année, l'air est pur à Cayenne et sur les habitations anciennement défrichées placées au bord de la mer.

Il suffit aux Européens nouvellement débarqués, pour se soustraire aux influences de la chaleur humide du climat, d'éviter tout excès, de ne point s'exposer la tête découverte aux rayons du soleil, et de s'éloigner pendant les mois d'août, de septembre et d'octobre, des lieux situés sous le vent des plaines marécageuses.

La saison sèche commence en juin et juillet, et se prolonge jusqu'en novembre ou décembre : quelquefois la sécheresse est extrême, et souvent il ne tombe pas une goutte de pluie pendant tout le cours de septembre et d'octobre. La saison pluvieuse commence en novembre ou décembre et se termine vers la fin de juin. Elle est ordinairement interrompue en mars par 3 ou 4 semaines de beau temps.

Il résulte d'observations météorologiques, suivies pendant plusieurs années, qu'il tombe à Cayenne, année commune, de 3 mètres à 3$^m$,50 d'eau ; il en tombe davantage dans l'intérieur. Les mois où les pluies sont les plus abondantes sont ceux de janvier, février, avril et mai.

Les vents qui dominent sur la côte de la Guyane française sont ceux du N.-N.-E. et du S.-E. ; les plus forts sont ceux de la partie N.-E. Pendant la saison sèche, de juillet à décembre, les vents soufflent de l'Est au Sud. Aux approches et vers la fin de cette saison et de la saison pluvieuse, ils tendent à rallier la partie de l'Est. Pendant la saison pluvieuse, de décembre en juin, ils soufflent de l'Est au Nord. Dans le petit été, c'est-à-dire vers l'équinoxe du printemps, les vents rallient le Nord et le N.-N.-O.

Les ouragans sont inconnus à la Guyane. Les raz de marée ne se font guère sentir que dans l'arrière-saison, aux mois de novembre et de décembre, et sont loin d'être aussi dangereux qu'aux Antilles.

Depuis la fin du siècle dernier, on a éprouvé dans le pays quatre tremblements de terre : le premier en 1794, le second en 1821, le troisième le 8 février 1843 et le quatrième dans la nuit du 25 au 26 mars 1877. Les trois premiers n'ont pas causé de dommages notables et le dernier a été complètement inoffensif.

La hauteur moyenne de la marée est de 2$^m$,67, le maximum de son élévation est de 3$^m$,17 et le minimum de 2$^m$,17.

Les jours les plus longs sont de 12 heures 18 minutes, et les plus courts de 11 heures 42 minutes.

Les variations barométriques sont à peu près nulles à Cayenne ; elles oscillent entre 0$^m$,758 et 0$^m$,763.

Bien que les côtes de la Guyane offrent aux marins plus d'un excellent abri, notamment à l'embouchure des principaux fleuves qui l'arrosent, c'est encore dans le port de Cayenne que se centralise actuellement tout le mouvement des importations et des exportations.

Les relations commerciales qui entretiennent ce mouvement,

ont lieu principalement avec Nantes, Marseille, Bordeaux, les Antilles françaises, le Brésil et les États-Unis.

Les relations de la colonie avec le Brésil vont, on peut l'espérer, recevoir prochainement une extension considérable, par suite de la création d'un service à vapeur destiné à mettre la Guyane en communication périodique avec le Para, et à la faire ainsi participer au grand mouvement dont le bassin de l'Amazone est le centre.

*Population.* — La population de la Guyane s'élève à 17,374 habitants, sur lesquels il y a 8,048 hommes, 9,326 femmes; le nombre des garçons au-dessous de 14 ans est de 2,187 et celui des filles de 4,274. Il y a en outre :

Environ 1,972 Indiens aborigènes et 315 Indiens réfugiés du Para, la population flottante comprend :

| | |
|---|---:|
| Le personnel militaire | 1,020 |
| Le personnel administratif | 235 |
| Le personnel religieux | 119 |
| Les immigrants | 5,024 |
| Les transportés hors pénitenciers | 1,274 |
| | 9,959 |

Le nombre des mariages s'est élevé en 1879 à 72, et en 1880 à 75; les naissances se sont élevées en 1879 à 441 et en 1880 à 482; le nombre des décès a été en 1879 de 798 et en 1880 de 802.

*Gouvernement et administration.* — La Guyane est représentée en France par un député.

Le commandement et la haute administration de la colonie appartiennent au gouverneur. Il est assisté de deux chefs d'administration : le directeur de l'intérieur et le procureur général. L'officier le plus élevé en grade est chargé du commandement des troupes. Le chef du service administratif, celui du service de santé et l'inspecteur des services administratifs sont chargés des mêmes fonctions que dans les autres colonies.

Le directeur de la transportation fait partie du conseil privé.

Nous avons indiqué dans la notice préliminaire l'organisation et le fonctionnement du conseil privé, du conseil du contentieux et du conseil général.

Ce dernier conseil est composé de 16 membres élus par le

suffrage universel ; l'élection des conseillers généraux a lieu par circonscription ; la première circonscription, comprenant les communes d'Oyapock, d'Approuague et de Kaw, ainsi que la troisième comprenant les communes de Tonnegrande, Montsinéry et Macouria, nomment chacune deux conseillers ; la seconde circonscription, comprenant le Tour-de-l'Ile, l'Ile-de-Cayenne et Roura, nomme trois conseillers ; la quatrième circonscription, comprenant les communes de Kourou et de Sinnamary, ainsi que la cinquième (Iracoubo et Mana), nomment chacune un conseiller ; la sixième circonscription (ville de Cayenne) nomme sept conseillers.

La Guyane renferme dix communes qui sont : Oyapock, Kaw-Approuague, Roura, Ile-de-Cayenne, Tour-de-l'Ile, Tonnegrande-Montsinéry, Cayenne, Macouria, Kourou, Sinnamary-Iracoubo, Mana.

Il y a de plus la commune pénitentiaire du Maroni, dont il a été question plus haut.

*Justice.* — L'administration de la justice à la Guyane a été tout d'abord régie par l'ordonnance du 21 décembre 1828 dont les dispositions furent modifiées par le décret du 16 août 1854, qui organisa sur de nouvelles bases le régime judiciaire. Dans ce système, la justice était rendue par une cour d'appel, un tribunal de première instance et un juge de paix siégeant à Cayenne. Le président de la cour d'appel était chef du service judiciaire. En 1875, un décret du 26 février organisa une justice de paix à compétence étendue sur le territoire pénitentiaire du Maroni. Le 6 janvier 1876, un décret établit à la Guyane le poste de procureur général. Enfin, en 1880, un décret du 3 octobre réorganisa l'administration de la justice ; les dispositions de cet acte ont été complétées en 1882 par le décret du 15 février qui a créé des justices de paix dans les quartiers de la colonie. Aux termes de ces actes, la justice est actuellement organisée de la manière suivante.

### Cour d'appel.

1 président, 3 conseillers, 1 conseiller auditeur, 1 procureur général chef du service judiciaire, 1 substitut du procureur général, 1 greffier.

### Tribunal de 1<sup>re</sup> instance.

1 juge président, 1 procureur de la République, 1 lieutenant de juge, 1 substitut du procureur, 2 juges suppléants, 1 greffier.

Huit juges de paix rendent la justice dans les quartiers.

La justice criminelle est administrée par une cour d'assises siégeant à Cayenne. Cette juridiction est composée de trois membres de la cour et de quatre assesseurs tirés au sort sur une liste dressée par le gouverneur en conseil privé et approuvée par décret.

STATISTIQUE DES TRIBUNAUX (1879).

#### Cour d'appel.

| | |
|---|---|
| Affaires civiles. | 9 |
| Affaires commerciales | 2 |
| Affaires correctionnelles. | 246 |
| Affaires criminelles. | 20 |

#### Tribunal de première instance.

| | |
|---|---|
| Affaires civiles. | 150 |
| Affaires commerciales. | 50 |

#### Justices de paix.

| | |
|---|---|
| Affaires civiles. | 292 |
| Affaires de simple police. | 470 |

*Législation.* — Le Code civil a été promulgué le 1<sup>er</sup> vendémiaire an XIV, sous certaines modifications motivées pour la plupart par l'esclavage et qui ont disparu avec lui. Le Code de commerce, promulgué d'abord avec des modifications par ordonnance du 1<sup>er</sup> octobre 1820, y a été de nouveau promulgué en exécution de la loi du 7 décembre 1850. Le Code de procédure civile a été promulgué, sous certaines modifications, le 18 avril 1821. Une ordonnance royale du 10 mai 1829 a appliqué à la colonie les dispositions du Code d'instruction criminelle. Le Code pénal, modifié pour les colonies par la loi du 8 janvier 1877, a été rendu applicable par le décret du 6 mars 1877. Les différentes lois qui ont modifié la législation métropolitaine ont été pour la plupart appliquées aux colonies.

*Instruction publique.* — L'enseignement primaire est gratuit. Il est confié aux frères de Ploërmel pour les garçons et aux sœurs de Saint-Joseph de Cluny pour les filles. Les six écoles de la colonie donnent l'instruction à 1,118 enfants. Les enfants malades des deux sexes sont reçus à la salle d'asile du Camp-Saint-Denis.

L'enseignement secondaire est donné dans un collège primitivement dirigé par les pères de la congrégation du Saint-Esprit, mais qui a été laïcisé par deux arrêtés locaux du 7 février 1882. Le personnel enseignant est détaché de l'Université de France, avec faculté de replacement dans la métropole, à son retour de la colonie.

En dehors de l'enseignement donné au collège, la colonie entretient dans les lycées de la métropole deux bourses entières et six demi-bourses; en outre, deux boursiers sont entretenus dans les écoles des arts et métiers de France, et un boursier dans une école vétérinaire.

*Culte.* — Le service du culte est placé, comme au Sénégal, sous la direction d'un préfet apostolique.

*Travaux publics.* — A la Guyane, on a entrepris les importants travaux qui ont eu pour résultat d'amener les eaux de la rivière du Rorota à Cayenne, ainsi que l'ouverture ou le prolongement d'un certain nombre de routes, travaux dont l'utilité est de premier ordre pour le développement agricole de la colonie. La colonie consacre chaque année près de 300,000 fr. pour le service des travaux et pour l'entretien de ses routes. Les routes et les canaux coloniaux sont au nombre de trois :

1° *La route coloniale de Cayenne à Iracoubo*, qui prend naissance à la Pointe de Macouria, pour de là se diriger vers Mana, en traversant les quartiers de Macouria, Kourou, Sinnamary et Iracoubo ; 2° *la route coloniale de Cayenne au Dégrad-des-Cannes*, qui a son origine dans la ville de Cayenne et se dirige, en passant par Baduel et traversant l'Ile-de-Cayenne, vers le Dégrad-des-Cannes situé sur la rive gauche et près de l'embouchure de la rivière du Mahury ; 3° *le canal de la Crique-Fouillée*, qui prend naissance dans la rade, à 2 kilomètres au Sud du quai de Cayenne, traverse l'Ile-de-Cayenne en séparant le quartier de ce nom de celui du Tour-de-l'Ile, et se jette dans la rivière du Mahury.

D'autres routes, d'un ordre secondaire, classées dans la catégorie des chemins vicinaux, mettent les différents quartiers de la colonie en rapport avec les grands centres habités.

Ce sont : 1° la route qui met en communication les hattes établies, par le service pénitentiaire, à l'entrée du fleuve Maroni, avec le bourg de Mana;

2° La route de Montsinéry, qui s'embranche sur celle de Macouria, vers le 9ᵉ kilomètre, traverse tout le quartier dont elle porte le nom, et aboutit, après un parcours de vingt kilomètres d'étendue, au confluent des rivières Montsinéry et Thimoutou;

3° Celle dite *Stoupan*, qui prend naissance en ville, sur le prolongement de la rue Richelieu; — traverse la banlieue sud de la ville, une partie du quartier de l'Ile-de-Cayenne jusqu'au grand pont de la Crique-Fouillée, et tout le quartier du Tour-de-l'Ile jusqu'au Dégrad-Stoupan, sur la rive gauche du Mahury. Là est établi un bac qui met cette route en communication avec celle dite *de l'Approuague,* laquelle aboutit, par un canal de 7,700 mètres d'étendue, à la rive gauche de ce fleuve. — Cette portion de route dessert le quartier de Roura et celui de Kaw, en suivant la crête de la chaîne de montagnes située entre ces deux quartiers. Il faut un jour de marche pour franchir cette chaîne de montagnes dont le chemin est inégal et rocailleux;

4° La route dite *de Cabassou*, nouvellement créée dans le centre de l'Ile-de-Cayenne. — Elle s'embranche sur la précédente, à trois kilomètres de la ville de Cayenne; parcourt tout le canton de Cabassou où se sont formés, en assez grand nombre, de petits établissements agricoles. Cette route vient aboutir à la paroisse de Rémire, située elle-même à onze kilomètres de la ville, sur la route coloniale n° 2, dite *de Cayenne au Dégrad-des-Cannes;*

5° La route dite *de la Côte*, également dans l'Ile-de-Cayenne, est une ramification de la même route coloniale n° 2. Autrefois, elle était connue sous la dénomination de route stratégique, parce qu'elle était destinée, dans le plan de défense de la colonie, à observer les mouvements du dehors. — Elle prend naissance dans la banlieue Est de la ville, à l'extrémité de la rue de Choiseul, dessert les habitations Montabo et Bourda, ainsi que plusieurs petites plantations provenant du morcellement de ces deux habitations. — Elle donne entrée à la route qui mène au Chalet de Bourda, situé au bord de la mer et au pied Est de la montagne de ce nom; puis elle rejoint la route coloniale, vers le 6ᵉ kilomètre, pour s'en séparer à la hauteur du domaine de Montjoly;

de là, elle longe la côte en suivant le pied de la montagne du Mahury; traverse le torrent du Rorota, dont les eaux sont amenées à Cayenne au moyen d'un système de tuyaux en fonte. Cette route passe auprès du fortin du Diamant et aboutit à la route coloniale n° 2, à un demi-kilomètre environ du Dégrad-des-Cannes.

Le personnel des travaux publics se compose d'un directeur, d'un certain nombre de conducteurs et d'agents secondaires qui figurent au budget local pour une dépense de près de 43,000 fr.

*Mines.* — A la Guyane, on a pour objectif la recherche de l'or dans les terrains d'alluvion et sur des concessions qui comprennent souvent plusieurs milliers d'hectares. D'après les derniers renseignements parvenus de la Guyane, le chiffre exact des exportations d'or déclarées en douane pendant l'année 1881 s'est élevé à $1,975^k,461$.

C'est, environ, la moyenne de la production des années précédentes.

C'est sur les bords de la crique Sickuy que s'est fondé le premier placer autour duquel un grand nombre d'explorateurs sont venus entreprendre de nouvelles recherches de gisements aurifères. D'autres gisements ont été découverts dans l'Approuague, en 1855. Quelque temps après, une expédition fut chargée par le Gouvernement d'explorer ces parages. Les résultats obtenus amenèrent la formation d'une Société qui, sous le titre de *Compagnie aurifère et agricole de l'Approuague,* obtint, par décret du 20 mai 1857, la concession, pendant 25 années, de 200,000 hectares de terrain. Cette Société, après un début assez heureux, céda, en 1867, son privilège à un capitaliste de Paris.

Outre cet établissement aurifère, on en compte 23 autres dans le même quartier d'Approuague, formés par divers industriels, les uns en cours de production, les autres encore arrêtés à la période des recherches.

On a constaté, sur la chaîne de montagnes qui s'étend vers la section de Kaw, l'existence de gisements d'or et de fer. Les premiers sont, en ce moment, en exploitation et donnent des résultats satisfaisants. On y comptait, en 1882, 3 placers en pleine activité et 50 en cours d'exploration.

Dans la section de Sinnamary, on rencontre les rivières de Foucault et Le Blond, à la tête desquelles se trouvent les placers les plus riches de la Guyane. Jusqu'à ces dernières années, la section avait été presque exclusivement consacrée à l'élève du bétail; mais, à la suite de riches découvertes de gisements aurifères, il s'y est formé un grand nombre de placers, dont la plupart ont obtenu, dès le début, et continuent à obtenir de magnifiques résultats.

Les recherches aurifères faites dans le haut de la rivière d'Iracoubo n'ont pas révélé de très riches gisements; plusieurs tentatives d'exploitation n'ont pu s'y maintenir, non tant à cause de la modicité du rendement que de la difficulté de naviguer dans le haut de cette rivière, qui est très rocheuse et dessèche dans les premiers mois de l'été.

En 1875, on a pénétré dans l'intérieur du quartier de Mana pour la délimitation de quelques-unes des concessions aurifères que l'administration y avait accordées. Les exploitations qui ont été la conséquence de ces concessions ont pris tout récemment un développement tellement rapide, que les recherches de gisements aurifères ont atteint le 3e degré de latitude nord et qu'une douzaine de placers très productifs ont été créés tant sur les bords de la Mana que sur la rive droite du Maroni.

Le tableau suivant donne le relevé des productions d'or dans les diverses communes de la Guyane, d'après les états de situation du 1er février 1880 au 9 juin 1881 :

| Périodes de production. | Quantités en kilogrammes. | Lieux de production. |
|---|---|---|
| Novembre 1879 .... | 239$^k$, » | Tous les quartiers. |
| Décembre 1879 .... | 213 ,810 | |
| Janvier 1880...... | 173 ,143 | Id. |
| Février 1880...... | 144 ,534 | |
| Mai 1880 ........ | 63 ,723 | Kaw, Approuague. |
| Juin 1880....... | 35 ,756 | Roura. |
| Juillet 1880...... | 0 ,315 | Kourou. |
| — ...... | 233 ,976 | Sinnamary. |
| — ...... | 248 ,246 | Mana. |
| — ...... | 0 ,464 | Maroni. |
| Septembre 1880 .... | 153 ,261 | Tous les quartiers. |
| *A reporter*..... | 1,506$^k$,228 | |

| Périodes de production. | Quantités en kilogrammes. | Lieux de production. |
|---|---|---|
| *Report*. . . . . | 1,506k,228 | |
| Octobre 1880 . . . . . | 0 ,327 | Kaw, Approuague. |
| — . . . . . | 14 ,847 | Roura. |
| — . . . . . | 48 ,002 | Sinnamary, Iracoubo. |
| — . . . . . | 53 ,734 | Mana. |
| Novembre 1880. . . . . | 121 ,382 | Tous les quartiers. |
| Mars 1881. . . . . . . | 4 ,410 | Oyapock. |
| | 24 ,073 | Kaw, Approuague. |
| | 21 ,973 | Roura. |
| | 0 ,722 | Kourou. |
| | 74 ,074 | Sinnamary, Iracoubo. |
| | 34 ,821 | Mana. |
| | 12 ,391 | Maroni. |
| | 1,916k,984 | |

*Cultures.* — La culture de la canne à sucre remonte aux premiers temps de l'occupation. Elle n'a pris une certaine extension qu'à partir de 1829. Mais l'abolition de l'esclavage et la difficulté du recrutement par l'immigration ont presque entièrement supprimé la culture de la canne.

Le caféier a été introduit à la Guyane au xviii$^e$ siècle.

En 1835, cette industrie produisait 46,400 kilogr. de café ;

En 1875, cette culture comprenait 440 hectares et produisait 38,600 kilogr. ;

En 1879, il y avait 535 hectares cultivés en café, produisant 25,930 kilogr. ;

En 1880, il y avait 400 hectares produisant 77,331 kilogr.

Le roucou est une graine fournissant une couleur qui sert à teindre en rouge et en jaune. C'est la plus ancienne culture de la Guyane. En 1835, la culture du roucou fournissait 280,000 kilogr.; en 1875, le produit de cette culture s'élevait à 567,000 kilogr.; en 1879, il y avait 896 hectares de terres cultivées en roucou, produisant 268,000 kilogr.; en 1880, cette culture a diminué, et ne s'étend que sur 367 hectares produisant 112,000 kilogr. C'est qu'aussi il est peu de produits dont le prix éprouve des alternatives de hausse et de baisse plus marquées sur les marchés de l'Europe. Ce sont ces brusques variations de prix qui forcent les habitants à négliger ces plantations, sauf à les remettre en valeur lorsque le moment redevient favorable. Le cacao, le poivre, le girofle sont également cultivés à la Guyane, mais cette culture est en décadence. La culture de la muscade a été également tentée dans cette colonie, mais sans grand résultat. Cependant, en 1880, la muscade, le poivre et quelques autres épices figurent pour un produit de 5,500 kilogr. Quant aux cultures vivrières, elles se composent de manioc, d'igname, de riz, de maïs, de bananes et de choux palmistes. En 1835, le produit de cette culture s'élevait à 1,400,000 fr.; en 1875, il ne s'élevait plus qu'à 400,000 fr.; en 1879, à 500,000 fr.; et en 1880, à 129,000 fr. L'industrie minière a accaparé toute la main-d'œuvre au point que toutes les cultures sont négligées dans cette colonie. La valeur des terres employées aux cultures est estimée à 900,000 fr., celle des bâtiments et du matériel d'exploitation à 2,000,000 de francs.

Les différentes espèces d'animaux de trait et de bétail existant à la Guyane sont : 218 chevaux, 51 ânes, 99 mulets, 664 béliers et brebis, 2,711 vaches, 559 taureaux, 368 bœufs, 1,047 génisses et 6,385 porcs. Les terres de la Guyane forment de nombreuses prairies qui pourraient être consacrées à l'élevage du bétail. On compte 193 hattes ou ménageries affectées à l'éducation des troupeaux. Malheureusement, le défaut de communication et l'ardeur des habitants pour les exploitations aurifères ont amené l'abandon de cette importante branche de l'industrie, au point qu'on est obligé de faire venir des bœufs du Brésil pour l'alimentation de la colonie. Les forêts de la Guyane pourraient également être une source de richesses pour le pays. A différentes reprises, des chantiers d'exploitation furent établis pour l'extraction des bois de construction et d'ébénisterie.

Mais ces entreprises ont toujours échoué. En 1835, les quantités de bois exportées de la Guyane s'élevaient à 202,000 kilogr. d'une valeur de 130,000 fr. pour le bois d'ébénisterie, et à 25,000 kilogr. d'une valeur de 2,000 fr. pour le bois de construction. En 1880, on a exporté 50,000 kilogr. de bois d'ébénisterie d'une valeur de 36,000 fr., et 5,000 kilogr. de bois de teinture d'une valeur de 10,000 fr. Une concession nouvelle de 35,000 hectares de forêts a été faite en 1882 au Maroni ; de grands chantiers d'exploitation viennent de s'y établir.

*Industrie.* — Il y a, à la Guyane, 1 briqueterie, 15 chantiers forestiers, 105 exploitations aurifères qui emploient près de 4,000 travailleurs. En 1880, les produits de l'industrie forestière se sont élevés à 73,000 fr., ceux de la briqueterie à 65,000 fr., et ceux des exploitations aurifères à 6,925,000 fr. Enfin, l'industrie des hattes et des porcheries a donné 108,000 fr. de produits.

*Commerce.* — Au point de vue commercial, la Guyane est régie par le décret du 24 décembre 1864, qui a ouvert le port de Cayenne aux bâtiments français et étrangers. Les marchandises et denrées de toutes provenances sont admises par tous pavillons aux droits de 3 p. 100 de la valeur. Le conseil général vote les tarifs de douane, mais ces tarifs ne sont exécutoires que par décret, le Conseil d'État entendu. Il vote souverainement les tarifs d'octroi de mer sur les objets de toute nature et de toute provenance. L'octroi de mer n'existe pas encore à la Guyane. A côté du droit de 3 p. 100 dont il a été parlé plus haut, il y a des taxes accessoires de navigation, dont le tarif est voté chaque année par le conseil général.

La Guyane a exporté pour la France :

En 1876, pour 312,232 fr. de marchandises.
En 1877, pour 280,275 fr. —
En 1878, pour 294,353 fr. —
En 1879, pour 307,008 fr. —
En 1880, pour 551,875 fr. —

Elle a importé de France :

En 1876, pour 5,602,502 fr. de marchandises.
En 1877, pour 5,342,291 fr. —
En 1878, pour 5,132,860 fr. —
En 1879, pour 5,131,019 fr. —
En 1880, pour 5,264,273 fr. —

Le mouvement de la navigation est le suivant : il est entré à la Guyane, 34 navires français jaugeant 10,407 tonneaux et venant de France; 14 navires français jaugeant 7,700 tonneaux et venant des colonies françaises; et 22 navires français jaugeant 4,100 tonneaux et venant des pays étrangers; enfin, 36 navires étrangers.

Il est sorti de Cayenne : 5 navires français se rendant en France et jaugeant 1,073 tonneaux; 27 navires français à destination des colonies françaises et jaugeant 11,400 tonneaux; 22 navires français à destination de l'étranger et jaugeant 9,800 tonneaux; 35 navires étrangers.

*Service postal et télégraphique.* — La Guyane est reliée à la métropole par des services anglais et français.

Depuis 1865, les relations de la colonie avec la métropole sont assurées au moyen d'un service de bateaux à vapeur français confié à la Compagnie générale transatlantique. Une fois par mois, et en coïncidence avec le passage à Fort-de-France (Martinique) des grands paquebots d'Europe qui ont Saint-Nazaire pour port d'attache et Colon (Aspinwall), au fond du golfe de Honduras (Nouvelle-Grenade), comme point d'aboutissement, un vapeur de la Compagnie dessert, entre Fort-de-France et Cayenne, une ligne dont les escales sont Sainte-Lucie, la Trinidad, Demerari (Guyane anglaise) et Surinam.

Ce courrier est attendu à Cayenne le 28 de chaque mois, avec les passagers et dépêches pris, soit le 6 à Saint-Nazaire, soit le 21 à Fort-de-France : son départ est fixé au 3 du mois suivant, et le 9 il doit être de retour à Fort-de-France pour effectuer le transbordement des provenances de la ligne intercoloniale sur le grand paquebot qui part le lendemain, 10, pour Saint-Nazaire, où il arrive le 24.

En dehors du courrier français, la Guyane a encore une autre occasion mensuelle pour entretenir des relations avec l'Europe, grâce à une série de combinaisons qui la mettent en communication avec le paquebot à vapeur anglais partant le 17 de chaque mois de Southampton pour Saint-Thomas.

Voici le tarif des correspondances :

CORRESPONDANCE OFFICIELLE.

*Franco.*

CORRESPONDANCE PRIVÉE.

Lettres, par 15 grammes : affranchies. . . . . . . . . . . . . . 0f 25
— — non affranchies. . . . . . . . . . . 0 50
Recommandées (droit fixe en sus de l'affranchissement). . . . . 0 25
Lettres des militaires et marins. . . . . . . . . . . . . . . . 0 15

Cartes postales . . . . . . . . . . . . . . . . . . . . . . . . . 0ᶠ 10
Cartes postales recommandées. . . . . . . . . . . . . . . . . 0 35
Papiers d'affaires ou de commerce, 25 centimes jusqu'à 250 grammes ; au-dessus de 250 grammes, 5 centimes par 50 grammes ou fraction de 50 grammes.
Échantillons, 10 centimes jusqu'à 100 grammes ; au-dessus de 100 grammes, 5 centimes par 50 grammes ou fraction de 50 grammes. Imprimés, 5 centimes par 50 grammes ou fraction de 50 grammes.
Papiers d'affaires, échantillons et imprimés recommandés (droit fixe en sus de l'affranchissement) . . . . . . . . . . . . . . . . . . . . . . . . . 0ᶠ 25
Avis de réception des objets recommandés . . . . . . . . . . . . 0 10

Au 1ᵉʳ janvier 1881, la Guyane comptait 16 bureaux : 1 pour la ville de Cayenne, 2 pour les pénitenciers et 13 pour les communes. Dans les communes, les maires font fonctions de buralistes ; sur les pénitenciers, les chefs du service administratif remplissent cet office.

Les correspondances à destination des divers points de la colonie sont expédiées à l'aide d'un bâtiment qui fait un service hebdomadaire. En outre, tout patron d'embarcation doit, avant son départ du chef-lieu, se présenter à la poste de Cayenne, où il lui est fait remise des correspondances destinées aux localités où il se rend.

Les correspondances sont transportées sans frais sur tous les points de la colonie, et il n'est imposé au destinataire qu'un coût de 10 cent. payé directement au facteur pour le port à domicile. Le produit des recettes du service postal de la Guyane a été, en 1881, de 12,000 fr.

La colonie de la Guyane n'est pas reliée par un télégraphe à la métropole ; le câble mouillé en 1874 entre Cayenne et Demerari s'est brisé en 1876 et n'a pas été remplacé. Dans la colonie, une ligne établie par le service pénitentiaire relie le chef-lieu aux établissements de l'Ouest.

*Services financiers*. — Les recettes et les dépenses de l'administration de la Guyane sont réparties entre le budget de l'État et le budget local.

Le budget de la marine et des colonies (service colonial) comprend sur une dépense totale de 24,000,000 de francs, déduction faite des services pénitentiaires, une somme de 2,265,000 fr. (soit 10,5 p. 100). Mais il faut ajouter à cette dépense la solde de la garnison, les frais de passage de celle-ci et d'un certain nombre de fonctionnaires qui passent sur les transports de l'État. Ces dépenses métropolitaines sont payées par le budget de la marine.

Le budget local comprend toutes les dépenses relatives au service intérieur de la colonie, et toutes les recettes nécessaires pour l'acquittement de ces dépenses. Le budget est délibéré chaque année par le conseil général, et arrêté par le gouverneur. Il s'élève, en recettes et en dépenses, pour 1883, à la somme de 1,642,331 fr.

Les contributions directes figurent pour une somme de 111,836 fr. et comprennent :

| | |
|---|---|
| L'impôt locatif. | 33,000 fr. |
| Les patentes. | 70,000 |
| Les poids et mesures. | 1,900, etc. |

Les contributions indirectes s'élèvent à 1,312,145 fr. et comprennent notamment :

| | |
|---|---|
| Les droits à la sortie | 350,900 fr. |
| Les droits d'entrée. | 320,000 |
| Les taxes accessoires de navigation. | 26,000 |
| Les droits d'enregistrement. | 315,000 |
| Les taxes de consommation | 237,500, etc. |

*Monnaies et établissements de crédit.* — La monnaie française a seul cours légal à la Guyane.

Il existe à Cayenne un établissement de crédit, la banque de la Guyane.

Le mouvement général des opérations d'escompte et de prêt de la Banque de la Guyane s'est élevé, pendant l'exercice 1881-1882, à la somme de. . . . . . . . . . . . . . . . . . . . . . . . . . . . . 3,493,243ᶠ 70
se décomposant ainsi qu'il suit :

| | |
|---|---|
| Effets sur place. | 2,538,441ᶠ 51 |
| Obligations sur rentes et actions | 943,370 14 |
| Prêts sur dépôts. | 11,432 05 |

Les opérations de change ont donné lieu au mouvement suivant :

| | |
|---|---|
| Émissions | 4,395,231 54 |
| Remises | 4,154,584 95 |

Mouvement de la caisse :

| | | |
|---|---|---|
| Numéraire.. | Entrée. | 1,589,681 11 |
| | Sortie. | 1,782,430 76 |

| Billets | Entrée. . . . . . . . . . . . . . . . . 10,770,425f 00 |
| | Sortie . . . . . . . . . . . . . . . . 10,095,025 00 |

Les versements en compte courant ont été de . . . . . . 3,527,341 40
Les retraits de. . . . . . . . . . . . . . . . . . . . . . . 3,731,449 49

Les bénéfices réalisés, déduction faite des prélèvements statutaires, ont fourni aux actionnaires un dividende de 81 fr. 05 c. par action, soit 16 fr. 21 c. p. 100 du capital social.

*Services militaires*. — La garnison est composée de 6 compagnies d'infanterie de marine, d'une demi-batterie d'artillerie et d'un détachement de gendarmerie.

La colonie reçoit de France, parmi les denrées entrant dans la composition de la ration, le vin, l'eau-de-vie, la farine, le biscuit, le lard salé, les conserves et les assaisonnements. On se procure sur place la viande fraîche et les aliments légers.

Un hôpital militaire est établi à Cayenne.

*Transportation*. — Un article spécial placé à la fin de cette notice, donne les renseignements sur le service pénitentiaire.

## VIII. — SAINT-PIERRE ET MIQUELON.

*Notice historique.* — Les eaux de Terre-Neuve, où la morue abonde, ont de longue date attiré les étrangers. Les Basques français prétendent avoir été à Terre-Neuve dans le courant du xiv$^e$ siècle, près de deux cents ans avant les voyages de Cabot (1497) et de Verazzani (1527), mais les établissements sédentaires des Bretons et des Normands ne remontent réellement qu'à 1604.

Le voisinage des nouvelles colonies françaises du Canada et de l'Acadie n'avaient fait qu'accroître la prospérité de Terre-Neuve quand le traité d'Utrecht la fit passer, le 11 avril 1713, aux mains des Anglais.

En 1763, lorsque la France perdit le Canada et ses possessions de l'Amérique du Nord, le traité de Paris n'alloua pour tout asile à ses pêcheurs que les petites îles Saint-Pierre et Miquelon.

En 1778, lors de la guerre de l'indépendance de l'Amérique, les Anglais s'emparent de ces deux îles et en chassent les habitants : la paix de Versailles, du 3 septembre 1783, les rend à la France qui y rapatrie ses colons aux frais de l'État.

En 1793, l'Angleterre s'empare de nouveau de Saint-Pierre et Miquelon dont elle déporte les habitants en France.

La paix d'Amiens (27 mars 1802) restitue ces îles à la France, qui en reprend possession le 20 août, mais pour les perdre une dernière fois en mars 1803.

Enfin le traité de Paris, du 30 mai 1814, nous ayant rendu nos pêcheries d'Amérique et stipulé que tout serait remis sur le même pied qu'auparavant quant aux droits de pêche des Français sur les côtes de l'île de Terre-Neuve et des îles adjacentes, ainsi que dans le golfe de Saint-Laurent, la rétrocession définitive des îles Saint-Pierre et Miquelon eut lieu le 22 juin 1816.

*Topographie.* — Les îles Saint-Pierre et Miquelon sont situées dans l'Océan Atlantique par 46°46′ de latitude Nord et 58°30′ de longitude à l'Ouest du méridien de Paris. Elles formaient autrefois un groupe de trois îles complètement distinctes, comme le prouvent certaines cartes marines, sur la foi desquelles quelques navires viennent encore s'échouer entre la grande et la petite Miquelon, en cherchant un passage qui n'existe plus. Ce passage qui, à partir du siècle dernier, s'est rétréci peu à peu, et d'autant plus rapidement que des échouages de plus en plus fréquents sont venus apporter aux sables et aux galets des centres plus nombreux autour desquels ils se sont accumulés, est aujourd'hui fermé. Une dune de sable de neuf à dix kilomètres de longueur, très étroite dans sa partie moyenne, s'élargissant à ses deux extrémités et ne s'élevant que d'un ou deux mètres au-dessus du niveau des hautes mers, réunit actuellement les deux Miquelon, que ne forment plus en réalité qu'une seule et même île, courant à peu près exactement Nord et Sud. L'île Saint-Pierre, où se trouve le chef-lieu administratif, la plus petite, la plus triste, mais aussi la plus importante des trois, puisque c'est sur elle que se trouvent agglomérées les principales habitations de pêche et la plus grande partie de la population, dévie un peu de cette direction ; elle se trouve au Sud-Est de la petite Miquelon, dont elle est séparée par un canal d'environ une lieue de largeur, appelé la Baie par les gens du pays.

La côte, partout très escarpée et taillée à pic dans bien des endroits, offre une succession non interrompue de petits caps et de baies profondes, au milieu desquels se font remarquer, par d'un peu plus grandes dimensions le cap et la baie de Miquelon, cap et baie constituant, pour le bourg du même nom, une rade d'une belle étendue, mais foraine et si peu sûre, que les habitants, imitant en cela les nautonniers d'un autre âge, de classique mémoire, s'empressent, aux abords de l'hiver, de hisser sur la plage leurs goélettes et leurs pirogues. Çà et là, se détachent quelques îlots : l'île aux Chiens, l'île aux Pigeons, l'île aux Vainqueurs, le Grand-Colombier... L'île aux Chiens, le plus important d'entre eux, abrite contre les vents du large la rade de Saint-Pierre, dont l'extrémité O.-S.-O. forme un port ou barachois vaste et commode, dans lequel on ne peut malheureusement pénétrer que par un goulet étroit, d'une profondeur insuffisante pour en permettre l'accès aux navires d'un fort tonnage. — Les autres îlots ne sont que de simples rochers habités par les oiseaux de mer qui viennent y déposer leur couvée et sur lesquels le loup marin vient se chauffer aux pâles rayons du soleil. Ils ne méritent aucune mention spéciale, leur nombre témoigne seulement de la grande inégalité du fond de la mer, inégalité que viennent encore attester des *basses* ou hauts-fonds dangereux que l'on rencontre à une assez grande distance de la côte. Notons aussi que la mer multiplie partout les cordons littoraux et exerce sur le rivage une action incessante, se manifestant par l'accumulation, dans les différentes baies dont il est accidenté, de dunes et de bancs de galets ; nous avons déjà cité un exemple de cette accumulation. Pour être taillé sur une moins grande échelle et de date plus ancienne, l'emplacement occupé par le bourg de Miquelon n'a pas une autre origine.

La surface totale est évaluée à 23,500 hectares, la grande Miquelon entrant pour 12,000 et la petite Miquelon pour 9,000 hectares dans cette évaluation ; il ne reste à l'île Saint-Pierre, qui dans sa plus grande longueur n'a pas plus de sept kilomètres et demi et ne mesure que cinq kilomètres en largeur, de la Pointe-Verte à la Pointe de Galantry, qu'une superficie de 2,500 hectares.

L'île aux Chiens peut avoir 3 ou 4 kilomètres de circonférence, en suivant toutes les sinuosités de ses contours ; elle a 1,800 mètres de longueur sur 400 mètres de largeur.

Le sol, montagneux dans sa plus grande partie, n'offre que sur la grande Miquelon des plaines de quelque étendue. Des éminences aux pentes rapides s'étagent en amphithéâtres à partir du littoral ; suivant, de même que les montagnes de Terre-Neuve, les directions du N.-E. et S.-O., elles atteignent comme maximum d'élévation une hauteur de 250 mètres. Leurs différentes vallées forment autant de réservoirs où se condensent les brouillards, où les pluies s'accumulent, et comme le sol est très tourmenté, il se produit, ou des étangs à écoulement constant, ou des marécages que les plantes aquatiques transforment lentement en tourbières. Les tourbières se rencontrent aussi près du rivage ; elles forment là ce qu'on appelle les Terres noires, et leur profondeur est telle qu'on ne pourrait sans danger s'aventurer sur leur tremblante surface. Dans les endroits où il n'existe ni tourbières, ni marécages, le rocher se montre plus souvent à découvert ; ou bien, s'il est revêtu d'une mince couche de terreau, c'est un terreau tourbeux, composé de débris végétaux qui, défiant l'humidité, conservent indéfiniment leur forme, leur structure, et parmi lesquels on peut reconnaître les feuilles aciculaires du sapin et les feuilles coriaces des éricacées.

Il n'existe pas de sources proprement dites ; ce sont les eaux accumulées sur les hauteurs qui, après avoir filtré au travers de la tourbe et des débris pierreux qui tiennent lieu d'humus, alimentent les puits et les fontaines. Purifiées par leur passage dans la tourbe, dont on connaît les propriétés antiseptiques, des matières qui auraient pu les altérer, on ne peut leur reprocher qu'une trop grande pauvreté en matières salines ; n'empruntant rien au sol, elles doivent au voisinage de la mer le peu de principes minéraux qu'elles contiennent.

La constitution géologique n'est pas compliquée ; les îles Saint-Pierre et Miquelon sont presque exclusivement formées par des porphyres pétrosiliceux, à pâte d'un brun violâtre ou d'un rouge vineux, dont les fissures sont remplies par des injections de quartz le plus souvent opaque, quelquefois limpide et vitreux, et alors cristallisé.

*Météorologie.* — Situées sous une latitude moins septentrionale qu'une grande partie de la France, les îles Saint-Pierre et Miquelon se trouvent, au point de vue météorologique, placées dans la zone froide sur la ligne isotherme qui, passant au Nord des Feroë, a pour moyenne annuelle 5° au-dessus de zéro. Toutefois, ces îles n'ont pas, comme certains pays situés sur cette même ligne, les étés de Paris et les hivers de Saint-Pétersbourg : l'été est sans chaleur, c'est l'été d'Arkhangel ; l'hiver est plus long que rigoureux, c'est l'hiver du Sud de la Suède.

Si le thermomètre descend quelquefois à 20° au-dessous de zéro (on l'a vu descendre beaucoup plus bas), ce ne sont là que des faits exceptionnels, et l'on peut dire que les plus basses températures varient entre 14 et 16 degrés centigrades. Ce sont là, il est vrai, des froids assez raisonnables, mais comme ils coïncident en général avec un beau temps, peu ou point de vent, ciel serein, ils sont aisément endurés, et ceux qui les supportent le mieux sont ceux-là même qui sont depuis moins longtemps dans la colonie. — En été, la température ne s'élève jamais au-dessus de 21° ; elle est assez uniforme et les oscillations thermométriques ont peu d'étendue. En hiver, l'amplitude de ces mêmes oscillations est considérable, et les changements de temps sont brusques et fréquents. Il n'est pas rare de voir, dans l'espace de 24 heures, le thermomètre monter de 15° à 16° au-dessous à 3° ou 4° au-dessus.

La fréquence relative des vents est très inégale. Doués toute l'année d'une intensité assez grande, ils deviennent, à l'époque des équinoxes, d'une violence excessive : le vent du Nord et celui du Nord-Ouest doivent sous ce rapport être placés en première ligne ; ce sont eux qui, en hiver, alors que la neige est abondante, occasionnent ce que dans les Alpes on appelle la tourmente, ce qu'à Saint-Pierre on nomme le *poudrin*. Secs et violents en cette saison, ils tamisent la neige, la réduisent en poussière impalpable, la lancent des hauteurs dans la plaine, l'amoncellent dans un endroit pour la disperser ensuite, la faisant pénétrer par les moindres fissures, jusque dans l'intérieur des appartements. Après les vents du Nord et du Nord-Est, viennent les vents d'Ouest, presque aussi communs aux différentes époques de l'année; le vent du Nord-Ouest, plus fréquent en automne et en hiver, et le vent du Sud-Est qui occasionne parfois des tempêtes redoutables. Les vents du Sud et de Sud-Ouest sont ordinairement doués d'une moins grande intensité, ce sont des vents chauds, humides, fréquents surtout pendant l'été, et qui ont, comme le vent du Sud-Est, pour compagne habituelle ou la pluie ou la brume.

Les pluies ne sont ni très fréquentes, ni très abondantes; rarement elles durent une journée entière, plus rarement encore plusieurs jours de suite. La brume, au contraire, persiste pendant des semaines et l'on pourrait dire pendant des mois entiers (juin, juillet), ne laissant voir qu'à de rares intervalles quelques échappées du ciel, pour redevenir presque aussitôt plus dense et plus impénétrable.

C'est dans la dernière moitié du mois de novembre que la neige commence à couvrir la terre d'une manière permanente; décembre et janvier sont les mois pendant lesquels elle tombe avec le plus d'abondance, et ce n'est qu'en avril qu'elle disparaît complètement.

La grêle est presque inconnue, les orages sont excessivement rares. Des années entières s'écoulent sans que le tonnerre se fasse entendre ; un orage par an, telle est à peu près la proportion moyenne. Les aurores polaires sont fréquemment observées : mars, avril et mai, septembre et octobre sont les mois où elles sont le plus communes.

Le climat des îles Saint-Pierre et Miquelon n'est pas aussi à craindre qu'on pourrait se l'imaginer ; le chiffre de la mortalité est moins élevé qu'en France ; les maladies sont les mêmes. Véritable climat marin par rapport à celui de Terre-Neuve et de la Nouvelle-Écosse, il n'exerce que sur la végétation sa fâcheuse influence, mais il l'exerce dans toute sa rigueur. Vents violents, longs hivers, été sans chaleur, tout se réunit pour donner à la flore cet air malingre et souffreteux particulier à la flore de la zone glaciale. Le peu de chaleur de l'été compense à peine pour les plantes la plus longue durée de l'hiver ; aussi celles-là seules résistent qui peuvent, en un court espace de temps, parcourir toutes les phases de la vie végétale ; et si, dans les jardins dont le saule et le houblon font les principaux ornements, on cultive encore quelques fleurs (pivoine, ancolie, aconit...), elles appartiennent pour la plupart à cette famille de renonculacées qui semble avoir choisi le Nord pour station privilégiée.

*Population.* — La population des îles Saint-Pierre et Miquelon s'élève à 4,916 individus, comprenant 2,616 hommes et 2,300 femmes. Le nombre des garçons au-dessous de 14 ans est de 851 et le nombre des filles de 582. La population flottante comprend 1,168 personnes, qui se décomposent comme suit : fonctionnaires et leurs familles : 68 ; gendarmes et leurs familles, 39 ; hivernants, 748 ; étrangers, 226 ; militaires, 87. Le nombre des mariages s'est élevé en 1880 à 33 ; celui des naissances à 193 et celui des décès à 107.

*Gouvernement et administration.* — L'administration des îles Saint-Pierre et Miquelon est confiée à un commandant assisté d'un chef du service de l'intérieur et d'un chef du service judiciaire. Les questions qui intéressent la colonie sont examinées dans un conseil d'administration composé du commandant, président, du chef du service de l'intérieur, du chef du service judiciaire, d'un habitant élu par les conseils municipaux de Saint-Pierre et de Miquelon. Lorsqu'il s'agit de discuter les affaires qui exigent les dépenses à la charge du budget local, le conseil s'adjoint deux nouveaux habitants également élus par les conseils municipaux.

Le régime communal est institué à Saint-Pierre et Miquelon ; il y a deux communes, pour lesquelles nous indiquons ci-après les recettes et les dépenses.

|  | Recettes. | Dépenses. |
|---|---|---|
| Saint-Pierre | 89,410f | 89,410f |
| Miquelon | 6,665 | 6,665 |

*Justice.* — L'ordonnance du 26 juillet 1883, modifiée par les décrets du 28 octobre 1863 et du 4 avril 1868, règle l'organisation judiciaire de la colonie, qui est ainsi constituée :

1 procureur de la République, chef du service judiciaire, 1 président du conseil d'appel, 1 juge président de première instance, 1 greffier.

Le conseil d'appel est complété par l'adjonction de deux officiers du commissariat qui doivent être pris autant que possible parmi les officiers pourvus du diplôme de licencié en droit. La justice criminelle est rendue par le conseil d'appel auquel on ajoute, dans ce cas, quatre notables désignés par le commandant. Une étude de notaire existe dans la colonie.

*Législation.* — L'ordonnance du 26 juillet 1833 a promulgué les cinq codes dans la colonie. Le Code de commerce et le Code pénal y ont été publiés de nouveau, le premier en exécution de la loi du 7 décembre 1850, le second en vertu du décret du 6 mars 1877.

STATISTIQUE DES TRIBUNAUX EN 1880.

*Conseil d'appel.*

| Affaires civiles | 19 |
|---|---|
| — commerciales | 8 |
| — criminelles | » |

*Tribunal de première instance.*

| Affaires civiles | 198 |
|---|---|
| — correctionnelles | 27 |

*Affaires de la compétence des juges de paix.*

| Affaires civiles | 40 |
|---|---|
| — de simple police | 53 |

*Instruction publique.* — L'enseignement primaire est confié aux frères de l'instruction chrétienne pour les garçons, et aux sœurs de Saint-Joseph de Cluny pour les filles.

9 professeurs dirigent, dans 4 écoles, 594 garçons et 13 religieuses reçoivent dans 13 écoles, asiles ou ouvroirs, 581 filles.

Il existe à Saint-Pierre un collège tenu par les pères du Saint-Esprit qui enseignent les éléments du latin. C'est un établissement libre dans lequel la colonie entretient des boursiers.

Cet établissement entretient 56 élèves enseignés par 4 professeurs.

Un pensionnat privé est entretenu à Saint-Pierre par les sœurs de Saint-Joseph ; il comporte 8 religieuses et reçoit 79 jeunes filles.

*Cultes.* — Le personnel du culte est fourni pour les îles Saint-Pierre et Miquelon par le séminaire du Saint-Esprit dont le siège est à Paris et qui reçoit du Gouvernement une subvention pour assurer le recrutement de ce personnel.

*Travaux publics.* — A Saint-Pierre et Miquelon, indépendamment des travaux de creusement du barachois de Saint-Pierre, des phares ont été édifiés sur l'île aux Chiens, à la Pointe-Plate et au cap Blanc, avec sifflets de brume, pour prévenir les naufrages dont ces contrées n'étaient que trop souvent le théâtre.

*Cultures.* — La stérilité naturelle des îles Saint-Pierre et Miquelon et la rigueur prolongée de l'hiver s'opposent à ce que les cultures puissent y prendre quelque développement.

L'île de Saint-Pierre n'est, à proprement parler, qu'un rocher presque absolument dépourvu de terre végétale, et ne contient que quelques jardins dans sa partie méridionale.

La végétation naturelle de l'île se compose de broussailles épaisses et rampantes et d'arbres verts s'élevant rarement à plus de trois mètres. Il y existe cependant quelques fermes qui entretiennent un peu de bétail avec le fourrage recueilli sur les plateaux.

Le sol de Langlade (Petite-Miquelon) est plus favorable à la culture que celui de Saint-Pierre ; on y compte 13 fermes. Quelques-unes des plantes potagères et légumineuses de France y viennent parfaitement. Les céréales ne sont pas l'objet d'une culture suivie, l'élève des bestiaux et les fourrages donnant des produits plus certains. Néanmoins, un fermier y a fait un essai en grand de culture de blé et d'avoine, lequel a parfaitement réussi, et dont les produits ont figuré avec distinction à l'Exposition universelle de Londres en 1862.

L'île Saint-Pierre ne contient pas d'arbres de haute futaie ; elle produit des genévriers, dont on tire un genièvre excellent et une assez grande variété d'arbustes qui fournissent en abondance des petits fruits acides très efficaces pour préserver du scorbut, ainsi que plusieurs espèces de thés.

Onze fermes y sont établies et donnent généralement des résultats assez satisfaisants ; elles produisent du foin et quelques légumes ; on y élève du bétail.

Tous ces établissements agricoles présentent ensemble une superficie de 2,010 hectares environ de terres défrichées et mises en valeur.

On fabrique, avec une variété de pin désignée sous le nom de *Spruce*, une bière dite *Sapinette ;* on emploie pour cet usage toutes les parties de l'arbre ; mais on préfère les branches vertes et garnies de leurs feuilles. La bière de spruce entre dans la composition de la ration des équipages des bâtiments de guerre en station dans ces parages, et un ancien règlement de la colonie en a fait un des éléments de la ration des pêcheurs, sans en limiter la quantité. C'est la boisson habituelle des habitants du pays.

Malgré les défrichements successifs opérés depuis 1816 à Miquelon, on y trouve encore, principalement dans la partie appelée Langlade, des bouquets de bois très nombreux. Les arbres et arbustes qui y croissent sont : le sapin, le bouleau, l'if, l'érable, le sorbier, le néflier, le genévrier, le rosier et le pommier sauvage, qui s'y sont multipliés considérablement.

*Industrie*. — La pêche et la préparation de la morue constituent, ou à peu près, la seule industrie de ces îles. Ces deux opérations sont pratiquées soit par les pêcheurs venant chaque année de France, soit par ceux qui habitent la colonie et que l'on nomme résidants.

Les expéditions de pêche effectuées des ports de la métropole pour les parages de Terre-Neuve prennent les désignations suivantes :

Armements pour le grand banc de Terre-Neuve, avec sécherie aux îles Saint-Pierre et Miquelon ;

Armements avec sécherie à la côte Ouest de Terre-Neuve ;

Armements à la côte Est de Terre-Neuve ;

Armements pour la côte Ouest de Terre-Neuve (pêche et sécherie) ;

Armements pour les îles Saint-Pierre et Miquelon.

Enfin, armements pour le grand banc de Terre-Neuve sans sécherie.

La pêche de la morue a lieu généralement sur le grand banc de Terre-Neuve, sur les côtes de cette île et sur les fonds de Saint-Pierre et Miquelon, du 1$^{er}$ avril au 1$^{er}$ octobre.

L'industrie de la pêche de la morue est favorisée par l'allocation des primes divisées en primes d'armement et en primes sur les produits.

Ces primes ont été concédées pour une période déterminée par les ordonnances des 8 février 1816, 21 octobre 1818, 20 février 1822, 24 février 1825, 7 décembre 1829, et par les lois des 22 avril 1832, 9 juillet 1836, 25 juin 1841, 22 juillet 1851 et 21 juillet 1870. Cette dernière loi a été prorogée pour 10 ans par celle du 28 juillet 1870[1].

Elles sont aujourd'hui réglées de la manière suivante :

*Primes d'armement :* 50 fr. par homme d'équipage pour la pêche *avec sécherie,* soit à la côte de Terre-Neuve, soit à Saint-Pierre et Miquelon, soit sur le grand banc de Terre-Neuve ; 15 fr. par homme d'équipage pour la pêche au Dogger-Banc.

*Primes sur les produits :* 1° 20 fr. par quintal métrique sur les morues sèches de pêche française expédiées soit directement des lieux de pêche, soit des entrepôts de France, à destination des colonies françaises de l'Amérique, de l'Inde, ainsi qu'aux établissements français de la côte occidentale d'Afrique et des autres pays transatlantiques, pourvu qu'elles soient importées dans les ports où il existe un consul français ; 2° 16 fr. par

---

[1] Loi du 28 juillet 1870. — *Article unique :* Les dispositions combinées des lois du 23 juillet 1851 et de l'article 1$^{er}$ de la loi du 28 juillet 1860, relatives aux encouragements accordés aux grandes pêches maritimes, continueront d'être exécutées jusqu'au 30 juin 1881.

quintal métrique pour les morues sèches de pêche française expédiées soit directement des lieux de pêche, soit des ports de France à destination des pays européens et des États étrangers, sur les côtes de la Méditerranée, moins la Sardaigne et l'Algérie ; 3° 16 fr. par quintal métrique pour l'importation aux colonies françaises de l'Amérique, de l'Inde et autres pays transatlantiques, des morues sèches de pêche française, lorsque ces morues sont exportées des ports de France, sans y avoir été entreposées ; 4° 12 fr. par quintal métrique pour les morues sèches de pêche française expédiées soit directement des lieux de pêche, soit des ports de France, à destination de la Sardaigne et de l'Algérie.

Indépendamment de ces allocations, il est accordé une prime de 20 fr. par quintal métrique de rogues de morue que les navires pêcheurs rapportent en France du produit de leur pêche.

Une disposition favorable aux armements locaux a été introduite dans la loi du 21 juillet 1860, en assujettissant à un minimum d'équipage les goélettes armées aux îles Saint-Pierre et Miquelon. Cette disposition a eu pour conséquence d'ouvrir aux armateurs de ces navires des droits à la prime d'armement, laquelle peut leur être payée dans la colonie.

*Commerce.* — Il existe deux ports dans la colonie : Saint-Pierre (le chef-lieu) et Miquelon (port annexe de Saint-Pierre).

Le marché principal est Saint-Pierre et le seul proprement dit. C'est là que se centralisent les affaires et se déposent les produits de pêche et autres, les objets, matières et denrées destinés à la consommation locale ou à être réexportés. Mais la colonie a des rapports constants, des relations suivies avec le continent américain et Saint-Jean de Terre-Neuve. Toutefois, avec cette dernière localité, ces rapports et relations sont assez peu fréquents et peu importants. C'est en Amérique, en effet, que le commerce local s'approvisionne des bois, matériaux à bâtir, des meubles, matières de toute sorte pour la construction des navires, farines et légumes, etc., etc. En Amérique s'écoulent par contre des produits français.

Au point de vue commercial, les droits de douane sont établis par décrets ; les autres taxes, notamment celles d'octroi de mer, sont établies par arrêtés du commandant. Un décret du 30 août 1877 établit un droit de 2 p. 100 sur les importations par navire étranger de toute provenance ou par bâtiment français venant des pays étrangers hors d'Europe, un droit de 1 p. 100 sur les importations de marchandises étrangères venant des pays d'Europe ou des colonies françaises. Un décret du 25 septembre 1873 a établi les droits suivants sur les boissons alcooliques :

Boissons venant de France :

Par litre de liquide de 43° à 88° centésimaux . . . . . 0f 12
— à 89° et au-dessus. . . . . . . . . . 0 24

Boissons venant de l'étranger :

Par litre de liquide de 43° à 88°. . . . . . . . . . . . 0 15
— à 89° et au-dessus. . . . . . . . 0 30

Ce même décret a établi sur les tabacs, en feuilles ou fabriqués, un droit de 40 cent. par kilogramme et sur les cigares un droit de 10 fr. par millier.

Il existe, en outre, des taxes accessoires de navigation, des droits de francisation et de congé, etc.

Les îles Saint-Pierre et Miquelon ont importé de France, en 1880, pour 2,200,000 fr. de marchandises; des colonies françaises pour 20,000 fr. et de l'étranger pour 5,260,000 fr. Elles ont exporté pour France, pour 7,600,000 fr.; pour les colonies, pour 1,800,000 fr. et pour l'étranger, pour 1,600,000 fr.

On trouvera ci-après le tableau présentant les résultats de la pêche de la morue aux îles Saint-Pierre et Miquelon, en ce qui concerne les produits séchés et préparés de 1876 à 1880 sur les grèves de cette colonie.

TABLEAU.

| ANNÉES. | | NOMBRE de navires. | NOMBRE de pêcheurs. | PRODUITS DE LA PÊCHE. | | |
|---|---|---|---|---|---|---|
| | | | | Morue sèche. | Morue verte. | Huile de morue. |
| | | | | kilogr. | kilogr. | kilogr. |
| 1° Pêche faite par les habitants sédentaires. | 1876......... | » | 196 | 259,604 | » | 21,209 |
| | 1877......... | » | 274 | 362,776 | » | 19,600 |
| | 1878......... | » | 301 | 389,504 | » | 23,400 |
| | 1879......... | » | 310 | 40,103 | » | 27,271 |
| | 1880......... | » | 321 | 451,207 | » | 31,804 |
| | Moyenne des cinq années..... | » | 460 | 372,838 | » | 24,656 |
| 2° Pêche faite par les pêcheurs hivernants. | 1876......... | » | 269 | 364,541 | » | 21,801 |
| | 1877......... | » | 185 | 244,940 | » | 20,140 |
| | 1878......... | » | 99 | 151,100 | » | 15,200 |
| | 1879......... | » | 110 | 163,040 | » | 19,006 |
| | 1880......... | » | 99 | » | » | » |
| | Moyenne des cinq années..... | » | 152 | 184,722 | » | 15,229 |
| 3° Pêche faite par les équipages des navires armés, *avec sécherie à Saint-Pierre*, et passagers venus de France. | 1876......... | 31 | 3,546 | 3,078,652 | 10,248,600 | 319,444 |
| | 1877......... | 26 | 4,175 | 1,362,511 | 11,159,493 | 327,887 |
| | 1878......... | 19 | 3,583 | 1,456,248 | 13,435,271 | 404,683 |
| | 1879......... | 16 | 3,498 | 3,233,365 | 15,303,897 | 391,369 |
| | 1880......... | 18 | 3,783 | 4,101,468 | 13,868,150 | 233,939 |
| | Moyenne des cinq années..... | 22 | 3,717 | 2,646,548 | 12,803,088 | 335,464 |
| 4° Produits déposés à Saint-Pierre et provenant de la pêche des bâtiments armés, *avec salaison à bord*.... | 1876......... | 37 | 747 | » | 1,380,966 | 2,000 |
| | 1877......... | 32 | 622 | » | 1,862,321 | 10,330 |
| | 1878......... | 50 | 990 | » | 2,652,147 | » |
| | 1879......... | 36 | 683 | » | 1,860,482 | » |
| | 1880......... | 44 | 595 | » | 2,355,345 | 79,401 |
| | Moyenne des cinq années..... | 39 | 727 | » | 2,022,252 | 18,346 |
| Réunion des quatre espèces de pêche.... | 1876......... | 68 | 4,758 | 3,702,797 | 11,629,566 | 364,457 |
| | 1877......... | 58 | 5,256 | 3,027,679 | 13,021,814 | 377,957 |
| | 1878......... | 69 | 4,973 | 1,996,852 | 16,087,418 | 443,283 |
| | 1879......... | 52 | 4,601 | 3,798,008 | 17,164,379 | 437,646 |
| | 1880......... | 44 | 4,828 | 4,552,675 | 16,223,495 | 345,144 |
| | Moyenne des cinq années..... | 58 | 4,883 | 3,415,602 | 3,415,602 | 393,696 |

[1] Aux 62 navires, jaugeant 8,317 tonneaux, montés par 1,480 hommes, il y a lieu d'ajouter d'abord 122 navires, jaugeant 16,549 tonneaux et montés par 918 hommes, qui ont été employés à transporter de la morue, et 48 navires, jaugeant 8,535 tonneaux et montés par 957 hommes, qui ne sont venus dans la colonie que pour y prendre de la boëtte ou simplement pour y faire relâche : en tout 232 bâtiments, 33,401 tonneaux et 3,355 hommes d'équipage

Il a été, en outre, exporté 533,772 kilogr. d'issues de morue et 151,941 kilogr. de rogues.

Nous donnons ci-après le chiffre total des importations et des exportations entre la France et Saint-Pierre et Miquelon. Ce tableau indique non seulement ce chiffre, en ce qui concerne la colonie, mais encore le service de la grande pêche :

1876. . . . . . . . . . . . . . . . . . . . . 32,158,852 fr.
1877. . . . . . . . . . . . . . . . . . . . . 33,128,575
1878. . . . . . . . . . . . . . . . . . . . . 32,421,574
1879. . . . . . . . . . . . . . . . . . . . . 28,616,088
1880. . . . . . . . . . . . . . . . . . . . . 25,600,004

En 1880, il est entré à Saint-Pierre et Miquelon : 125 navires français venant de France et portant 17,528 tonneaux; 280 navires français venant des colonies françaises et portant 39,800 tonneaux; enfin 118 navires français venant des pays étrangers et portant 16,000 tonneaux. Il est entré également 1,085 navires étrangers.

Il est sorti de Saint-Pierre et Miquelon : 132 navires français allant en France et portant 16,000 tonneaux; 370 navires français à destination des colonies françaises et portant 52,700 tonneaux; 23 navires français allant en pays étranger et portant 4,200 tonneaux. Il est sorti, en outre, 1,102 navires étrangers.

Un octroi de mer a été institué au profit des communes; il comprend les droits ci-après :

Vin en futailles. . . . . . . . . . . . . . . L'hectolitre. 5 fr.
Vin en caisses ou paniers, par 12 bouteilles de 75 centil. 1
Cidre, poiré, hydromel en futailles, caisses ou paniers, par hectolitre. . . . . . . . . . . . . . . . . . 2
Bière française ou étrangère, en futailles, caisses ou paniers. . . . . . . . . . . . . . . . L'hectolitre. 5

Il est prélevé $1/_{10}$ de la recette brute au profit du budget local.

*Service postal et télégraphique.* — Les îles Saint-Pierre et Miquelon communiquent avec la métropole par les bâtiments de l'État et du commerce.

Elles sont en outre reliées directement à la France au moyen des paquebots anglais. Un service bimensuel effectué par un steamer postal, appartenant à une compagnie franco-anglaise, relie Saint-Pierre à Halifax qui est la tête de la ligne de Liverpool.

En février et mars, ce steamer ne fait qu'un voyage par mois.

Saint-Pierre est également en rapport avec la ligne Allan par les steamers anglais de Saint-Jean, dont les départs de Saint-Jean pour Saint-Pierre, et *vice versá*, coïncident généralement avec les dates des passages, aller et retour, des paquebots Allan qui touchent à Saint-Jean à partir du mois de mai au mois de janvier suivant inclus.

Du mois de février au mois d'avril inclus de chaque année, les paquebots de la ligne Allan ne font pas l'escale de Saint-Jean.

La colonie est en outre en communication directe et constante avec l'Europe et l'Amérique au moyen du câble transatlantique.

Pour le tarif des correspondances, voir à l'article *Martinique*. Le service postal des îles Saint-Pierre et Miquelon comporte 4 bureaux, savoir : Saint-Pierre, Miquelon, Langlade, île aux Chiens.

Le transport des correspondances entre Saint-Pierre et l'île aux Chiens est assuré journellement par un canot de la direction du port.

Entre Saint-Pierre, Langlade, Miquelon et réciproquement, le service est hebdomadaire.

Les recettes de la poste ont été en 1880 de 11,570 fr.

La compagnie française du télégraphe du Havre à New-York a obtenu le droit d'atterrissage à Saint-Pierre.

*Services financiers.* — Le budget de la marine et des colonies (service colonial) comprend, pour cette petite colonie, une somme de 346,800 fr. (1,5 p. 100); mais il faut ajouter à cette dépense la solde et les frais de passage de la garnison et de quelques fonctionnaires, qui sont à la charge du budget de la marine.

Le budget local s'élève, en recettes et en dépenses, à la somme de 302,359 fr. Parmi les principaux revenus il faut citer :

```
1° Les contributions directes, comprenant :
    L'impôt foncier . . . . . . . . . . . . . . . .   13,000 fr.
    L'impôt des patentes . . . . . . . . . . . . .   35,500
2° Les contributions indirectes, comprenant :
    Les douanes . . . . . . . . . . . . . . . . .  173,280
```

*Monnaies et établissements de crédit.* — La monnaie française est la seule monnaie légale dans la colonie. Il n'y a pas d'établissements de crédit.

*Services militaires.* — La garnison de Saint-Pierre et Miquelon est composée de gendarmes et quelques disciplinaires.

La colonie possède les ressources nécessaires à la subsistance des troupes. Cependant le vin est envoyé de France.

## IX. — MAYOTTE.

*Notice historique.* — L'île Mayotte fait partie de l'archipel des îles Comores, découvert en 1598 par le Hollandais Cornelis Houtman. Elle recruta ses premiers habitants parmi des Arabes qui s'enfuyaient devant les Portugais, maîtres de Comore, et des Sakalaves, venus de Madagascar.

A la suite de querelles et de luttes intestines entre les divers chefs de l'île, l'un d'eux, Andrian-Souli, conclut, en 1841, un traité avec le capitaine d'infanterie Passot, envoyé en mission par le contre-amiral de Hell. Ce traité, qui assurait à la France la possession de l'île, fut ratifié par une décision du gouvernement français du 10 février 1843.

Les réclamations des divers prétendants furent successivement écartées, et la prise de possession eut lieu le 13 juin 1843.

*Topographie.* — L'île de Mayotte est située par 12°45′ de latitude Sud et 43° de longitude Est.

Elle occupe, dans sa plus grande dimension, une étendue de 0°25′ Nord et Sud, et se trouve réduite, sur quelques-uns de ces points, à une largeur de 8 kilomètres. Ses bords sont hérissés de caps et hachés de ravines profondes où la mer pénètre quelquefois assez loin ; on peut se figurer Mayotte comme un poisson dont l'arête aurait été mise à nu dans le milieu du corps, tandis que les deux extrémités auraient conservé leur enveloppe charnue.

Elle s'étend, comme nous l'avons dit, du Nord au Sud ; elle est traversée dans toute sa longueur par une chaîne de montagnes dont plusieurs points sont élevés de 600 mètres environ ; son sol, d'origine volcanique, est inégal, onduleux, coupé de ravins très profonds, formant autant de torrents pendant la saison des pluies, et desséchés pendant le reste de l'année.

En s'approchant de la mer, le terrain s'abaisse d'une manière un peu brusque et se termine, dans la majeure partie de l'île, en marais fangeux recouverts de palétuviers noyés par chaque marée.

Dans l'intérieur, à l'Ouest de la chaîne principale, on remarque plusieurs plateaux, particulièrement deux assez étendus et à l'abri des dégâts que produisent les pluies abondantes de l'hivernage. Cette partie de l'île est la plus favorable aux cultures, tant à cause de sa position qui la met à l'abri des vents généraux, qu'à cause de son élévation moyenne qui lui permet de conserver plus longtemps l'humidité si nécessaire pendant la germination des graminées.

En général, les sommets des monts les plus élevés sont stériles, on n'y voit que quelques arbres rabougris et clairsemés; il n'en est pas de même des versants, qui présentent une végétation d'autant plus belle qu'on se rapproche des bas-fonds où serpentent les cours d'eau; c'est surtout dans ces portions de terrain que les naturels avaient établi leurs cultures. Ils y ont pratiqué des défrichements souvent regrettables, à cause du moyen par eux employé et qui consiste à incendier les bois.

Il n'existait, à notre arrivée à Mayotte, qu'un seul grand village, nommé Choa, situé à l'Est de l'île, près de son extrémité nord, sur un promontoire assez élevé au bord de la mer. Depuis notre occupation, les naturels, plus confiants, ont rebâti d'abord leur ancienne capitale (Chingoni), située à la partie ouest de l'île, près d'une sorte de marais qui prend, à la saison des pluies, les dimensions d'un petit lac. Aujourd'hui, le nombre des villages s'est considérablement accru; on cite, entre autres, ceux de Koëni, de Jongoni, Dopani, etc.

*Pamanzi.* — La rade principale devant Choa représente un bon mouillage; une source abondante d'eau très salubre vient se jeter à la mer à une très faible distance, et offre une aiguade commode. La rade est bornée à l'Est par l'île de Pamanzi, îlot stérile et montagneux qui présente seulement à sa partie nord-ouest une plaine recouverte de palétuviers, baignés par la marée; c'est la seule partie de l'îlot susceptible de culture. Son point le plus culminant offre un vaste cratère éteint dont le fond est rempli d'une eau bourbeuse et salée.

*Dzaoudzi.* — Sur un tertre élevé, isolé, et réuni à Pamanzi par une langue de terre très étroite, entièrement recouverte à marée haute, se trouve le village de Dzaoudzi, ancienne résidence d'un pacha. Ce village, habité au début par quelques Arabes, a reçu la plus grande partie de la population européenne de Mayotte, la garnison, un hôpital construit dans un endroit salubre, et tous les bâtiments publics servant au gouvernement et à l'administration. On estime que ces constructions ont coûté de 5 à 6 millions. Dzaoudzi est le chef-lieu de l'île. La rade, située au Nord-Est et qui porte le nom de Dzaoudzi, est d'une bonne tenue ; elle a 80 brasses de fond, sable et vase.

*Mamoutzou.* — La presqu'île qui porte ce nom est située également à la côte, en face de Pamanzi. Sa configuration l'avait fait choisir pour l'établissement d'une ville commerciale (projet élaboré en 1844 et repris en 1863). Il existe une aiguade qui possède, dans un bassin voûté, une réserve de 50,000 litres d'eau. Le produit des sources qui alimentent ce bassin est de 6 à 7 décilitres par seconde. Tout près de ce bassin coulent d'autres sources dont les produits réunis donnent une quantité d'eau à peu près équivalente. Les deux rivières de M'saperé et de Koëni donnent, en outre, à ce pays un approvisionnement d'eau considérable. A ces avantages se joignent un accès facile pour les navires et une grande fertilité du sol.

Le commandant de la colonie possède déjà un pavillon sur ce point plus salubre que Dzaoudzi.

Une citerne fournit seule de l'eau à Dzaoudzi, et cette eau est de mauvaise qualité. Il faut donc, pour les besoins de la population, envoyer chercher de l'eau à Mayotte. Ce service se fait régulièrement chaque jour au moyen de deux chaloupes. Mais le personnel se trouve rationné comme à bord d'un navire.

On a formé, en 1844, le projet de faire de Dzaoudzi le centre d'une des plus fortes places du monde en occupant le *Morne aux Indiens* et le *Morne Mirandol*, en fortifiant *Choa*, les îles *Mougnamer*, *Bougi*, *Bandali*, etc., etc. ; ce projet a dû être abandonné, l'importance de l'île ne justifiant pas, quant à présent, de tels travaux.

*Longoni.* — La baie de Longoni est une des plus belles de Mayotte ; elle offre aux bâtiments un bon mouillage, une rade spacieuse, d'excellente eau, du bois de chauffage et de mâture facile à faire, et des poissons de table pour les équipages. Un ruisseau y débouche ; elle est obstruée par les palétuviers.

Mayotte a sur Nossi-Bé l'avantage d'un port magnifique, point de relâche naturel de tous les navires allant dans l'Inde par le canal de Mozambique. Sa situation même, à 60 lieues plus à l'Ouest, permet aux navires qui, de ce point se rendent à *Bombetock*, d'avoir, par toute mousson, les *vents traversiers*; la distance de chacune des deux îles à ce port étant, d'ailleurs, à peu près égale.

*Météorologie.* — Les courants autour de Mayotte sont très variables en force et en direction, suivant les localités. Néanmoins leur direction est presque toujours celle de la côte, près la côte, et celle des récifs près des récifs; leur vitesse a quelquefois 3 nœuds $1/2$ dans les passes.

Le flot porte au S.-O. ou au Sud, selon la position; le jusant porte au N.-E. ou au Nord dans les passes; ils suivent la direction des passes au commencement du flot et à la fin du jusant.

La chaleur est moins accablante à Mayotte qu'à Nossi-Bé. Il règne pendant le jour une brise du Sud-Est et le soir une brise du Sud-Ouest qui ne rencontrent aucun obstacle. Comme elles viennent du large, elles produisent un abaissement relatif de température.

La hauteur moyenne du thermomètre est de 27° centigrades.

Dans la partie sud de l'île, les pluies sont moins abondantes pendant l'hivernage que dans l'Est. C'est le contraire pendant la belle saison.

*Population.* — La population de Mayotte comprend 10,158 individus, dont 6,799 hommes et 3,359 femmes. Il y a 844 garçons au-dessous de 14 ans, et 806 filles. En 1880, il y a eu 2 mariages, 4 naissances et 22 décès. Ces chiffres ne se rapportent qu'à la population européenne, car les indigènes n'ont pas encore d'état civil.

*Gouvernement et administration.* — L'administration de la colonie est confiée à un commandant assisté d'un chef du service de l'intérieur et d'un chef du service judiciaire. Les questions relatives à la colonie sont examinées dans un conseil d'administration présidé par le commandant et composé des deux chefs de service et de deux habitants notables nommés par le chef de la colonie.

Lorsque des questions de budget local ou d'impôt doivent être discutées, le conseil d'administration est complété par deux délégués élus par les colons.

*Justice*. — Le service de la justice a été réglé par l'ordonnance du 6 août 1847 qui a été modifiée par le décret du 30 janvier 1852. Les dispositions de ce dernier acte ont été, en ce qui concerne la compétence, modifiées elles-mêmes le 25 octobre 1879.

Le tribunal se compose d'un seul magistrat qui a le titre de juge président. Un greffier est attaché au tribunal et remplit en même temps les fonctions de notaire. Les appels et les crimes sont jugés à la Réunion.

*Législation*. — La législation est la même qu'à la Réunion.

STATISTIQUE DES TRIBUNAUX.

*Tribunal de première instance.*

| | |
|---|---:|
| Affaires civiles | 29 |
| — commerciales | » |
| — correctionnelles | 57 |

*Affaires de justices de paix.*

| | |
|---|---:|
| Affaires civiles | 10 |
| Simple police | 87 |

*Instruction publique*. — En raison du chiffre peu élevé de la population, il n'y a que deux écoles dirigées par un instituteur et une institutrice appartenant aux congrégations du Saint-Esprit et de Saint-Joseph de Cluny.

On compte dans l'école des garçons 21 élèves et 18 dans celle des filles.

Dans cette colonie, dont la presque totalité des habitants sont musulmans, les enfants ne fréquentent pas volontiers les écoles; ils reçoivent l'instruction (qui se borne à la lecture et au calcul) par le soin des plus anciens de chaque famille.

*Culte*. — Le service du culte à Mayotte a été assuré jusqu'en 1851 par les spiritins. Il passa à cette époque entre les mains des jésuites placés sous l'autorité du chef de la mission de Madagascar. En 1879, cette congrégation a été remplacée par des pères du Saint-Esprit.

*Travaux publics et cultures*. — Pour les travaux publics, l'attention se porte principalement sur la nécessité de construire des maisons pour les fonctionnaires et de tenir en bon état les routes qui desservent les principaux établissements de la colonie.

L'étendue des terres consacrées à la culture de la canne à sucre s'élève à 1,550 hectares environ et celle des petites cultures à 1,400 hectares. La colonie a produit en 1880 : 3,791,000 kilogr. de sucre, 100,000 litres de rhum, 5,300 kilogr. de café, 870,000 kilogr. de riz, 20,000 litres d'huile de cocotier ; 4,500 kilogr. de tabac, 100,000 kilogr. de maïs, 130,000 kilogr. de manioc, 21,000 kilogr. de légumes secs et 561 kilogr. de vanille.

*Commerce.* — Il n'y a pas de droits de douane à Mayotte.

Il est entré à Mayotte en 1880, 73 bâtiments français jaugeant 10,000 tonneaux et 90 bâtiments étrangers jaugeant 8,000 tonneaux. Il en est sorti 71 navires français portant 9,800 tonneaux et 89 navires étrangers jaugeant 8,000 tonneaux.

*Service postal.* — L'île de Mayotte est mise en communication avec la métropole par un service mensuel français qui se relie à la grande ligne des Messageries maritimes de Marseille, la Réunion, Nouméa. Un service mensuel anglais, qui dépose les correspondances à Zanzibar, fonctionne également, mais il est rarement employé.

Il existe dans l'île quatre bureaux de poste, dont le principal se trouve à Dzaoudzi. Les correspondances sont journellement dirigées sur les divers points de la colonie par des piétons.

*Services financiers.* — Le budget de la marine et des colonies (service colonial) comprend une somme de 228,742 fr. pour Mayotte.

Le budget local comprend toutes les dépenses relatives au service intérieur de la colonie. Il est arrêté par le commandant en conseil d'administration. Il s'élève, en recettes et en dépenses, à 241,000 fr. Les principales recettes sont :

```
L'impôt foncier . . . . . . . . . . . . . . . . .   60,000 fr.
   — personnel. . . . . . . . . . . . . . . . .   30,000
   — des patentes. . . . . . . . . . . . . .   23,000
Les droits sur les rhums . . . . . . . . . . . .   22,000
```

La métropole fait à la colonie de Mayotte une subvention de 50,000 fr. par an.

*Monnaies.* — La monnaie française a seule cours légal à Mayotte. Il ne s'y trouve pas d'institutions de crédit.

*Services militaires.* — Il n'y a pas de garnison à Mayotte.

Un hôpital militaire est situé à Dzaoudzi.

Les dépenses d'administration militaire et maritime sont supportées par le budget du département de la marine et des colonies, à l'exception de celles de l'hôpital et du casernement qui sont payées par la colonie.

## X. — NOSSI-BÉ.

*Notice historique.* — L'île de Nossi-Bé et les petites îles environnantes étaient de longue date placées sous l'autorité des rois sakalaves de la côte nord-ouest de Madagascar.

Andrian-Souli, l'un des descendants de ces souverains, avant de passer à Mayotte qu'il devait céder à la France en 1841, avait transmis ses droits royaux à sa sœur Ouantitzi.

Ouantitzi étant morte, sa nièce Tsouméka fut proclamée reine des Sakalaves, le 5 avril 1836. Le 29 septembre 1839, le brick de guerre, le *Colibri*, ayant à bord M. le capitaine Passot, chargé par le gouvernement français d'explorer l'île, mouillait dans les eaux de Nossi-Bé : la reine Tsouméka et les chefs sakalaves lui demandèrent la protection de la France.

Le 14 juillet suivant fut signé un traité par lequel la reine cédait à la France tous ses droits de souveraineté sur le Bonéni, province de la côte N.-O. de Madagascar, l'île de Nossi-Bé et les petites îles voisines : Nossi-Comba, Nossi-Faly et Nossi-Mitsiou.

Nossi-Bé et Nossi-Comba sont les seuls points que nous ayons occupés jusqu'à présent.

*Topographie.* — L'île de Nossi-Bé est située à 60 lieues de Mayotte. Un bon vapeur peut franchir en 24 heures la distance qui sépare ces deux établissements.

Le point culminant de Nossi-Bé est à sa partie sud. Il est élevé de 453 mètres au-dessus du niveau de la mer, et s'aperçoit à une distance de 12 à 15 lieues. Ce sommet est couvert de forêts qui dominent tout le côté sud ; il n'est à nu que dans la partie ouest, où les défrichements par le feu ont détruit un grand nombre d'arbres. Cette montagne s'appelle Loucoubé. Plusieurs mornes d'une moindre élévation et tapissés d'herbes occupent le centre de l'île. D'autres, par leur forme de cône tronqué, attestent la présence de volcans éteints. Le sol est d'ailleurs d'origine volcanique ; on rencontre partout des traces de laves. Plusieurs de ces mornes recèlent des lacs dont quelques-uns ont une certaine étendue.

Les points les mieux cultivés sont ceux qui avoisinent le rivage et où une plage de sable permet aux équipages d'accoster. La partie nord seulement est plus aride et présente des pointes dépourvues de verdure et hérissées de roches noires et aiguës.

Nossi-Bé ne possède point de rivière navigable, mais seulement quelques ruisseaux importants d'une eau potable toute l'année. Ils prennent leur source dans les lacs dont nous avons parlé tout à l'heure. L'un d'eux passe au pied du plateau d'Hellville, où sont établis le chef-lieu de la colonie et le siège du gouvernement.

On rencontre également à Nossi-Bé plusieurs *aiguades* où les bâtiments peuvent s'approvisionner d'eau avec facilité. Ce sont des filets d'eau fraîche, serpentant entre des roches.

Deux de ces aiguades sont situées près du mouillage, à l'Ouest de la forêt, dans de petites anses de sables où abordent facilement les embarcations; la troisième, qui est la plus abondante, est située près du mouillage de la côte sud, entre la pointe de Tafoudrou et la pointe Loucoubé; mais elle a l'inconvénient de ne pouvoir être approchée qu'à marée basse.

*Météorologie.* — La température de Nossi-Bé est à peu près la même que celle de Mayotte, mais elle offre peut-être de meilleures conditions de salubrité que cette dernière. Les pluies y sont plus fréquentes surtout qu'à Dzaoudzi.

Le thermomètre y varie entre 29° et 17° au plus bas.

Le baromètre y est peu sensible; ses variations au bord de la mer sont de $754^m_m,5$ à $765^m_m,4$; la moyenne annuelle est de $759^m_m,4$.

Des observations faites dans la rade de Passandava[1], sur la direction générale des vents, ont donné les résultats suivants : le matin, on ressent une petite fraîcheur de l'E.-S.-E. au S.-S.-E. qui tombe vers les 8 ou 9 heures pour reprendre vers le Sud un peu plus tard, en inclinant vers le S.-O.; à cette faible brise ou au calme succède, vers 1 heure de l'après-midi, le vent du large qui, plus ou moins frais, mais jamais fort, souffle de l'Ouest jusqu'à l'entrée de la nuit; il tombe alors en passant au N.-O. et au Nord, où il faiblit tout à fait. A

---

[1] La rade de Passandava est sur la Grande-Terre en face de Nossi-Bé.

une heure plus ou moins avancée dans la nuit, se lève une petite brise de terre variable dans sa direction et quelquefois assez fraîche à l'époque des *syzygies*; elle dure jusqu'au jour.

Sur la côte ouest et sur la côte nord, les brises du large sont plus fraîches qu'en rade et commencent plus tôt. Sur la côte Est, au contraire, la brise du large est tardive et prend forcément, à cause de la configuration des terres, la direction du Nord-Ouest et même du Nord.

Les marées sont fort régulières à Nossi-Bé, le flot et le jusant y ont une égale durée et le temps de l'étale est en raison inverse de la montée de l'eau, c'est-à-dire qu'aux *syzygies*, la mer à peine haute commence à descendre, tandis qu'aux *quadratures* elle reste stationnaire pendant environ 30 ou 40 minutes.

L'heure de l'établissement de la marée est de 4 h. 36 les jours de nouvelle et de pleine lune, et la mer marne de 4$^m$,49 aux équinoxes.

Comme en Europe, les grandes marées n'arrivent que 24 ou 36 heures après les syzygies.

Les courants varient en direction et en vitesse, selon la configuration des côtes, mais en général, le flot porte à l'Est et le jusant à l'Ouest, avec une vitesse moyenne de $^5/_{10}$ de nœud à 1 nœud $^5/_{10}$, rarement au delà, si ce n'est dans le chenal entre Nossi-Comba et la Grande-Terre, où il va jusqu'à 2 nœuds et 2,5 nœuds dans les grandes marées. Il en est de même, mais à un moindre degré, entre Nossi-Comba et la côte sud de Nossi-Bé.

Sur la rade de Passandava, ou grande rade, les courants sont presque insensibles, étant en dehors de la ligne que suivent ceux de la passe, leur direction se rapproche du Sud-Est et du Nord-Ouest, en tournant suivant l'heure de la marée.

Sur la côte, le flot porte au Nord-Est et le jusant au Sud-Ouest, mais irrégulièrement. A la côte nord, les courants reprennent leur direction Est de flot, Ouest de jusant, avec une vitesse aussi grande qu'à la côte sud.

Sur la côte ouest, ils sont modérés et longent à peu près la terre, en se rapprochant des points qu'ils doivent contourner.

L'espace compris entre la partie méridionale de Nossi-Bé, la côte nord-ouest de Nossi-Comba et la petite île Tani-Keli est le meilleur mouillage de Nossi-Bé, en y comprenant la baie de Passandava : des flottes entières pourraient trouver un abri sur ce point.

Cette dernière anse offre partout un fond de vase ou de sable vaseux. La profondeur de l'eau y est de 12 à 25 brasses et la mer toujours belle. Au mouillage, situé à 3 ou 4 encablures de terre, on a de 10 à 13 brasses d'eau. On y est parfaitement à l'abri avec les vents depuis l'Ouest-Nord-Ouest jusqu'au Sud passant par le Nord et l'Est ; mais avec ceux du Sud-Ouest et de l'Ouest, s'ils sont frais, on a un peu de mer qui rend l'abord de la plage difficile.

En avançant un peu dans le Nord, vers le village des Antalotes, jusqu'à n'avoir que 5 à 6 brasses d'eau de basse mer, on est exposé aux vents d'Ouest ; ce mouillage est celui que prennent les petits bâtiments arabes qui font le cabotage.

On rencontre encore, sur les côtes, plusieurs anses pouvant servir d'abri aux bâtiments : ainsi devant Hellville, à la pointe d'Ambanourou ; devant l'île Sakatia, à Bé-Foutaka, au Nord-Ouest de l'île ; à Vatou-Javari, sur la côte Est ; à Tandraka, etc.

Nossi-Bé ne possède point de port proprement dit, mais elle offre d'excellents abris où les bâtiments peuvent réparer des avaries dans les œuvres mortes. Les boutres arabes, jaugeant 30 à 40, parfois jusqu'à 80 tonneaux, qui font le cabotage entre Mozambique, Zanzibar, les Comores et la côte nord-ouest de Madagascar, viennent s'y échouer et y faire à leurs coques les réparations utiles. Les forêts de la Grande-Terre peuvent fournir les bois de mâture nécessaires aux navires de 200 à 400 tonneaux.

*Population.* — La population de Nossi-Bé s'élève à 8,155 individus, dont 3,814 hommes et 4,341 femmes ; il y a eu 20 mariages, 28 naissances et 32 décès ; mais ce mouvement de la population ne concerne que les Européens, car, jusqu'à présent, on n'a pas encore imposé l'état civil aux indigènes.

*Gouvernement et administration.* — La colonie de Nossi-Bé est administrée par un commandant qui a sous ses ordres un chef du service de l'intérieur et un chef du service judiciaire. Il préside le conseil d'administration, composé des deux chefs de service et de deux habitants notables désignés par lui.

*Justice.* — Le service de la justice a été organisé par le décret du 29 février 1860, qui a créé un tribunal de première instance à Nossi-Bé. Les dispositions de cet acte ont été, en ce qui concerne la compétence, modifiées par le décret du 25 octobre 1879.

Le tribunal se compose d'un seul magistrat qui a le titre de juge président. Un greffier est attaché au tribunal, il est en même temps notaire. Les appels et les crimes sont jugés par la cour de la Réunion.

*Législation.* — La législation est la même qu'à la Réunion.

STATISTIQUE JUDICIAIRE.

*Tribunal de première instance.*

| | |
|---|---|
| Affaires civiles | 25 |
| — commerciales | 4 |
| — correctionnelles | 48 |

*Affaires de justices de paix.*

| | |
|---|---|
| Affaires civiles | 1 |
| Simple police | 26 |

*Instruction publique.* — Les écoles sont dirigées par les congréganistes ; l'école de garçons est confiée aux pères du Saint-Esprit, celle des filles aux sœurs de Saint-Joseph de Cluny.

La moyenne des élèves est de 100 à 160 pour les garçons et de 80 à 110 pour les filles.

*Culte.* — Le service du culte à Nossi-Bé a été assuré jusqu'en 1851 par les pères du Saint-Esprit ; il passa à cette époque entre les mains des jésuites placés sous l'autorité du chef de la mission de Madagascar. En 1879, cette congrégation fut remplacée à Nossi-Bé par les pères du Saint-Esprit.

*Travaux publics.* — La colonie a dépensé en 1880 plus de 70,000 fr. pour les travaux de réparation de bâtiments et d'entretien de routes, qui sont destinées à relier les divers établissements industriels de la colonie.

*Cultures.* — Sur une superficie de 29,300 hectares, 8,000 hectares seulement sont cultivés. Les plantations de canne à sucre occupent environ un millier d'hectares. En 1880, les cultures ont produit 1,515,000 kilogr. de sucre, 360,000 litres de rhum, 9,300 kilogr. de café, 210,000 kilogr. de riz, 6,000 à 8,000 cocos, 25 kilogr. de vanille, etc.

*Commerce.* — Il n'y a point de droits de douane à Nossi-Bé. L'administration y a établi des droits sanitaires et de navigation, ainsi que des taxes accessoires de navigation. Les droits de douane doivent être établis par décrets. Nossi-Bé ne produit rien en dehors du sucre et du rhum. Le mouvement commercial provient surtout de ses relations avec Madagascar. Le chiffre des importations s'est élevé, en 1880, à 2,300,000 fr. ; celui des exportations à 2,500,000 fr.

L'ensemble des bâtiments entrés en 1880 dans le port d'Hellville jauge 16,414 tonneaux ; la valeur des chargements importés comprend 2,300,000 fr. Les bâtiments qui sont sortis de ce même port portent un tonnage de 16,610 tonneaux et leur chargement, comprenant à la fois des marchandises d'importation et du crû de la colonie, s'est élevé à 6,400,000 fr.

*Service postal.* — Dans les premiers temps de l'occupation, Nossi-Bé correspondait avec la Réunion par des bâtiments de l'État et quelquefois par des navires du commerce. Plus tard, des bâtiments de la station locale furent chargés de relier la colonie à l'île Mahé des Seychelles où passent les paquebots des Messageries maritimes de la ligne de la Réunion. En 1873, Nossi-Bé fut relié à la côte orientale d'Afrique par une ligne de paquebots anglais. Enfin, depuis 1880, le service postal est concédé à une compagnie française qui relie la colonie à la Réunion, d'où les correspondances sont expédiées en France.

A Nossi-Bé, il n'existe qu'un bureau de poste à Hellville. Le service de distribution dans l'intérieur de l'île est assuré par des courriers quotidiens que fournit le service de la police.

Le produit du service postal s'élève à 3,500 fr.

*Services financiers.* — Sur le budget de l'État (service colonial), les dépenses de Nossi-Bé figurent pour une somme de 241,361 fr. Mais il faut ajouter à cette dépense la solde et les frais de passage de la garnison, qui sont à la charge du budget de la marine.

Le budget local s'élève, en recettes et en dépenses, à 240,000 fr. Les principales recettes sont :

| | |
|---|---|
| L'impôt foncier | 9,500 fr. |
| — personnel | 28,000 |
| Les patentes | 34,000 |
| Le droit de sortie sur les sucres | 15,000 |
| Les licences et les droits de circulation des rhums | 20,000 |
| Les taxes de navigation | 24,000, etc. |

La métropole fait à Nossi-Bé une subvention annuelle de 70,682 fr.

Le service de l'enregistrement et de la curatelle aux successions vacantes est confié à un receveur. Les produits de l'enregistrement s'élèvent à 13,000 fr.

*Monnaies.* — La monnaie française est très rare à Nossi-Bé, et la roupie de l'Inde est jusqu'à présent l'unique monnaie de circulation.

*Services militaires.* — La garnison de Nossi-Bé comprend un détachement d'infanterie et d'artillerie de marine.

Nossi-Bé est ravitaillé par les soins de l'administration de *la Réunion,* sauf en ce qui concerce les vivres frais qui se trouvent abondamment sur place.

Un hôpital militaire est établi à Hellville.

Cet hôpital est payé, comme à Mayotte et dans l'Inde, par la colonie, l'État remboursant les frais de traitement de son personnel.

# XI. — TAITI.

### ÉTABLISSEMENTS DE L'OCÉANIE.

Iles de la Société. — Iles Basses ou Tuamotu. — Archipel Tubuaï.
Archipel des Marquises.

*Notice historique* — La nécessité de procurer à ses bâtiments de guerre, ainsi qu'à ses navires de commerce et principalement à ses baleiniers, un lieu de relâche et de ravitaillement dans l'Océanie, avait appelé l'attention de la France sur l'archipel des îles Marquises.

Le 17 mai 1842, l'amiral Dupetit-Thouars prit possession de Tahuata et du groupe S.-E. de cet archipel, en présence et de l'aveu du roi Yoteté, des principaux chefs et d'une grande affluence d'indigènes.

Le 5 du même mois, la souveraineté de la France avait été également reconnue à l'île d'Hivaoa (la Dominique), dans la baie d'Hanamanu.

Après avoir laissé à Tahuata une garnison, rendue nécessaire par un revirement dans l'attitude d'Yoteté, l'amiral se rendit à Ua-pou dont il visita la baie principale Hukakau et, le 31 mai, signa à Taïohaé, dans l'île de Noukahiva, avec le roi Temanoa et les principaux chefs, l'acte qui consacrait la reconnaissance de notre souveraineté sur cette île et sur le groupe N.-O. qui en dépend.

L'amiral se dirigea alors vers Taïti, où l'appelaient des intérêts analogues et y arriva à la fin d'août 1842.

Depuis longtemps déjà des Européens, de toutes nations, résidaient à Papeïti. Des missionnaires anglais s'y étaient fixés dès 1797, avaient fait adopter le protestantisme comme religion d'État et l'un d'eux, M. Pritchard, s'était élevé jusqu'aux conseils de la reine. La France y avait établi, depuis 1838, un consul, avec l'agrément de Pomaré.

Un commencement d'attentat sur la personne de notre consul et de sa femme qui devait succomber aux mauvais traitements exercés contre elle, avait, tout récemment, obtenu, non sans peine, réparation; la situation était tendue et le mauvais vouloir contre nos résidents était manifeste : toute propagande autre que pour le protestantisme avait été interdite par le corps législatif; une loi, évidemment dirigée contre notre consul, venait de défendre aux étrangers d'acheter des terres, et une demande de protectorat à l'adresse de la France, signée des chefs les plus influents, avait été annulée par l'intervention des Anglais.

Les vexations contre les Français continuèrent jusqu'à l'arrivée en rade de Papeïti de M. Dubouzet, commandant de l'*Aube*. Cet officier se fit rendre compte des faits et en obtint réparation : c'est alors qu'arriva l'amiral Dupetit-Thouars.

La sécurité des personnes était de plus en plus précaire, les Européens étaient inquiets : sous l'empire de ces idées, sous la pression de désordres dont ils ne voyaient pas le terme, la reine et les grands chefs, à la satisfaction de tous les résidents indistinctement, sollicitèrent le protectorat de la France, le 9 septembre 1842.

L'amiral accepta au nom du roi et sauf sa ratification qui arriva au mois de mars 1843.

L'application des conventions ayant, à la suite de suggestions étrangères, éprouvé des difficultés de la part de la reine et des indigènes, le débarquement de nos troupes fut décidé. Le 6 novembre, le pavillon français fut arboré dans l'île, la reine fut déclarée déchue, l'île fut occupée au nom de la France et M. Bruat, installé comme gouverneur, reçut, le 12, les députations des chefs de Taïti et des îles voisines.

Cette prise de possession de Taïti ne fut pas ratifiée et le gouvernement français donna l'ordre de rétablir le protectorat sur les anciennes bases, mais, lors du remplacement de l'amiral Dupetit-Thouars par l'amiral Hamelin, la situation avait changé : la reine avait quitté l'île et les habitants étaient en révolte.

Au mois d'avril 1844, le commandant Bruat frappa un coup décisif, attaqua les naturels à Mahoena et s'empara de leurs positions. En l'absence de la reine, le protectorat fut rétabli quand même suivant l'usage du pays, l'autorité de la reine absente fut confiée au régent et de nouvelles lois furent promulguées, le 1ᵉʳ octobre 1845.

Une résistance partielle continua sur divers points, mais à la suite d'un coup de main hardi, le capitaine de corvette Bonard s'étant emparé du fort de Fatahua, les derniers rebelles vinrent faire leur soumission le 22 décembre 1846, et au mois de mai 1847, la reine Pomaré, ayant quitté les îles sous le Vent, fut réintégrée solennellement dans son autorité.

Les Pomaré et divers chefs de Taïti avaient étendu leur domination sur les îles de l'archipel de la Société, les îles Basses et l'archipel Tubuaï. Une déclaration du 19 juin 1847, entre la France et l'Angleterre, a constitué indépendantes les îles sous le Vent de Taïti, mais les îles Basses et deux des îles Tubuaï se sont rangées dans les États du protectorat.

En 1852, une insurrection la renversa, mais son autorité fut rétablie par le gouvernement français. Quelque temps après, elle abdiqua en faveur de son fils ; mais cette abdication ne fut pas suivie d'effet.

Depuis, la tranquillité n'a plus été troublée à Taïti, dont l'archipel avec ses dépendances était placé sous notre protectorat avec un représentant portant le titre de commandant, commissaire du gouvernement français aux îles de la Société.

Depuis près de quarante ans, le roi, les chefs et les indigènes habitant les îles du protectorat avaient pu apprécier la loyauté de la France dans l'observation des conventions arrêtées, l'équité des divers commandants envoyés successivement de la métropole, la sagesse de notre législation. Notre intervention était aimée et respectée.

La reine Pomaré IV était décédée au mois de septembre 1877. Elle fut remplacée par son fils Ariiaué, sous le nom de Pomaré V. Ce prince n'apporta aucun changement à l'état de choses existant et il se montra plein de déférence envers le représentant du Gouvernement de la France et très disposé à favoriser l'assimilation graduelle de son pays.

Sur ces entrefaites, des circonstances graves se produisirent qui intéressaient l'ordre de la succession au trône. Le roi, pressenti, au mois de septembre 1879, sur la question de la remise complète entre nos mains de l'autorité qu'il exerçait avec nos conseils, se montra disposé à un acquiescement que les chefs désiraient du reste. Bientôt Pomaré V donna une marque éclatante de confiance au commandant. Ayant à se rendre dans un archipel voisin, il confia pendant son absence, le 29 mai 1880, au commissaire de la République, M. Chessé, le gouvernement général et l'administration de Taïti et dépendances.

Peu après, se sentant atteint par la maladie, il entra en communications plus fréquentes avec le commandant; il comprit que, dans l'intérêt de son pays et de sa famille, il ne saurait trouver de protection plus efficace que celle qu'il devait rencontrer auprès d'une nation qui avait exercé sur lui sa protection avec autant de bienveillance que de désintéressement. Les chefs partageaient cette manière de voir.

Le 29 juin 1880, en présence de tous les chefs de Taïti et de Moorea, le commissaire de la République fit donner, par un interprète, lecture de la déclaration portant abdication du roi et reconnaissance de la souveraineté de la France, dont les termes avaient déjà été concertés avec le roi et les principaux chefs du pays. Pomaré V approuva solennellement la teneur de cet acte, les chefs apposèrent successivement leur signature, le roi lui-même la signa, et, après lui, le représentant de la France.

Le commandant accepta en ces termes :

« Nous, commandant, commissaire de la République aux établissements français de l'Océanie,

« Agissant au nom des pouvoirs qui nous ont été donnés,

« Déclarons accepter, au nom du Gouvernement de la République française, les droits et pouvoirs qui nous sont conférés par Pomaré V, auquel se sont joints tous les chefs de Taïti et de Mooréa;

« Déclarons en conséquence, sauf la réserve de la ratification du Gouvernement français :

« Que les îles de la Société et dépendances sont réunies à la France. »

La Chambre des députés et le Sénat ayant voté la ratification de la cession, le Président de la République promulgua, le 30 décembre 1880, la loi dont la teneur suit :

« Art. 1$^{er}$. — Le Président de la République est autorisé à notifier et à faire exécuter les déclarations signées le 29 juillet

1880, par le roi Pomaré V et le commissaire de la République aux îles de la Société portant cession à la France de la souveraineté pleine et entière de tous les territoires dépendant de la couronne de Taïti.

« Art. 2. — L'île Taïti et les archipels qui en dépendent sont déclarés colonies françaises.

« Art. 3. — La nationalité française est acquise de plein droit à tous les anciens sujets du roi de Taïti. »

L'article 4 et dernier énonce les formalités à remplir par les étrangers, nés dans les anciens États du protectorat, qui désirent acquérir la qualité de Français. Le commandant de Taïti fut informé de la ratification, et le 24 mars 1881, il promulgua la loi dans le *Journal officiel* de la colonie. La promulgation fut lue solennellement, en présence des autorités françaises et taïtiennes et des consuls des diverses nations.

*Topographie.* — Les établissements français dans l'Océanie comprennent :

Les îles Marquises, appartenant à la France depuis le 1er mai 1842 ; l'île Taïti (siège du Gouvernement), l'île Moorea, l'archipel des îles Basses ou des Tuamotu[1], l'île Rapa, l'archipel de Tubuaï (Tubuaï et Raïvavaé), sur lesquels la France exerçait un simple protectorat (9 septembre 1842), et qui ont été annexés à la France en vertu d'une convention signée avec le roi Pomaré (loi du 30 décembre 1880).

*Archipel des Marquises.* — L'archipel des Marquises, situé entre les parallèles de latitude sud, 8 à 10 degrés, et les méridiens de longitude ouest, 143 à 141 degrés, se trouve dans la direction du N.-E., à 250 lieues environ de Taïti.

Il se compose de onze îles ou îlots formant deux groupes éloignés l'un de l'autre de 25 lieues du S.-E. au N.-O.

Le groupe N.-O. comprend[2] : 1° l'île Eïao, inhabitée ; élévation, 640 mètres ; 2° l'île Motuiti, inhabitée ; élévation, 40 mètres ; 3° l'île Hatutu, inhabitée ; élévation, 420 mètres ; 4° l'île Nukahiva, population, 2,700 ; élévation, 1,178 mètres ; c'est la plus

---

[1] Toujours *u* se prononce *ou*.
[2] Les noms assignés aux îles Marquises sont ceux donnés par les indigènes. Il n'a pas été tenu compte de ceux donnés par les navigateurs.

importante de l'archipel ; 5° l'île Hapu, population, 1,220 ; élévation, 1,190 mètres ; 6° l'île Hanka, population, 450 ; élevation, 740 mètres.

Le groupe S.-E. renferme cinq îles, savoir : 7° Tanata, population, 630 ; élévation, 1,000 mètres ; 8° Hivaoa, population, 6,000 ; élévation, 1,260 mètres ; 9° Patu-Huku, inhabitée ; élévation, 520 mètres ; 10° Motane, inhabitée ; élévation, 520 mètres ; 11° Patu-Hiva, population, 1,000 ; élévation, 1,120 mètres.

*Taïti et Moorea.* — L'île de Taïti, le centre des établissements français de l'Océanie orientale, est située entre 17°29′30″ et 17°47′ de latitude sud, et 151°29′53″ et 151°56′ de longitude ouest.

Elle se subdivise en deux parties bien distinctes, Taïti et la presqu'île de Taïarapu, reliées entre elles par un isthme de 2,200 mètres de largeur, dont la plus grande hauteur au-dessus du niveau de la mer est de 14 mètres au point où se trouve le fort de Taravao ; chacune de ces parties est à peu près circulaire. De hautes montagnes, produit d'un immense soulèvement volcanique, en occupent le centre ; les plus élevées sont : dans Taïti, l'Aoraï (2,064 mètres) et l'Orohena (2,236 mètres) ; dans la presqu'île, le Niu (1,324 mètres). Ce soulèvement paraît être le même que celui qui a fait émerger au-dessus des eaux, Moorea, les îles sous le Vent, les Gambiers, Tubuaï et peut-être d'autres archipels de la Polynésie. Il n'a pas été aussi complet dans les parages où sont les îles Tuamotu, et l'on doit croire que ce sont les coraux qui, en s'établissant sur les bords des cratères arrivés presque à la surface de l'eau, ont donné naissance à ces îles Basses où le lagon intérieur marque l'emplacement même de ces cratères.

Le sol de Taïti, pierreux et dur au sommet des montagnes, est souvent, sur les plateaux intermédiaires, formé de masses d'argile ; dans les vallées et sur les bords de la mer, il est, en revanche, recouvert d'une épaisse couche de terre végétale qui le rend propre à toutes les productions tropicales. Cette bande de terre, qui s'étend le long de la mer, est plate, parfois très étroite, et parfois d'une largeur de 3 kilomètres.

L'île de Moorea, placée au N.-O. de celle de Taïti, est dans des conditions à peu près semblables.

La superficie de Taïti est de 104,215 hectares, celle de Moorea de 13,237 hectares, soit : 117,452 hectares.

La ville de Papeete, située au Nord de l'île de Taïti, est la capitale de l'État taïtien, la résidence du roi Pomaré et le centre du gouvernement du protectorat, lequel s'étend sur Taïti, Moorea, les îles Basses ou Tuamotu et l'archipel de Tubuaï.

*Archipel des Tuamotu.* — L'archipel des îles Basses ou des Tuamotu se compose de 81 îles ou îlots disposés sur une étendue de plus de 300 lieues en longitude et 200 lieues en latitude. L'hydrographie de ces îles qui ne sont, somme toute, que des récifs boisés, n'est pas encore terminée; elles sont situées entre le 14$^e$ et le 23$^e$ degré de latitude sud et entre le 137$^e$ et le 151$^e$ degré de longitude ouest.

Le commerce des Tuamotu consiste en cocos, nacres et perles. La principale de ces îles, résidence du délégué du gouvernement français, est Anaa, située par 17°27′ et 147°50′.

*Archipel des Tubuaï.* — Les îles de l'archipel Tubuaï sont hautes; par leur aspect, elles ont une ressemblance générale avec les îles Taïti et Moorea.

Elles sont au nombre de quatre, dont deux seulement sont soumises au protectorat de la France ; ces dernières sont : Tubuaï, située par 23°25′ de latitude sud et 151°54′ de longitude ouest, et Raïvavaé, située par 23°55′ de latitude sud et 150°06′ de longitude ouest.

Les îles Rimatara et Rurutu (prononcez Rouroutou) sont indépendantes.

La race canaque qui habite ces îles est grande et vigoureuse.

*Ile Rapa.* — Cette petite île est située par 27°38′ de latitude sud et 146°30′ de longitude ouest, non loin de l'archipel des îles de Bass. Elle fait partie des États du protectorat depuis 1844 et a suivi le sort de ces États lorsqu'ils ont été annexés à la France en 1880.

C'est une île de peu d'importance au point de vue commercial; sa population s'élève à 153 habitants.

*Iles sous le Vent.* — A l'archipel des îles de la Société se rattache le groupe des îles sous le Vent, composé des grandes îles Huahine, Raïatea et Bora-Bora, ainsi que des petites îles adjacentes qui en dépendent. L'île de Huahine, dont la population s'élève à 1,100 habitants, est gouvernée par un chef qui est indépendant de ceux de Raïatea et de Bora-Bora. L'île de Raïatea se compose de deux îles entourées par un même récif : Raïatea et Tahaa. Cette île, qui a 1,200 habitants, est gouvernée par un roi; c'est la plus commerçante des îles sous le Vent. L'île de Bora-Bora, au centre de laquelle s'élève le pic de Pahia, d'une élévation de 1,000 mètres, a 600 habitants. De Bora-Bora dépendent les îles Motu-Iti, Maupiti, Mapetia et Tupemanu. Le commerce des îles sous le Vent consiste principalement en huile de coco ou coprah (amande sèche du coco), coton, oranges, pia, arrow-root, bois de tamanu, etc. Depuis 1880, le pavillon français flotte sur l'île de Raïatea.

*Météorologie*. — La température variable, d'une saison à l'autre, entre 17° et 31°, ne présente pas de brusques changements.

Les fièvres des pays chauds sont inconnues, malgré les marécages.

Les ouragans de l'Océan Indien n'ont jamais soufflé dans l'archipel polynésien.

Ces circonstances climatériques ont valu à l'île de Taïti la réputation d'un Eden enchanté.

Les alizés du S.-E. qui règnent à Taïti succèdent ordinairement, à partir de 8 heures du matin, à la brise de terre qui souffle toute la nuit. Ces vents étant arrêtés par les hautes montagnes de l'île se trouvent en quelque sorte divisés en deux courants qui longent les côtes Est et Ouest de Taïti, et viennent rencontrer les hauteurs de Moorea. Il se forme alors un quadrilatère ayant pour sommets à Taïti la pointe de Taharaa et celle de Faaa, à Moorea la pointe d'Haumi et celle de Temaé, où ces vents ne se font pas sentir tout d'abord et ne pénètrent que plusieurs heures après, quelquefois même pas du tout, si la brise vient à haler le Sud.

On éprouve au contraire dans cette région une brise de direction diamétralement opposée provenant de la répercussion sur Moorea des deux courants d'air dont il a été question, et l'intensité de cette brise est naturellement d'autant plus grande que les vents de la partie Est qui la produisent sont plus frais au large.

Mais cet état de choses dure d'autant moins que la brise hale l'Est. La zone de brise de retour va diminuant graduellement à mesure que la journée s'avance, et le plus généralement les vents d'Est entrent en rade de 10 à 11 heures du matin.

Les courants d'eau suivent les mêmes directions que les courants d'air, avec une vitesse qui varie d'un demi-nœud à deux nœuds, et ils se rencontrent à la pointe de Temaé, où ils forment un remous souvent assez fort, dangereux pour les canots et très redouté des naturels, qui l'ont surnommé Trou d'hommes (Apootaata), dénomination qui lui vient, selon toute apparence, des accidents de canots qu'il a occasionnés.

*Population.* — La population des établissements français de l'Océanie s'élève à 25,247 individus; elle se décompose comme il suit :

| | |
|---|---:|
| Iles Taïti et Moorea . . . . . . . . . . . . . . . . | 10,808 |
| Archipel des Tuamotu . . . . . . . . . . . . . . . | 7,270 |
| — des Marquises. . . . . . . . . . . . . . | 5,776 |
| — Tubuaï. . . . . . . . . . . . . . . . . . | 693 |
| — des Gambiers . . . . . . . . . . . . . . | 547 |
| Ile Rapa . . . . . . . . . . . . . . . . . . . . . . | 153 |

Dans les îles Taïti et Moorea il y a 974 Français et descendants de Français, 591 étrangers européens et 449 Asiatiques; dans les Marquises, le nombre des Français s'élève à 71 et celui des étrangers européens à 60.

*Gouvernement et administration.* — Les établissements français de l'Océanie sont placés sous le commandement et l'administration d'un gouverneur, qui est assisté d'un directeur de l'intérieur et d'un chef du service judiciaire. Le chef du service administratif dirige l'administration et la comptabilité des services militaires et maritimes. Le conseil d'administration, présidé par le gouverneur, s'occupe des questions relatives aux intérêts de la colonie. Il est composé du directeur de l'intérieur, du chef du service judiciaire, du directeur de l'artillerie, de deux habitants notables et de deux notables suppléants nommés par le gouverneur.

Lorsque le conseil d'administration s'occupe de la préparation du budget local et de l'établissement des contributions et taxes, il se constitue en comité des finances et se complète par l'adjonction des membres du conseil colonial.

Ce conseil, institué par les arrêtés locaux des 25 juin 1880 et 5 août 1881, est composé de 12 membres qui restent en fonctions pendant un an. Les douze conseillers comprennent six membres français et six membres représentant les intérêts indigènes. Ils doivent être âgés de 25 ans, et savoir parler, lire et écrire le français et être domiciliés depuis un an dans la colonie. Ils sont élus au scrutin de liste.

Les électeurs sont inscrits sur deux listes, la première comprenant les Européens et descendants d'Européens domiciliés depuis six mois dans les îles de Taïti et de Moorea; la seconde comprenant les anciens sujets du roi Pomaré résidant dans ces mêmes îles.

*Justice.* — La justice dans nos établissements de l'Océanie est rendue par des tribunaux français dont l'organisation est en tous points semblable à celle des tribunaux de la Nouvelle-Calédonie et par des tribunaux indigènes dont la compétence est limitée aux contestations relatives à la propriété des terres entre indigènes. Les tribunaux français connaissent de toutes les autres affaires civiles, commerciales et criminelles. Ces dispositions résultent de l'ordonnance de la reine Pomaré du 14 décembre 1865 et du décret du 18 avril 1868; ce dernier acte, encore en vigueur, sauf en ce qui concerne le tribunal supérieur qui a été entièrement réorganisé par le décret du 1$^{er}$ juillet 1880, a été complété par le décret du 6 octobre 1882 qui a institué des justices de paix dans les établissements.

La composition des tribunaux est ainsi fixée par ces divers actes.

*Tribunal supérieur.*

1 président, 2 juges, 1 procureur de la République chef du service judiciaire, et 1 substitut.

*Tribunal de 1$^{re}$ instance.*

1 juge président, 1 lieutenant de juge et 1 greffier.

Les fonctions de juge de paix dans les districts sont remplies par des résidents.

Le notariat n'existe pas en Océanie, les fonctions de notaire sont exercées par le greffier. Des défenseurs sont attachés aux tribunaux et postulent pour les parties en même temps qu'ils plaident.

*Législation.* — Le Code civil et le Code de commerce ont été promulgués dans la colonie en exécution du décret du 18 août 1868. Le même décret a fixé pour la procédure civile et l'instruction criminelle des règles spéciales s'inspirant beaucoup des principes généraux des Codes métropolitains, mais simplifiant les formalités. Le Code pénal a été promulgué en exécution du décret du 6 mars 1877.

*Instruction publique.* — La colonie ayant décidé la laïcisation des écoles de Papeete, il a été institué une école primaire supérieure des garçons et une autre pour les filles.

Le directeur, le sous-directeur et la directrice ont été envoyés de France dans le courant de l'année 1882. Depuis cette époque, les frères de Ploërmel ont définitivement quitté la colonie.

*Culte.* — La majorité des habitants sont protestants : 3 pasteurs sont chargés du service religieux et payés sur les fonds de l'État. Lors de l'établissement du protectorat à Taïti en 1847, les missionnaires de Picpus possédaient une mission qui s'étendait sur les divers archipels avoisinant les îles de la Société. Des subventions sont également accordées à ces missionnaires.

*Travaux publics.* — La colonie affecte annuellement près de 250,000 fr. pour les travaux publics, soit pour l'entretien des bâtiments et des routes, l'entretien du port et des sémaphores, soit pour des travaux neufs, comme la construction des fontaines publiques, l'endiguement des rivières. La colonie possède une cale de halage et des quais disposés pour l'abatage en carène de navires de tout rang. La cale de halage, qui est située à Fare-Ute, peut recevoir des bâtiments de 500 tonneaux. Il est mis à la disposition des navires, contre indemnité de location, tous les apparaux et objets nécessaires tant à leur déchargement et à leur chargement qu'à leur abatage en carène, ainsi que des locaux pour déposer leur cargaison. L'arsenal de Papeete est un établissement autrefois appartenant à la marine, confié actuellement à la colonie, pour venir en aide d'une manière importante aux bâtiments qui naviguent dans l'Océan Pacifique.

*Cultures.* — Après la Nouvelle-Calédonie, ce sont les établissements français de l'Océanie qui paraissent attirer le plus vivement l'attention des Français disposés à s'expatrier. L'annexion des îles de la Société et dépendances a eu pour résultat de provoquer un mouvement d'émigration vers ces nouvelles possessions.

D'assez nombreuses demandes parviennent chaque jour au département, les unes en vue de concessions de terres à Taïti, les autres en vue d'obtenir des facilités de passage, toutes formées par des émigrants qui se proposent de porter, dans la colonie, leur activité et leur industrie.

Mais en ce qui concerne les concessions de terres, le département a dû se préocuper tout d'abord de la question de savoir s'il était possible de constituer un domaine colonial à Taïti qui permît d'accorder ces concessions. L'administration locale, consultée à ce sujet, a répondu que la constitution de ce domaine sera sinon impossible, du moins très longue et très difficile.

Toutes les terres susceptibles d'être utilisées soit pour la culture, soit pour l'élève du bétail, sont, en effet, à Taïti, possédées individuellement tant par les Européens que par les indigènes. La plus grande partie du sol appartient à ces derniers qui tiennent essentiellement à sa possession et ne se défont d'une parcelle de terrain quelconque qu'à la dernière extrémité. Mais ce cas même est rare ; les natifs ont peu de besoins et considèrent comme un déshonneur de vendre la terre qui appartenait à leurs ancêtres.

Dans les circonstances actuelles, il serait donc prématuré d'engager des émigrants de race européenne à se rendre à Taïti même pour s'y livrer à la culture des terres.

On cultive à Taïti la canne à sucre et la vanille, l'igname, la patate et l'arrow-root ; des essais heureux de fabrication de bière y ont été tentés.

L'industrie a également introduit dans ces établissements de l'Océanie des machines à égrener le coton ; trois usines y sont établies pour le traitement du sucre et une machine hydraulique a été montée à Varhiria pour la fabrication du jus et d'essence de citron.

Ces marchandises forment, avec la nacre, les cocos, le coprah, le miel, le café et les oranges, les principaux articles d'exportation de la colonie.

Les animaux nécessaires à l'exploitation des établissements agricoles ne manquent pas à Taïti et les rivières et la mer y fournissent du poisson en abondance.

Il n'a pas encore été dressé dans les établissements de l'Océanie une statistique exacte des cultures. L'administration locale compte chercher à l'établir cette année, bien qu'elle ne se dissimule pas la difficulté de l'entreprise, dans un pays aussi divisé en archipels, en îles et en îlots dont la plupart sont privés de toute communication régulière avec le chef-lieu. Actuellement, cette statistique devra se borner aux îles de Taïti et de Moorea.

Voici néanmoins, d'une manière approximative, la production moyenne annuelle des principales cultures :

| | | | |
|---|---|---|---|
| Coton égrené | 500,000 kilogr. d'une valeur de | | 1,000,000f |
| Graines de coton | 1,100,000 | — | 50,000 |
| Coprah | 1,000,000 | — | 250,000 |
| Fungus | 25,000 | — | 25,000 |
| Miel | 15,000 | — | } 25,000 |
| Cire brute | 6,000 | — | |
| Café | 1,000 | — | 1,000 |
| Sucre | 85,000 | — | 50,000 |
| Vanille | 1,000 | — | 20,000 |
| Maïs | 50,000 | — | 10,000 |
| Oranges exportées | 2,000,000 (Nombre) | | 100,000 |
| Cocos frais exportés | 200,000 | — | 200,000 |
| Légumes frais et produits divers de l'agriculture | | | 50,000 |
| Cocos, maiore, fei, patates douces et autres cultures variées dont les produits sont destinés à l'alimentation des indigènes | | | 1,000,000 |
| | | Total | 2,601,000 |

Quant aux animaux domestiques, leur nombre peut être évalué ainsi qu'il suit :

| | |
|---|---|
| Chevaux | 1,000 |
| Mules et mulets | 15 |
| Bœufs et vaches | 3,000 |
| Béliers et brebis | 3,000 |
| Boucs et chèvres | 1,300 |
| Cochons | 20,000 |
| Volailles (nombre inconnu, mais fort considérable). | |

représentant ensemble une valeur d'environ 1,100,000 fr., dont le produit en viande et en œufs ne s'élève pas annuellement à moins de 600,000 fr., ainsi répartis :

>Viande, dite de boucherie. . . . . . . . . . . . 100,000ᶠ
>Porcs. . . . . . . . . . . . . . . . . . . . . 400,000
>Volailles et œufs. . . . . . . . . . . . . . . 100,000

Les îles Marquises offrent cependant quelques ressources pour la colonisation. Ainsi l'île Eïao, qui a une superficie de 5,000 hectares, renferme de l'eau et possède un troupeau de plus de 300 bœufs.

L'île de Noukahiva, qui a 12,000 hectares de terres cultivables, renferme quelques vallées fertiles, notamment celles de Taïpivaï et de Taïohaé.

L'île d'Uapu présente les mêmes cultures que Noukahiva (coton, fungus, arbres à pain, cocolas, café, maïs, etc.); elle a 30 kilomètres de tour et 6,000 hectares de superficie.

L'île d'Uavka a 20 kilomètres de tour et 6,000 hectares de superficie.

Dans le groupe sud-est, on remarque : l'île de Tanata, 30 kilomètres de tour et 1,000 hectares de terres cultivables sur 6,000 hectares de superficie; l'île de Hiva-Hoa ou de la Dominique, qui a 90 kilomètres de tour et 15,000 hectares de superficie; l'île Motane ou San-Pedron, qui a 8 kilomètres d'étendue sur deux. Elle a de l'eau et de la végétation ; et l'île Fatu-Hiva ou de la Madeleine, qui a 20 kilomètres de tour et une superficie de 6,000 hectares.

A l'exception de Motane, toutes les îles sont habitées.

Quant à l'archipel des îles Tuamotu, il contient 78 îles qui, à l'exception de Makatéa, de Tikeï et de Rekareka, ne sont que de longs récifs madréporiques de 400 à 500 mètres de largeur entourant un lac intérieur.

Les détritus ont formé avec le temps, en divers endroits de ces longues ceintures de corail, une faible couche de terre végétale laquelle a suffi d'abord pour permettre au pandanus et à une espèce de bois appelé Mikimiki de pousser en fourrés épais. Plus tard, les naturels de ces îles ont voulu tirer parti du sol que la nature leur avait donné, pour y planter le cocotier et il s'est trouvé que cet arbre a poussé presque sans culture sur ces sables et qu'il est devenu une source de richesses pour cet archipel.

Ces îles, dont une grande partie est habitée par des Océaniens, ne présentent pas de ressources pour la colonisation européenne.

Il en est de même des îles Gambiers et de l'archipel des Tabuaï; cependant, dans l'île Tubuaï, qui est la principale de l'archipel du même nom, ainsi que dans l'île Raïvavaé, on cultive, outre le cocotier, le coton, l'arrow-root, le pia et le tabac.

*Industrie*. — La pêche est de beaucoup l'industrie principale des habitants des établissements français de l'Océanie et on ne saurait évaluer à moins de 50 centimes la quantité de poissons consommée par personne et par jour, ce qui, pour une population de 26,000 âmes représente une valeur de 949,000 fr.

Les huîtres perlières recueillies dans les archipels des Tuamotu et des Gambiers donnent en outre annuellement une quantité de 400,000 kilogr. de coquilles, d'une valeur de plus d'un million, sans compter les perles dont le produit atteint une centaine de mille francs.

En résumé, la production agricole, le revenu des animaux domestiques et le produit des pêches maritimes atteignent annuellement une valeur moyenne d'environ 5,250,000 fr.

L'industrie n'a d'ailleurs pas d'importance à Taïti. Dans les îles Tuamotu, de nombreux caboteurs sillonnent cet archipel et rapportent à Taïti les perles, la nacre et l'amande sèche du coco (coprah) qui sont expédiées ensuite en Europe. L'industrie de l'archipel des Marquises consiste surtout dans la culture du coton, du fungus, du coprah et dans l'élevage des bestiaux.

*Commerce*. — Au point de vue commercial, les différents ports des établissements français sont ouverts à tous les bâtiments, sans distinction de nationalité. Il n'existe pas de droits de douane. Mais un droit d'octroi de mer est établi sur les marchandises de toute provenance et de toute nature. Ce droit est fixé à 12 p. 100 du montant net des factures, abondées de 8 p. 100 pour tous frais accessoires. Les alcools paient en sus les droits suivants :

| | | |
|---|---|---|
| Absinthe, genièvre, whisky. | 2f 00 par litre. | |
| Bitter, cognac et rhum | 1 25 | — |

Vermouth en fûts et en bouteilles, liqueurs, vins de dessert . . . . . . . . . . . . . . . . . . . . . 1ᶠ 00 par litre.
Bières et vins . . . . . . . . . . . . . . . . . . 0 25 —

L'administration locale a établi en outre des taxes accessoires de navigation.

En 1880, la colonie a exporté en France du miel, des nacres perlières, des coquillages, du coton, pour une valeur de 385,000 fr. Pour l'étranger, elle a exporté des marchandises d'une valeur de 2,341,000 fr. Elle a importé de France des marchandises pour une valeur de 465,000 fr. ; elle a importé de l'étranger des marchandises pour une valeur de 2,691,000 fr. Le principal marché avec lequel Taïti est en communication est San-Francisco et les autres ports de la Californie. Il est entré à Taïti 3 navires français venant de France et jaugeant 1,500 tonneaux ; 14 navires français venant de l'étranger, et jaugeant 1,600 tonneaux ; enfin 87 navires étrangers, jaugeant 9,500 tonneaux. Le chiffre des navires sortis de Taïti est le suivant : 1 navire français se rendant en France et jaugeant 410 tonneaux ; 14 navires français se rendant à l'étranger, et d'un tonnage de 3,600 tonneaux ; 88 navires étrangers, portant 10,900 tonneaux.

Le port de Papeete est, pour ainsi dire, le grand entrepôt des archipels de la Société, des Tuamotu, de Tubuaï et de Cook, et le point de concentration de toutes les opérations commerciales de ces îles. A Nukahiva, Taïohaé reçoit directement ses approvisionnements de San-Francisco (Californie) et est le port expéditeur des produits des îles Marquises. Citons encore à Taïti, les ports de Pueu, Papeuriri, Vairao, Taravao (port Phaéton) et Papeari où les navires vont charger des oranges, le port de Papetoaï à Moorea, celui d'Anaa dans les îles Basses et enfin celui de Tubuaï dans l'archipel de ce nom.

*Service postal.* — Nos établissements de l'Océanie sont reliés à l'Europe par un service mixte. Les correspondances sont acheminées chaque semaine en été, toutes les deux semaines en hiver, du Havre sur New-York, par les paquebots de la Compagnie générale transatlantique. Elles sont transportées de New-York à San-Francisco par le Transcontinental Railway. Enfin un service mensuel français les achemine de San-Francisco sur Taïti ; le trajet moyen est de 55 jours.

Le service subventionné de San-Francisco à Taïti, fait actuellement par une goélette, le sera dans quelques mois par des navires à vapeur.

Le service de la poste à Taïti comporte sept bureaux : Papeete (Taïti) ; Taravao (Taïti) ; Moorea, Taïohaé (Marquises) ; Fakarava (Tuamotu) ; Tubuaï (Tubuaï) ; Mangareva (Gambiers).

Deux fois par semaine, des courriers à cheval distribuent les correspondances dans tous les districts de l'Est à l'Ouest.

Chaque semaine, un bateau part de Papeete pour Moorea emportant la correspondance.

Le bâtiment venant de San-Francisco relâchant aux Marquises, apporte les correspondances de ces points pour Taïti.

Les correspondances de Papeete pour les Marquises sont expédiées par les occasions des bâtiments de guerre ou de commerce.

Les mêmes moyens sont employés pour les relations du chef-lieu avec les Tuamotu, les Gambiers et Tubuaï.

Les recettes du service de la poste sont environ de 5,500 fr. par an.

*Services financiers.* — Le budget colonial comprend pour les établissements de l'Océanie (sur une dépense de 24 millions, déduction faite du service pénitentiaire), une somme de 691,822 fr. (2,9 p. 100), à laquelle il faut ajouter la solde et les frais de passage de la garnison, qui sont à la charge du budget de la marine.

Le budget local comprend toutes les dépenses du service intérieur de nos établissements. Il s'élève en recettes et en dépenses à 1,075,000 fr. Parmi les principales recettes, il faut marquer :

| | |
|---|---|
| L'impôt personnel . . . . . . . . . . . . . . . | 145,550 fr. |
| — des patentes . . . . . . . . . . . . . | 48,000 |
| La taxe de consommation sur les rhums indigènes. | 13,000 |
| Les licences. . . . . . . . . . . . . . . . . . . | 47,000 |
| Le produit de l'octroi de mer. . . . . . . . . . . | 389,000 |
| Et les taxes accessoires de navigation . . . . . . | 28,000 |

La métropole fait aux établissements une subvention de 131,000 fr.

La monnaie française a seule cours légal dans la colonie.

*Services militaires.* — La garnison de Taïti est composée de 2 compagnies d'infanterie, d'une demi-batterie d'artillerie de marine et d'un détachement de gendarmes.

La colonie reçoit de France le vin, les conserves, le lard salé, l'eau-de-vie et les assaisonnements nécessaires à des rationnaires militaires. Les autres denrées entrant dans la composition de la ration, telles que la viande fraîche, la farine et les aliments légers se trouvent facilement sur place.

L'hôpital militaire est à Papeete.

Les fortifications sont peu importantes.

## XII. — NOUVELLE-CALÉDONIE.

*Notice historique.* — La Nouvelle-Calédonie fut découverte par Cook le 4 septembre 1774, et l'île des Pins le 23 du même mois.

Le 16 juin 1792, le contre-amiral Bruny d'Entrecasteaux, à la recherche des traces de La Pérouse, arriva en vue de l'île des Pins, longea la côte occidentale de la Nouvelle-Calédonie, et ayant continué ses explorations, revint mouiller, le 18 août 1793, dans le havre de Balade, où il séjourna jusqu'au 9 du mois suivant.

La même année, ou en 1805, suivant une autre version, le capitaine Kent de Buffalo découvrit le port Saint-Vincent sur la côte ouest de l'île.

Enfin, le 15 juin 1827, le commandant Dumont d'Urville, sans toucher à la Nouvelle-Calédonie, se contenta de reconnaître les îles Loyalty.

En 1843, des missionnaires s'établirent en Nouvelle-Calédonie, mais attaqués par les naturels, ils l'abandonnèrent momentanément en 1847.

En 1851, l'*Alcmène*, commandée par M. le comte d'Harcourt, étant venue mouiller à Balade, les indigènes massacrèrent l'équipage d'une chaloupe envoyée en reconnaissance. La réparation ne se fit pas attendre, mais cet événement, les rapports de M. le comte d'Harcourt et le désir de posséder une colonie lointaine qui pût, au besoin, recevoir des colonies pénitentiaires, décidèrent le gouvernement français à s'emparer de la Nouvelle-Calédonie.

Le 14 juin 1853, le contre-amiral Febvrier-Despointes arriva à Balade et, sans opposition de la part des naturels, prit solennellement possession de la Nouvelle-Calédonie et de ses dépendances au nom de la France.

De Balade, il se rendit à l'île des Pins où, quelques semaines avant lui, une corvette anglaise était venue pour planter le pavillon britannique. Les chefs indigènes, qui avaient refusé de l'accepter, firent leur soumission à la France, sous les yeux mêmes de la corvette anglaise (29 septembre).

M. le capitaine de vaisseau Tardy de Montravel vint ensuite assurer et compléter la prise de possession, entra en relations avec les principaux chefs des tribus de l'île, leur fit reconnaître la souveraineté de la France, explora les côtes, chercha des ports pour notre navigation maritime et commerciale, et choisit la baie de Nouméa, sur la côte sud-ouest, pour y fonder Port-de-France, qui devint le chef-lieu de notre établissement.

En 1864, avait lieu l'occupation militaire des îles Loyalty, où des missionnaires étaient déjà établis depuis 1859.

Ces diverses prises de possession n'eurent pas lieu sans de vives résistances des indigènes, et même d'Européens unis à eux, qui ne reculaient ni devant le guet-apens ni les assassinats. Des répressions énergiques et persistantes en vinrent à bout, et l'on arriva à une pacification générale. Une révolte qui éclata au mois de juin 1878, fut comprimée en dix mois et la tranquillité est maintenant assurée dans la colonie.

La colonie est très prospère; le gouvernement français y a établi en 1864 des établissements pénitentiaires et en a fait le lieu de transportation le plus important.

*Topographie.* — La Nouvelle-Calédonie est située entre 20°10' et 22°26' de latitude sud, et entre les 161°35' et 164°55' de longitude Est de Paris.

Une double chaîne de montagnes occupe le centre de l'île dans toute sa longueur, et de ses versants descendent les cours d'eau qui se jettent à la mer, tant à l'Est qu'à l'Ouest. Ces deux chaînes, dont quelques sommets atteignent 1,200 et 1,500 mètres d'élévation, sont séparées par une longue et étroite vallée intérieure, accidentée de loin en loin par des plateaux secondaires et sillonnée par des rivières qui trouvent leurs déversoirs vers le Nord ou vers le Sud dans le canal qui sépare la grande île de l'île des Pins. Ces cours d'eau, dont quelques-uns, le Diahot entre autres, sont larges comme la Seine, répandent la fertilité dans les parties qu'ils arrosent.

La Nouvelle-Calédonie est défendue sur toutes ses faces par une ceinture de récifs présentant un assez grand nombre de passes déterminées. Ces récifs, formés d'immenses bancs de coraux, brisent la mer à une certaine distance; ils laissent, entre eux et le rivage, un canal d'eaux tranquilles d'une grande ressource pour mettre en communication les différents points de la colonie, et d'une navigation sûre pour les caboteurs à voile aussi bien qu'à vapeur.

Les établissements importants de l'île se trouvent échelonnés le long des côtes Est et Ouest, sur le bord ou dans le voisinage de la mer.

*Nouméa.* — La capitale de l'île, résidence du gouverneur, couvre aujourd'hui une superficie de 200 hectares. Sa population, sa garnison comprise, est de 7,000 à 8,000 habitants. Ses rues sont larges, droites, bien entretenues et bordées de maisons dans la construction desquelles la pierre tend à se substituer partout au bois, vu l'abondance et la bonne qualité des matériaux.

La ville est bien pourvue d'eau amenée du Pont-des-Français, situé à 10 kilomètres de là. La rade est vaste, d'un accès facile et parfaitement abritée. Plusieurs bateaux à vapeur, très confortables, font régulièrement le tour de l'île; enfin, de nombreux caboteurs desservent à volonté tous les points de la côte.

Nouméa est le centre d'un commerce important avec la France et l'Australie. Ce point est relié, par un fil télégraphique, aux principaux points agricoles et miniers. De Nouméa partent également deux routes : l'une se dirigeant vers le Nord en suivant la côte ouest, l'autre vers le Sud pour remonter ensuite au Nord par la côte Est. Ce sera la grande voie de ceinture, mais la construction est loin d'être terminée. De quatre en quatre semaines, la Nouvelle-Calédonie correspond avec l'Europe au moyen d'un vapeur qui quitte Sydney 24 heures après l'arrivée de la malle anglaise, et qui fait cette traversée en 5 ou 6 jours. Une semaine après, ce même vapeur repart pour l'Australie avec la malle et les voyageurs.

La vie est assez chère à la Nouvelle-Calédonie. Le prix des volailles, des œufs et du gibier y est très élevé, et la viande de boucherie vaut 1 fr. 50 c. le kilogramme de bœuf, 2 fr. 50 c. à 3 fr. le kilogramme de mouton, de porc et de veau. Les légumes sont encore chers, quoique le nombre des jardins aille en augmentant.

Ce que l'on obtient à meilleur prix est le poisson, qui est, en outre, d'une excellente qualité. Le pain vaut 80 cent. le kilogramme. Le vin varie entre 100 à 250 fr. la pièce. Par contre, l'ouvrier gagne 10 fr. par jour, et l'employé de commerce 200 fr. par mois, plus la nourriture. Pour 100 fr. par mois, une famille composée du père, de la mère et de trois enfants peut convenablement se loger. Les prix des vêtements et du blanchissage ne sont pas beaucoup plus élevés qu'en France.

En face, et à 1 mille de Nouméa, se trouve l'île Nou; c'est là qu'est installé le *pénitencier-dépôt* des forçats ou transportés disséminés au nombre de 10,000 environ dans les camps et les établissements pénitentiaires de Bourail, Ouarail et Kanala, et employés surtout aux grands travaux d'utilité publique et à la culture des terres.

Dans le Sud de l'île, sur l'îlot Amide, se trouve un phare dont la portée est de 21 milles marins. C'est le plus beau des îles du Pacifique.

Saint-Louis et la Conception, à 15 kilomètres de Nouméa, sont deux propriétés de la mission mariste. On y trouve un peu de houille et d'or, et l'on y a établi une briqueterie importante.

En continuant à se diriger vers le Sud, on rencontre le Mont-d'Or (grand et petit), renfermant de nombreux gisements de nickel, les premiers qui aient été exploités en Nouvelle-Calédonie (1873), et d'un rendement assez faible. De ce point à la baie du Sud, il y a de nombreuses mines de cobalt récemment découvertes.

On rencontre, sur les côtes du Sud, des bancs d'huîtres de nacres renfermant parfois des perles noires d'une grande beauté, mais malheureusement placés à une trop grande profondeur pour que la pêche en soit fructueuse.

La baie du Sud, ou du Prony, est située à la pointe sud de l'île; l'administration pénitentiaire y a établi un dépôt de condamnés employés à l'exploitation des bois, fort abondants et fort beaux dans ces parages.

De la baie du Prony à Yaté, le sol est montagneux avec du fer en abondance (comme sur presque toute la côte Est) et des forêts renfermant de nombreux pins colonnaires et bancouliers.

Yaté possède une mission mariste, quelques aborigènes, plusieurs colons; des mines de nickel y ont été découvertes en 1877.

De Yaté à Tchio : mines de nickel ; d'importants gisements du même métal ont été découverts en ce dernier endroit, qui possède, depuis 1877, un télégraphe et un bureau de poste.

Nakéty (surnommé le lac nickélifère) possède une baie excellente, quoique peu vaste, une mission, des mines de nickel et des colons cultivant, avec succès, le café, le riz, le manioc, le maïs, etc., etc..., dans de belles vallées bien arrosées. Une route relie Nakéty à Kanala, le chef-lieu de l'arrondissement, distant de 12 kilomètres. Les indigènes y sont nombreux et rendent de grands services aux colons et mineurs.

*Kanala,* chef-lieu d'arrondissement, possède la plus belle rade de l'île. Il s'y trouve un pénitencier agricole et de riches mines de nickel exploitées depuis 1875 (Boakaine). Des colons, en assez grand nombre, y cultivent le café, le riz, le tabac, etc., et y élèvent de beaux troupeaux de bœufs, de moutons et de chèvres, etc... La main-d'œuvre indigène y est plus que suffisante pour tous les besoins; c'est donc un point d'un grand avenir. Il existe une route de Kanala à Ouarail mettant en communication les deux côtes Est et Ouest. Une autre, en construction, se dirige vers Houaïlou et le Nord.

A Kanala, essences précieuses : santal (en petite quantité), bois de rose, Tamanou, Milnea, etc., etc...

A Kouhahena, à Kouha : cultures et mines de nickel en exploitation, et main-d'œuvre abondante.

A Houaïlou : mines de nickel très importantes, dont la principale est celle de Bel-Air (rendement 15 à 17 p. 100). Houaïlou a été érigé en commune depuis 1874. Belles plantations de caféiers, de riz, de manioc, d'ananas, de bananiers, etc... Les cocotiers, comme dans toute l'île, y sont nombreux, et on en tire de l'huile et du coprah, fort employés dans la savonnerie fine. On y a pêché des éponges d'une médiocre qualité, et du tripang ou holothurie comestible.

A Houaghape : nombreux indigènes et quelques colons.

A Hienghuène : grandes tribus canaques; colons en très petit nombre. Surfaces considérables disponibles pour la colonisation. On y rencontre des gisements de nickel et des traces de minerai de cuivre : nombreux kaoris (*Dammara ovata*), sur tout ce territoire.

A Oubatche, chef-lieu d'arrondissement : poste militaire. On vient d'y trouver de l'or.

A Pouébo et Balade : la rivière Diahot, située au Nord de l'île, arrose une magnifique vallée. Nombreuses exploitations de mines de cuivre (La Balade, la Compagnie du Diahot, etc.), une mine d'or (Fern-Hill) d'où il est sorti, depuis 1872, pour un million de francs de minerai. Dans le haut du Diahot, mission mariste à Bandé.

Pam, à l'embouchure du Diahot, est une île propre à la culture et à l'élève du bétail.

A Arama : Canaques peu nombreux, colons rares. La presqu'île d'Arama, par laquelle se termine la Calédonie, est très montagneuse : fer très abondant, terrains à explorer au point de vue minier.

Aux îles Bélep : la principale de ces îles contient du cuivre ; des concessionnaires y sont installés.

Aux îles Huon (extrémité du lagon formé par les récifs au Nord de la Nouvelle-Calédonie) : dépôt de guano, récemment découvert et concédé moyennant 118,000 fr.

L'aspect de la côte ouest diffère complètement de celui de la côte Est. Les plaines y sont plus vastes, moins fertiles et très propres à l'élève du bétail, qui donne de beaux résultats (30 p. 100 environ). Les forêts sont plus rares et moins riches en essences précieuses que celles de la côte Est. Les colons sont très clairsemés depuis le Nord jusqu'à Bourail, les indigènes y sont peu nombreux et encore un peu sauvages. On y cultive cependant la canne à sucre, le cotonnier, le tabac, la vanille et le cacao. Les sauterelles y ont causé de grands dommages à la canne et au maïs, dans ces dernières années, mais le nombre des oiseaux insectivores augmentant rapidement, on n'a pas perdu tout espoir d'arriver un jour à enrayer le mal.

On rencontre à *Gomen* une vaste propriété de 24,000 hectares, appartenant à la Société foncière néo-calédonienne.

*Bourail* possède un pénitencier et un établissement agricole. C'est le centre le plus important de colonisation pénale. Il s'y trouve actuellement bon nombre de condamnés libérés, mariés à des femmes condamnées et qui ont acquis une petite fortune.

La route de ceinture de la côte ouest, qui part de Nouméa, s'arrête à Bourail; elle doit être continuée dans la direction du Nord.

Ouarail a été fondé en 1871 par M. E.-G. de la Richerie, à cause des avantages que présentait sa baie, sa proximité du chef-lieu, l'existence d'une belle et fertilisante rivière, la Foa, et les vastes terrains cultivables de son territoire.

Il existe, comme à Bouraïl, un pénitencier et un établissement agricole. Des colons, en assez grand nombre, se sont installés le long de la Foa, que les chalands et les chaloupes peuvent remonter jusqu'à 18 kilomètres de son embouchure. Ouarail possède du charbon et du nickel. Les indigènes, assez nombreux, y vivent en parfaite intelligence avec les blancs, et leur rendent de bons services. A Ouarail passe la route de ceinture, sur laquelle s'embranche celle venant de Kanala.

Bouloupari, poste de peu d'importance; bureau télégraphique. Le nombre des colons y augmente, et celui des Canaques diminue en proportion. Cultures nombreuses et variées; troupeaux importants. Dans le voisinage, on trouve l'usine d'Ouaméni, située près de Bouraké.

Les territoires d'Ouengui, de la Tontouta, de la Tamoa (noms de trois rivières torrentueuses) renferment de vastes cultures de cannes à sucre, de riz, de caféier, etc., etc.

Il y a une usine sucrière à la Tamoa; des gîtes de nickel y ont été trouvés en 1877, mais ils sont moins riches que ceux de la côte Est.

Païta, un des plus anciens bourgs de l'île, est à 32 kilomètres de Nouméa, et à 4 ou 5 kilomètres de la mer. Sa baie porte le nom de Port-Laguerre. Les colons éleveurs y sont nombreux; par contre, les Canaques en ont presque entièrement disparu.

La mission mariste y possède une sucrerie à vapeur. On a découvert du nickel et du charbon dans les territoires de Païta et de la Dumbéa, belle et longue rivière, navigable pendant un assez long parcours.

C'est dans l'espace compris entre Païta et Nouméa que l'on rencontre les colons les plus sérieux.

Dans les plaines baignées par la Dumbéa, que la route traverse sur un beau pont en bois, on ne voit que plantations de cannes à sucre et de caféiers, champs de riz, de maïs, etc., etc., dont les récoltes sont généralement bonnes. Les arbres fruitiers des tropiques et quelques-uns de ceux des pays tempérés (pêchers, etc.) y sont très abondants, comme, du reste, sur tous les points importants des deux côtes. La culture maraîchère y est très développée, principalement au voisinage de Nouméa, et est fort lucrative. Chez plusieurs planteurs de la Tamoa, de Païta et de la Dumbéa, on s'occupe de l'élève du cheval, et on obtient de beaux produits.

La ferme modèle d'Yahoué, à 10 kilomètres de Nouméa, a été fondée pour y faire des essais de culture et fournir des plants et graines aux colons.

Le Pont-des-Français, à 8 kilomètres de Nouméa, est habité par des blanchisseurs et des maraîchers.

Au 4ᵉ kilomètre, sur la droite, se trouve la presqu'île Ducos, où étaient placés les condamnés à la déportation dans une enceinte fortifiée. De cet endroit jusqu'à l'entrée de la ville, de même que sur un grand nombre de points de la côte, on rencontre beaucoup de terrains marécageux avec de nombreux palétuviers, dont l'écorce est utilisée pour le tannage des cuirs. Des chapelets d'huîtres sont fixés sur les racines de ces arbres.

*Ile des Pins*. — L'île des Pins ou Kunié, distante du chef-lieu de 65 milles marins, doit son nom à Cook, qui la baptisa ainsi à cause de la grande quantité d'arbres de cette espèce qu'il y aperçut. Cette île possède de la terre végétale sur les bords; le centre est occupé par un vaste plateau ferrugineux où l'on a rencontré des traces de minerai de nickel. Les missionnaires y ont créé un établissement agricole et industriel très productif. On rencontre, à l'île des Pins, un bois d'ébénisterie qu'on ne trouve que là, le kohu, ayant beaucoup d'analogie, comme couleur, avec le chêne et le noyer, mais lourd et cassant.

*Iles Loyalty*. — Les îles Lifou, Maré, Ouvéa, sont situées à une vingtaine de lieues de la Nouvelle-Calédonie. On y prépare beaucoup d'huile de coco, de coprah, champignons séchés, coton, etc.

Les Loyalty sont visitées chaque année par des baleiniers anglais ou américains, qui font d'heureuses pêches dans leur voisinage.

La population canaque du groupe décroît comme celle de la Grande-Terre, mais moins rapidement ; elle est aujourd'hui de 14,000 âmes environ.

*Population.* — La population de la Nouvelle-Calédonie peut être évaluée de la manière suivante :

| | |
|---|---:|
| Population civile | 2,500 |
| Officiers employés et familles | 1,041 |
| Libérés | 2,300 |
| Transportés | 6,500 |

Quant aux indigènes, leur nombre est estimé, suivant les uns à 40,000, suivant les autres à 20,000 seulement.

*Gouvernement et administration.* — La Nouvelle-Calédonie, qui est en même temps une colonie pénitentiaire, est administrée par un gouverneur ayant à côté de lui un commandant militaire, un directeur de l'intérieur, un chef de service judiciaire et un chef de l'administration pénitentiaire. Le chef du service administratif est chargé de l'administration et de la comptabilité des services militaires ; un inspecteur des services administratifs s'occupe du contrôle des diverses parties de l'administration.

Le conseil privé est présidé par le gouverneur et comprend, outre les chefs d'administration, deux conseillers coloniaux à la nomination du gouverneur.

Toutes les fois que le conseil privé délibère sur les questions relatives au budget local et aux impôts, il s'adjoint quatre nouveaux membres qui sont désignés dans les conditions suivantes : un membre nommé par le gouverneur sur une liste de 4 conseillers présentés par le conseil municipal de Nouméa et trois membres nommés également par le gouverneur sur une liste de présentation faite par les neuf commissions municipales de l'intérieur de la colonie.

Le territoire de la Nouvelle-Calédonie est divisé en cinq arrondissements, dont les chefs-lieux sont : Nouméa, Kanala,

Houaïlou, Touho, Ouégoa. L'administration pénitentiaire forme l'objet d'un chapitre spécial à la fin de cette notice.

Le régime municipal existe dans la colonie. Un décret du 8 mars 1879 a constitué la commune de Nouméa sur les bases de la législation française ; à la même époque, on a institué des commissions municipales dans les principaux centres. Ces commissions sont composées de trois membres, dont un président. Les chefs-lieux des commissions municipales sont la Dumbéa, Païta, Saint-Vincent, Bouloupari, Moindou, Ouégoa, Houaïlou, Kanala et Pounerihouen.

Le budget municipal de Nouméa s'élève, en recettes et en dépenses, à 288,800 fr. Les autres localités reçoivent pour leurs dépenses une partie du produit de l'octroi de mer et des subventions fournies par le service local.

*Justice.* — Le décret du 28 novembre 1866 est le premier acte organique de la justice dans la colonie ; sauf ce qui concerne le tribunal supérieur qui a été entièrement réorganisé par le décret du 27 mars 1879, la plupart des dispositions de 1866 sont encore en vigueur. D'après ce décret, les tribunaux de la colonie se composent d'un tribunal supérieur, juge du second degré, et d'un tribunal de 1re instance ; un procureur de la République occupant auprès des deux juridictions, exerce en même temps les fonctions de chef du service judiciaire ; enfin, un tribunal de commerce, composé de notables commerçants français ou étrangers, est chargé de la justice consulaire.

Dans les arrondissements placés en dehors de l'action des tribunaux, la justice était rendue par les conseils de guerre en matière criminelle, par des commissions spéciales en matière civile. L'extension croissante du ressort a fait disparaître la justice militaire ; quant aux commissions spéciales, elles n'ont jamais fonctionné régulièrement ; elles ont d'ailleurs été abolies par le décret du 28 février 1882 et remplacées par des juges de paix.

Actuellement, les tribunaux sont ainsi composés :

*Tribunal supérieur.*

1 président, 2 juges, 1 procureur de la République et 1 substitut.

*Tribunal de 1<sup>re</sup> instance.*

1 juge président, 1 lieutenant de juge, 1 juge suppléant, 1 greffier.

Quatre juges de paix, dont le traitement est de 6,000 fr., sont établis à Nouméa, Ouégoa, Bourail et à Chepenehe (île Lifou).

En matière criminelle, la justice est rendue par le tribunal criminel assisté de quatre assesseurs tirés au sort sur une liste arrêtée par le gouverneur en conseil privé.

Des défenseurs sont établis auprès des tribunaux ; ils font les fonctions d'avoué et d'avocat ; un notaire est établi à Nouméa.

STATISTIQUE JUDICIAIRE.

*Tribunal supérieur.*

| | |
|---|---|
| Affaires civiles | 10 |
| Affaires commerciales | 17 |
| Appels correctionnels | 19 |
| Affaires criminelles | 7 |

*Tribunal de 1<sup>re</sup> instance de Nouméa.*

| | |
|---|---|
| Affaires civiles | 436 |
| Affaires commerciales | 80 |
| Affaires correctionnelles | 155 |

*Justice de paix.*

| | |
|---|---|
| Affaires de simple police | 585 |

*Législation.* — Le Code civil, le Code de commerce et le Code pénal ont été promulgués en Nouvelle-Calédonie par le décret du 28 novembre 1866 ; la procédure civile et l'instruction criminelle ont été réglementées par le décret lui-même qui, tout en s'inspirant des principes généraux des Codes, a beaucoup simplifié leurs dispositions. Le Code pénal a été de nouveau promulgué en exécution du décret du 6 mars 1877.

*Instruction publique.* — L'enseignement primaire est donné aux garçons par des instituteurs laïques et par des petits frères de Marie et aux filles par des institutrices laïques et par les sœurs de Saint-Joseph de Cluny.

On compte 37 écoles (y compris les écoles pénitentiaires),

dont 17 pour les garçons dirigées par 36 instituteurs (12 laïques et 24 congréganistes), et 20 pour les filles dirigées par 20 institutrices (7 laïques et 13 congréganistes).

Un externat a été ouvert à Nouméa, en 1882, aux frais de l'administration locale pour donner les éléments de l'enseignement secondaire.

Le chiffre de la population scolaire s'élève à 1,579 enfants, dont 835 filles et 744 garçons; le tiers des enfants environ sont élevés dans les écoles de Nouméa.

*Cultes*. — En 1853, lorsque la France prit possession de la Nouvelle-Calédonie, une mission de maristes était établie dans le pays sous la direction d'un préfet apostolique. Cette mission a continué depuis cette époque à assurer le service du culte dans la colonie. Le chef de la mission reçoit une subvention et a le titre de chef du clergé.

Un pasteur protestant est établi à Nouméa et un autre aux îles Loyalty, dont la population appartient presque entièrement au culte réformé.

*Travaux publics*. — La colonie affecte aux travaux publics une somme de 355,000 fr., mais il faut dire que la majeure partie des travaux ont été faits par le service pénitentiaire, qui y a contribué, non seulement par la main-d'œuvre, mais encore par les crédits qu'il a à sa disposition. C'est ainsi qu'on a pu construire Nouméa, faire le port, établir les principales routes de la colonie et édifier sur divers points stratégiques des forts pour réprimer efficacement les révoltes des indigènes. Une conduite servant à amener les eaux de la rivière des Français à Nouméa a été établie à la Nouvelle-Calédonie. De plus, l'arrasement de la Butte-Conneau a permis de conquérir au centre de la ville de vastes espaces de terrain qui n'ont pas médiocrement contribué à son extension et à son embellissement.

Quant à l'accès du port de Nouméa, il a été assuré par l'érection d'un phare de premier ordre sur l'îlot Amède, à laquelle l'État a consacré une dépense d'environ 700,000 fr. L'administration locale fait étudier en ce moment de nouveaux projets pour l'éclairage des côtes de la Nouvelle-Calédonie et la création d'un nouveau poste à Bourail.

La grande carte de cette colonie, dont le Dépôt des cartes et plans de la marine vient de publier la 1<sup>re</sup> feuille, rendra facile l'étude de ces travaux ainsi que celle des travaux de routes dont le département recommande instamment l'exécution.

*Mines.* — En Nouvelle-Calédonie, les exploitations minières embrassent des métaux de divers genres. Voici quelle est, en résumé, la situation de cette industrie d'après les dernières correspondances officielles de la colonie :

*Cuivre.* — Les registres du bureau des mines constataient, en mars 1882, 36 déclarations de gisements de cuivre. Deux concessions seulement sont en exploitation : la mine de Balade, dans la vallée du Diahot et la mine Boinoumala, à Koumac.

La Balade a produit jusqu'à ce jour 36,000 tonnes de minerai d'une teneur moyenne de 15 à 18 p. 100. Elle occupe, comme personnel, 300 condamnés aux travaux forcés qui lui ont été accordés par contrat spécial, 12 mineurs anglais, 25 libérés et 60 Canaques des Nouvelles-Hébrides.

La mine de Boinoumala est encore dans la période des recherches, mais certains indices permettent d'espérer une exploitation sérieuse. Le minerai est beau et la direction et l'inclinaison des filons y sont bien déterminées.

*Nickel.* — La situation du nickel est la même qu'en 1881 ; c'est-à-dire qu'il a été exporté 50 tonnes en moyenne par mois, donnant 35 tonnes de nickel métal, qui, au plus bas prix où il ait été vendu, 8 fr. le kilogramme, donne une somme de 280,000 fr.

La Société *Le Nickel* exploite les mines de *Thio*, de *Canala*, de *Houaïlou*. Elle fond aussi le minerai extrait des mines du Mont-d'Or. Les minerais sont traités dans la colonie. La Société occupe 105 ouvriers, soit 85 Européens et 20 Néo-Hébridais. Les gueuses de nickel sont expédiées en France comme lest par Sydney (Australie).

Le nickel est aussi exploité dans la colonie par divers particuliers, mais ceux-ci n'ayant pas de hauts fourneaux, envoient leurs produits bruts en France.

*Fer chromé.* — La colonie a reçu 34 déclarations de mines de fer chromé. Une Société qui s'est formée en Australie exploite quelques-unes de ces mines, dont la principale, *Luky-Hit*, qui a déjà produit 2,300 tonnes de minerai, occupe 63 ouvriers. Elle recherche des débouchés et compte faire employer le chrome dans les tanneries.

*Cobalt.* — Les registres du bureau des mines contiennent 40 déclarations pour le cobalt. Aucune mine n'est régulièrement exploitée. Des échantillons de cobalt calédonien ont déjà été analysés à l'École nationale des mines, et il résulte de cette analyse que l'exploitation de ce minerai promet d'être satisfaisante lorsqu'il pourra être traité dans la colonie même.

*Charbon.* — Toutes les mines de charbon déclarées ont suspendu leurs travaux depuis plusieurs années : la consommation courante de la marine et de l'industrie est trop restreinte pour encourager les particuliers à se lancer de nouveau dans l'exploitation des affleurements découverts jusqu'à ce jour.

*Colonisation libre.* — En vue d'assurer le développement de la colonisation libre concurremment avec la colonisation pénale à la Nouvelle-Calédonie, le Gouvernement n'a pas cessé de se préoccuper de favoriser l'émigration volontaire de nos nationaux dans notre possession transocéanienne.

Il ne pouvait du reste leur être offert une île plus salubre grâce à un admirable climat dont la température moyenne dépasse rarement celle du midi de la France, et est régulièrement rafraîchie par les brises du large.

Quant à sa fertilité, toutes les cultures coloniales, cannes à sucre, café, coton, ont été essayées et ont donné de très beaux résultats comme produits marchands. Il en est de même de la race chevaline qui est très belle en Nouvelle-Calédonie ; quelques plantes fourragères, qui ont été introduites en même temps que les chevaux, s'y sont acclimatées sans efforts.

Le gros bétail réussit admirablement, d'autant mieux que les plaines de la côte occidentale peuvent être transformées en prairies, et forment des bassins aux surfaces onduleuses coupées de nombreux ruisseaux.

La grande vallée du Diahot contient de gras pâturages et la plaine de Rouni n'est pas moins fertile ; les troupeaux s'y trouvent dans les meilleures conditions.

En vue de favoriser l'émigration vers cette colonie, des passages gratuits sont accordés aux cultivateurs et ouvriers des différents corps d'état, ainsi qu'à leurs familles.

La dépense de ces passages est imputée au crédit inscrit au budget colonial : *Introduction de travailleurs aux colonies.*

Mais il arrive parfois que les exigences du service de la marine ne permettent pas, faute de place, d'embarquer des émigrants sur les navires de guerre. Dans ce cas, pour ne pas entraver le courant d'émigration vers la colonie, les émigrants peuvent être embarqués sur des bâtiments de commerce, à charge par eux de supporter une partie des frais dont le surplus est mis au compte de l'État.

Ce système a l'avantage d'écarter les hommes dénués de tous moyens d'existence qui ne songent à s'expatrier que pour aller chercher aventure, mais sans goût du travail et sans esprit de conduite, et qui, par conséquent, ne peuvent être qu'une charge sans profit pour la colonie.

D'un autre côté, la présence d'une population de travailleurs honnêtes et résolus ne peut que contribuer puissamment au progrès de la colonisation pénitentiaire.

C'est dans cet esprit qu'a été conçu l'arrêté local du 11 mai 1880, sur les aliénations des terres domaniales à la Nouvelle-Calédonie, lequel, outre les ventes aux enchères publiques, de gré à gré ou par voie d'échanges, réserve aussi des concessions soit à titre gratuit, soit à titre onéreux aux Européens qui vont s'établir dans la colonie.

On pourrait presque qualifier de concessions gratuites celles auxquelles l'administration locale donne le nom de concessions à *titre onéreux*, puisque le prix des terres du domaine à concéder de cette manière est fixé à 24 fr. l'hectare seulement, et que ce prix est payable *en douze années* par versements semestriels et d'avance.

Les actes de concession de l'espèce confèrent la propriété immédiate des immeubles, à la simple charge de l'accomplissement des conditions prescrites; le concessionnaire peut hypothéquer ou aliéner tout ou partie des terres à lui concédées.

Mais, indépendamment de ce mode d'aliénation, les biens dépendant du domaine colonial peuvent encore être concédés gratuitement ou sous certaines conditions, à imposer aux concessionnaires. Ces concessions sont faites :

1° Aux émigrants ;

2° Aux officiers et fonctionnaires, sous-officiers, agents assimilés militaires et marins ;

3° Aux enfants nés dans la colonie ;

4° Aux orphelins.

L'émigrant qui se rend en Nouvelle-Calédonie libre de tout contrat ou de tout engagement, a droit à une concession gratuite de trois hectares de terres à cultures. Cette concession est de cinq hectares pour les familles composées de quatre personnes et au-dessus.

Il en est de même pour les militaires, marins et assimilés, qui veulent se fixer dans la colonie après avoir obtenu leur retraite ou leur congédiement.

Les jeunes immigrants patronnés par le département et les jeunes garçons et les jeunes filles élevés dans les orphelinats de la colonie, reçoivent également à titre gratuit, au moment de leur mariage ou de leur majorité, une concession de trois hectares de terres à cultures.

De même pour tout enfant légitime ou reconnu né dans la colonie de parents habitant en dehors de la commune de Nouméa.

Enfin, il est aussi accordé à titre gratuit, aux émigrants alsaciens et lorrains des lots de terre jusqu'à concurrence de dix hectares par famille composée de trois personnes, à la condition que ces familles seront munies de certificats émanant de la Société de protection des *Alsaciens-Lorrains*.

L'attention de l'administration est spécialement appelée sur la nécessité d'établir aussitôt que possible le réseau de voies de communication qui, tant au point de vue stratégique que dans l'intérêt de la colonisation, doit relier entre eux et avec la mer les différents centres de population de la colonie. Il importe, en effet, que toutes les parties de l'île puissent être fouillées au besoin et, d'un autre côté, il est indispensable que les exploitations agricoles et industrielles soient desservies par des voies qui leur donnent toutes facilités pour le transport de leurs produits. L'administration locale assure en ce moment, au moyen de la main-d'œuvre pénitentiaire, l'exécution d'un vaste réseau de voies de communication.

*Commerce*. — Au point de vue du commerce, la Nouvelle-

Calédonie est placée sous le régime de la liberté commerciale. Il n'existe pas de droits de douane. Des droits d'octroi de mer ont été établis au profit des communes. Toutes les marchandises importées dans la colonie sont soumises à un droit de 1 p. 100 *ad valorem*. L'administration locale a établi, en outre, des taxes accessoires de navigation. En 1880, l'importation s'est élevée à 7,904,000 fr. et l'exportation à 2,757,000 fr. Il est entré dans le port de Nouméa 33 navires français, d'un tonnage de 10,249 tonneaux, et 78 navires étrangers jaugeant 25,900 tonneaux. Il est sorti de Nouméa 43 navires français ayant un tonnage de 9,900 tonneaux et 75 étrangers jaugeant 24,000 tonneaux.

*Service postal*. — La Nouvelle-Calédonie est reliée à la métropole par la ligne des Messageries maritimes de Marseille à Nouméa par la Réunion ; le service est mensuel ; l'organisation d'un service exclusivement français et direct, desservi par une compagnie telle que celle des Messageries maritimes, constitue une amélioration des plus importantes au point de vue de nos rapports avec notre colonie ; les paquebots quittent Marseille le jeudi de toutes les quatre semaines, à partir du 18 janvier 1883.

La voie anglaise comporte un service bi-mensuel : les correspondances sont déposées à Melbourne, de là portées à Sydney par les soins de la poste anglaise ; à Sydney elles sont prises par un bâtiment affrété par la colonie qui les apporte à Nouméa.

Le service postal de l'intérieur de la colonie comprend 26 bureaux. Le service de distribution est assuré par des piétons. Le service du tour de l'île est assuré mensuellement par des transports et entraîne une dépense annuelle de 188,000 fr. environ.

Les recettes du service de la poste se sont élevées à 40,000 fr. en 1882.

Le projet d'un câble télégraphique de Nouméa à Sydney est à l'étude.

*Services financiers*. — Le budget de la marine et des colonies (service colonial) comprend, sur une dépense totale de 32,259,000 fr., une somme de 8,218,850 fr. Dans ce chiffre, les dépenses du service pénitentiaire figurent pour une somme de 6,183,534 fr. ; par suite, la Nouvelle-Calédonie coûte au service colonial 8,5 p. 100 de son budget, sans tenir compte de la transportation, 25 p. 100 en comptant celle-ci. Mais il faut encore ajouter à cette dépense la solde et les frais de passage de la garnison, qui sont des dépenses à la charge du budget de la marine.

Le budget local s'élève en dépenses et en recettes à 1,915,000 fr.

Parmi les principales recettes, on remarque :

| | |
|---|---|
| La contribution foncière . . . . . . . . . . . . . | 55,000$^f$ |
| La contribution des patentes. . . . . . . . . . . | 20,000 |
| Les taxes accessoires de navigation. . . . . . . . | 63,000 |
| La taxe de consommation sur les liquides . . . . . | 365,000 |

Les produits de l'enregistrement et des domaines s'élèvent à 459,000 fr.; le produit des mines et des forêts à 40,000 fr. Les dépenses de l'enregistrement sont de 26,500 fr.

La métropole fait à la Nouvelle-Calédonie une subvention de 399,890 fr.

La monnaie française a seule cours légal dans la colonie.

*Services militaires*. — La garnison de la Nouvelle-Calédonie comprend 12 compagnies d'infanterie de marine, une batterie d'artillerie de marine et un détachement de gendarmerie.

A l'exception du vin qui est envoyé de France, la colonie possède les ressources suffisantes à la subsistance de ses rationnaires.

Un hôpital militaire est établi à Nouméa et de nombreuses ambulances dans les différents postes.

## XIII. — ÉTABLISSEMENTS FRANÇAIS DANS L'INDE.

*Notice historique.* — Plusieurs tentatives, notamment une expédition organisée par une société de négociants de Rouen, en 1663, avaient été faites sans succès par la France, depuis 1503, dans le but de fonder des établissements dans l'Inde. Une première Compagnie des Indes orientales, créée par Richelieu, n'avait pas abouti quand Colbert la reconstitua sur de plus vastes bases, lui accorda de larges immunités et un monopole commercial de 50 années.

Après avoir essayé à Madagascar, à Surate, à la baie de Trinquemalé dans l'île de Ceylan, à San-Thomé sur la côte de Coromandel, la Compagnie concentra ses ressources à Pondichéry, petite bourgade que François Martin, son agent, avait achetée, en 1683, au souverain du pays.

Pondichéry fortifié, bien administré, commençait à devenir florissant quand les Hollandais, malgré la belle défense de Martin, s'en emparèrent, le 18 septembre 1693.

Le traité de Ryswick (1697) nous rendit Pondichéry autour duquel plusieurs comptoirs se fondèrent et se développèrent successivement. Ce furent Chandernagor, cédé par Aureng-Zeb, dès 1688; Mahé, en 1627; Karikal acheté au roi de Tangaour, en 1739; Yanaon et Mazulipatam, en 1752.

La prospérité s'accrut sous l'administration de Dumas et de Dupleix. Le 10 novembre 1746, Mahé de la Bourdonnais s'était emparé de Madras et lui avait imposé une rançon de dix millions. Par représailles, les Anglais attaquent Pondichéry, le 29 avril 1748, mais Dupleix les force à la retraite après avoir défendu la ville pendant 42 jours de tranchée ouverte. La paix d'Aix-la-Chapelle, conclue la même année, mit fin aux hostilités et permit à Dupleix de porter au plus haut point la puissance de la France, jusqu'à ce que, abandonné à lui-même par la cour de Versailles, battu dans la lutte inégale qu'il dut soutenir contre les princes de Tangaour et de Maissaour, en même temps que contre les Marattes, conjurés pour notre ruine avec les Anglais, il fut rappelé à Paris en 1753. Bientôt, à la faveur des embarras causés à la France par la guerre de Sept ans, l'Angleterre se jette sur nos comptoirs et s'en empare successivement. Lally-Tollendal est forcé de se rendre avec Pondichéry, le 6 janvier 1761 ; la ville est démantelée et les Français renvoyés en France.

La paix de 1763 nous rendit Pondichéry, Mahé, Karikal, Chandernagor et nos autres comptoirs du Bengale, mais avec un territoire bien moins étendu.

Prise encore en 1778 et rendue à la France par le traité de 1783, la ville de Pondichéry retomba, le 21 août 1793, entre les mains des Anglais.

La paix d'Amiens, en 1802, nous rendit encore un instant nos possessions, mais le 11 septembre 1803, Pondichéry fut pris pour la quatrième fois.

Les traités de 1814 et de 1815 nous ont rendu nos établissements de l'Inde dans leurs limites actuelles et la reprise de possession eut lieu en 1816 et 1817.

*Topographie*. — Les établissements français de l'Inde se composent de fractions de territoire, isolées les unes des autres, dont la superficie totale est de 49,622 hectares. Ce sont :

1° Sur la côte de Coromandel : Pondichéry et son territoire, composé des districts de Pondichéry, de Villenour et de Bahour ; Karikal et les maganoms ou districts qui en dépendent ;

2° Sur la côte d'Orixa : Yanaon, son territoire et les aldées ou villages qui en dépendent ; la loge de Mazulipatam ;

3° Sur la côte de Malabar : Mahé et son territoire ; la loge de Calicut ;

4° Dans le Goudjerate : la factorerie de Surate ;

5° Au Bengale : Chandernagor et son territoire ; les loges de Cassimbazar, Jougdia, Dacca, Balassore et Pathna.

*Pondichéry*. — La ville de Pondichéry, chef-lieu de nos établissements, est située sur la côte de Coromandel, dans le Carnatic, à 143 kilomètres S.-O. de Madras, par 11°55'41'' de latitude nord, 77° 31'30'' de longitude Est. Elle est divisée en deux parties, la ville Blanche et la ville Noire, qui sont séparées par un canal. La ville Blanche, à l'Est et sur le bord de la mer, est régulièrement bâtie ; ses rues sont larges et bien percées. Les principaux édifices publics sont : l'hôtel du Gouvernement, l'église paroissiale, l'église des Missions étrangères, deux pagodes, le nouveau bazar, la tour de l'Horloge et celle du Phare, une caserne, un hôpital militaire et un hôtel de ville. La rade de Pondichéry est, quoique foraine, la meilleure de toute la côte. Elle présente deux mouillages, par 3 à 6 brasses pour les petits navires et par 7 à 9 brasses pour les grands bâtiments. La communication avec la terre, assez difficile, se fait par des bateaux à fond plat, sans membrures, appelés chelingues. Il y existe un pont débarcadère de 192 mètres.

Le territoire de Pondichéry, dont la superficie totale est de 29,122 hectares, se divise en trois districts, savoir :

Villenour, Bahour et Pondichéry, contenant ensemble 39 aldées principales et 141 villages secondaires.

Le sol du territoire se compose, en partie, d'une terre argileuse plus ou moins mêlée de sable et, en partie, de terres sablonneuses légères. Ces différentes espèces de terre ne deviennent productives qu'au moyen de constantes irrigations.

Il existe sur le territoire de Pondichéry huit cours d'eau, ce sont : la rivière de Gingy, qui donne naissance à la rivière d'Ariancoupam et au Chounambar ; le Pambéar, qui se jette dans la rivière de Gingy ; le Coudouvéar, qui se jette dans le Chounambar ; le Ponéar, qui prend sa source dans les Ghattes et se jette à la mer ; le Maltar, qui dérive des eaux du Ponéar, et se jette dans le Coudouvéar ; et l'Oupar qui se jette à la mer. Les plus importants de ces cours d'eau sont les rivières de Gingy et de Ponéar, dont la source est à 10 myriamètres dans l'intérieur et qui ne sont navigables pour les petits bateaux à fond plat, que pendant quatre mois de l'année, sur un parcours de 25 kilomètres, à partir de l'embouchure. En dehors de ces cours d'eau, on compte, dans les trois districts, 9 grands canaux de dérivation, 5 barrages, 59 étangs dont 5 grands, 202 sources et 53 réservoirs, servant aux irrigations.

*Karikal.* — La ville de Karikal est située sur la côte de Coromandel, dans la province de Tanjaour, par 10°55' lat. Nord et 77°24' de long. Est, à 26 lieues Sud de Pondichéry. Elle s'élève à un mille et demi de l'embouchure de l'Arselar, l'une des branches du Cavéry, et dont le cours est de seize lieues. Cette embouchure est entièrement obstruée par les sables pendant là saison sèche, elle est dégagée pendant la saison des pluies, par les eaux de l'Arselar.

Le territoire de Karikal, dont la superficie est de 13,515 hectares, se divise en cinq districts ou maganoms qui sont ceux de : Karikal, Tirnoular, Nellajendour, Nédouncadou et Cotchéry; ils renferment ensemble 107 aldées.

Le sol de ces cinq districts est très fertile, et arrosé par six petites rivières qui sont autant de bras du Cavéry. Elles ont des débordements périodiques qui fertilisent les terres qu'elles couvrent. Ces irrigations se complètent par quatorze canaux principaux et leurs ramifications.

*Yanaon*. — Le comptoir de Yanaon est situé dans la province de Golconde, par 16°43′ de latitude nord, et 8°05′ de longitude Est, à 140 lieues N.-N.-E. de Pondichéry ; bâtie à l'endroit où la rivière de Coringuy se sépare du Godavéry, la ville de Yanaon est bornée à l'Est et au Sud par l'une et l'autre de ces deux rivières. Le territoire qui en dépend couvre une superficie de 1,429 hectares ; il s'étend le long du Godavéry à l'Est et à l'Ouest de la rivière de Coringuy, sur une longueur de 2 lieues et demie, et une largeur qui varie depuis 350 mètres jusqu'à 3 kilomètres. Le sol est très fertile.

Le Godavéry se jette dans la mer à 4 lieues au S.-E. de Yanaon ; son embouchure est obstruée par des bancs de sable.

*Loge de Mazulipatam*. — La ville de Mazulipatam, dont les Anglais ont pris possession en 1769, est située dans la province des Cicars septentrionaux par 16°10′ de latitude nord et 78°48′ de longitude Est, à 110 lieues au Sud de Yanaon. Nous y possédons une loge avec le droit d'y faire flotter notre pavillon, une aldée nommée Francepett, située à 3 kilomètres au N.-O. de Mazulipatam et deux terrains habités par 200 Indiens environ, dépendant de la loge française de Mazulipatam, qui relève elle-même du comptoir de Yanaon. Par une convention conclue avec l'Angleterre le 31 mars 1853, nous avons abandonné le droit de vente et de fabrication des spiritueux dans cette loge et, de ce chef, les Anglais nous payent annuellement une somme de 3,500 roupies (8,500 fr.), qui figure parmi les recettes de la colonie.

*Mahé*. — Le comptoir de Mahé est situé sur la côte de Malabar par 11°42′8″ de latitude nord et 73°12′23″ de longitude Est, à

ÉTABLISSEMENTS FRANÇAIS DANS L'INDE.     243

104 lieues à l'Ouest de Pondichéry. La superficie totale du territoire est de 5,909 hectares. La ville de Mahé est située sur la rive gauche et près de l'embouchure d'une petite rivière qui porte son nom, et qui est navigable pour des bateaux de 60 à 70 tonneaux jusqu'à une distance de 2 à 3 lieues dans l'intérieur. L'entrée de cette rivière est barrée par des rochers qu'on peut passer à marée haute; l'eau devient profonde dès qu'on a franchi cet obstacle. Un pont met en rapport les deux rives de la rivière.

Les aldées qui ont été rétrocédées à la France sont séparées de la ville, et il a été construit une route pour les y relier.

La terre des fonds des environs est sablonneuse; le riz peut être cultivé sur le bord des rivières, où l'on produit des inondations artificielles.

*Loge de Calicut.* — A 13 lieues S.-S.-E. de Mahé, et sur la même côte, se trouve la ville indo-anglaise de Calicut, où la France possède une loge qui est occupée par un gardien.

*Loge de Surate.* — La factorerie de Surate est située dans la ville indo-anglaise de ce nom, par 21°22′ latitude nord et 76°46′ de longitude Est, à 55 lieues au Nord de Bombay. Elle est occupée par un gardien.

*Chandernagor.* — La ville de Chandernagor est située dans le Bengale par 22°51′26″ de latitude nord et 86°09′15″ de longitude Est, à 7 lieues au-dessus de Calcutta, auquel elle est reliée par le chemin de fer, et à environ 400 lieues N.-N.-E. de Pondichéry. Bâti sur la rive droite de l'Hougly, l'un des bras du Gange à 35 lieues de son embouchure, Chandernagor s'élève au fond d'une belle anse formée par le fleuve. La ville est grande; ses rues sont larges et alignées, ses maisons élégamment construites.

L'Hougly est remonté en toute saison, jusqu'au-dessus de Chandernagor, par des bateaux à vapeur qui y trouvent constamment un tirant d'eau de 8 mètres.

*Loges du Bengale.* — Les Loges de Balassore (25°37′10″ latitude nord, 82°35′40″ longitude Est); de Dacca (23°42′ latitude nord, 87°57′20″ longitude Est); de Cassimbazar (24°10′ latitude nord, 86°09′ longitude Est); de Patna (25°37′ latitude nord, 82°54′10″ longitude Est) et de Jougdia (20°50′ latitude nord, 88°52′ longitude Est), consistent chacune en une maison avec un petit territoire habité par des Indiens. Elles sont situées dans les villes indo-anglaises de mêmes noms, toutes dans le Bengale. La France peut y exercer les droits de souveraineté et de juridiction.

*Météorologie.* — Le climat de Pondichéry est généralement salubre ; pendant les mois de décembre et janvier, le thermomètre marque, le jour de 25° à 26° centigrades, et de mai à septembre (mois durant lesquels règne un vent d'Ouest très brûlant) la température varie de 31° à 40°. Dans les temps ordinaires, la température moyenne, pendant le jour, est de 30° et pendant la nuit de 26°.

La saison sèche dure depuis le commencement de janvier jusque vers le 15 octobre. Le reste du temps appartient à l'hivernage. Les pluies sont généralement fort rares ; il n'en tombe avec quelque fréquence qu'en octobre et novembre.

A la côte de Coromandel, la mousson du S.-O. commence vers le 15 mars et finit vers le 15 octobre ; celle du N.-E. commence dans les premiers jours de novembre et se prolonge jusqu'en mars. Les mois de mai, juin, juillet et août sont marqués par une brise variant de l'Ouest au S.-O. dite vent de terre.

Le climat et les saisons sont à peu près les mêmes à Karikal qu'à Pondichéry.

A Yanaon, la température varie de 20° à 26° centigrades de novembre à janvier ;

De 27° à 36° de février à avril ;

De 36° à 42° de mai à juin ;

De 28° à 42° de juillet à octobre.

La saison pluvieuse commence vers le 28 juin et se termine dans les premiers jours de novembre. A partir de cette époque jusqu'en juin, point de pluie ; quelques rares orages seulement en avril et mai.

Les débordements du Godavéry se manifestent en juillet ; les grandes inondations ont lieu en août et septembre.

La mousson du S.-O. règne de mars à septembre ; celle du N.-E. règne de mai à juillet, comme à la côte de Coromandel.

Le climat de Chandernagor, en raison du grand nombre de bois et d'étangs qui entourent la ville, est beaucoup plus frais que celui de Calcutta : la température est, en moyenne, de 22°

d'octobre en mars ; elle tombe à 20° en décembre et janvier ; elle se maintient généralement entre 20° et 25° en octobre ; elle est en moyenne de 31°, avec des écarts jusqu'à 37°. Le mois de mai est le plus chaud de l'année.

Les pluies commencent en mars et avril, deviennent continues en juin et durent jusqu'à mi-octobre ; elles sont torrentielles au mois d'août.

Les vents du S.-E. soufflent généralement pendant la saison des pluies ; ceux du Sud pendant les chaleurs ; ceux du N.-O., au printemps et seulement pendant quelques jours ; le vent du Nord règne en hiver.

Le climat de Mahé est très sain : la température y est plus fraîche et plus régulière que dans nos autres établissements de l'Inde ; elle varie de 22° à 26° en janvier, février et mars, de 25° à 30° d'avril à septembre, de 23° à 27° en octobre, novembre et décembre.

Bien que la saison d'hivernage soit comprise entre le 16 mai et le 15 octobre, la mauvaise saison ne dure que pendant le mois d'août ; le mois de mai ramène des bourrasques qui laissent la mer calme.

La mousson du S.-O. y règne d'avril à octobre, et la mousson du N.-O. d'octobre à avril. Les vents les plus ordinaires sont ceux de l'Ouest, du N.-O. et du S.-E.

Dans l'Inde, les marées ne sont ni si hautes, ni si régulières que sur les côtes de l'Océan en Europe.

La hauteur de la pleine mer ne dépasse pas habituellement 1 mètre à Pondichéry, et, dans les grandes marées, elle atteint quelquefois $2^m,50$ et $2^m,60$. A Karikal, elle est, terme moyen, de $1^m,624$ aux nouvelles et pleines lunes.

L'heure de la pleine mer, aux nouvelles et pleines lunes, est $1^h,30$ à Pondichéry et 9 heures du matin à Karikal.

A Pondichéry, un phare à feu fixe, d'une portée de 12 à 15 milles, a été installé, le 1$^{er}$ juillet 1836 sur une tour située près du rivage et élevée de $27^m,432$ au-dessus du niveau de la mer. En 1865, la force du feu a été augmentée, ce qui lui a donné une portée de 18 milles.

Le port de Karikal possède un feu fixe d'une portée de 8 à 10 milles, placé sur le mât de signaux, à l'embouchure de la rivière et élevé de 10ᵐ,364.

*Émigration.* — C'est par Pondichéry et Karikal que sont sortis le plus grand nombre des émigrants indiens qui se sont rendus, pendant ces dernières années, dans diverses colonies.

Une société dite d'émigration, établie à Pondichéry et composée des principales maisons de commerce de Pondichéry et de Karikal, était chargée, avec privilège jusqu'en 1862, de tous les détails de recrutement, et livrait aux colons les contrats d'engagement à 39 roupies pour la Réùnion et 42 roupies pour les colonies d'Amérique.

La convention conclue avec le gouvernement anglais, le 1ᵉʳ juillet 1861, et par laquelle tous les ports de l'Inde anglaise sont ouverts à nos recrutements, est venue modifier cette situation. L'article 2 de cette convention stipule que le gouvernement français confiera, dans chaque centre de recrutement, la direction des opérations à un agent de son choix, qui recevra une sorte d'*exequatur* du gouvernement britannique ; la Société d'émigration ne pouvait donc plus officiellement subsister. En conséquence, le gouvernement français a nommé un agent d'émigration dans chacune des villes de Calcutta, Madras, Pondichéry, Karikal, Yanaon, Mahé et Bombay. Aujourd'hui, il n'existe plus d'agent qu'à Pondichéry, Karikal et Calcutta.

Le gouverneur de Pondichéry donne des instructions à ces divers agents pour l'exécution de la convention, l'expédition des convois et la marche générale du service.

Chaque colonie débat librement avec les agents d'émigration les conditions des expéditions d'émigrants qu'elle réclame de chacun d'eux. Mais le maximum des prix de cession est fixé par le ministre.

*Population.* — La population de nos établissements de l'Inde est répartie de la manière suivante :

| DÉSIGNATION DES ÉTABLISSEMENTS. | ENFANTS au-dessous de 14 ans. | | HOMMES. | FEMMES. | TOTAUX. |
|---|---|---|---|---|---|
| | Garçons. | Filles. | | | |
| **POPULATION EUROPÉENNE.** | | | | | |
| Pondichéry | 311 | 299 | 336 | 228 | 1,174 |
| Chandernagor | 61 | 32 | 75 | 63 | 231 |
| Karikal | 15 | 39 | 93 | 70 | 217 |
| Mahé | 1 | 5 | 7 | 5 | 18 |
| Yanaon | » | 2 | 5 | 13 | 20 |
| Totaux | 388 | 377 | 516 | 379 | 1,660 |
| **POPULATION MIXTE.** | | | | | |
| Pondichéry | 369 | 604 | 139 | 187 | 1,299 |
| Chandernagor | 24 | 15 | 25 | 9 | 73 |
| Karikal | » | » | » | » | » |
| Mahé | 30 | 26 | 28 | 31 | 115 |
| Yanaon | 4 | 19 | 8 | 17 | 48 |
| Totaux | 427 | 664 | 200 | 244 | 1,535 |
| **POPULATION INDIENNE.** | | | | | |
| Pondichéry | 45,796 | 40,120 | 37,018 | 30,687 | 153,621 |
| Chandernagor | 5,305 | 3,016 | 9,404 | 4,467 | 22,192 |
| Karikal | 10,805 | 10,838 | 34,838 | 35,818 | 92,299 |
| Mahé | 1,601 | 1,473 | 2,504 | 2,731 | 8,309 |
| Yanaon | 1,103 | 852 | 1,432 | 2,019 | 5,406 |
| Totaux | 64,610 | 56,299 | 85,196 | 75,722 | 281,827 |
| **RÉCAPITULATION.** | | | | | |
| Population européenne | 388 | 377 | 516 | 379 | 1,660 |
| Population mixte | 427 | 664 | 200 | 244 | 1,535 |
| Population indienne | 64,610 | 56,299 | 85,196 | 75,722 | 281,827 |
| Totaux | 65,425 | 57,340 | 85,912 | 76,345 | 285,022 |

*Gouvernement et administration.* — L'Inde française est représentée en France par un sénateur et un député. Le commandement et l'administration de la colonie appartiennent à un gouverneur, assisté du directeur de l'intérieur et du procureur général. Le chef du service administratif s'occupe de l'administration et de la comptabilité des services militaires. L'inspecteur des services administratifs est chargé du contrôle de l'administration. Le conseil privé, présidé par le gouverneur, est composé des chefs d'administration et de deux conseillers nommés par le chef de la colonie. Nous avons indiqué dans la notice préliminaire l'organisation et les attributions du conseil privé et du conseil général. Nous ajouterons que le conseil général est composé de 25 membres élus au scrutin de liste par le suffrage universel et direct, comme pour la Chambre des députés.

Les électeurs sont inscrits sur deux listes, l'une comprenant les Européens et descendants d'Européens, l'autre comprenant les indigènes. Les électeurs de la première liste nomment exclusivement les conseillers européens, ou descendants d'Européens, et ceux de la seconde liste nomment les conseillers natifs. Ces derniers, à Pondichéry et à Karikal, comprennent nécessairement un représentant de chacune des trois grandes divisions de l'élément, c'est-à-dire les chrétiens, les musulmans et les gentils.

Les conseillers généraux sont élus sur des listes distinctes par établissement ; leur nombre est fixé comme il suit :

| | | |
|---|---|---|
| Pondichéry. . . . . . | 7 conseillers européens, | 5 indigènes. |
| Karikal. . . . . . . . | 3 — | 3 — |
| Chandernagor. . . . . | 2 — | 1 — |
| Mahé . . . . . . . . | 1 — | 1 — |
| Yanaon . . . . . . . | 1 — | 1 — |

Dans chaque établissement existe en outre un conseil local ainsi composé : Pondichéry, 12 membres ; Chandernagor, 6 ; Karikal, 8 ; Mahé, 4 ; Yanaon, 4.

Le mode d'élection des conseils locaux est le même que celui du conseil général, sauf cette différence que les membres de chaque conseil local sont élus, moitié par les Européens et descendants d'Européens, moitié par les indigènes, et que les électeurs des deux listes peuvent, à leur choix, élire des Européens, des descendants d'Européens, ou des indigènes.

Les présidents des conseils locaux sont nommés pour chaque session par le gouverneur, qui doit les choisir parmi les membres des conseils.

Les secrétaires sont élus par les conseils pour chaque session.

L'organisation municipale existe également dans l'Inde française. Le territoire de cette colonie est divisé en 10 communes, dont les chefs-lieux sont : Pondichéry, Oulgaret, Villenour, Bahour, Karikal, la Grande-Aldée, Nédouncadou, Chandernagor, Mahé et Yanaon.

*Justice*. — Dans les établissements français de l'Inde comme aux Antilles et à la Réunion, la première juridiction instituée a été le conseil supérieur créé par un édit de 1701, successivement réorganisé en 1772, 1776, 1784, et qui prit en 1819 le nom de cour d'appel. Les tribunaux de première instance, institués tout d'abord sous le nom de conseils provinciaux (lettres patentes du 16 janvier 1671), partageaient la juridiction du premier degré avec les chaudries, tribunaux spéciaux, composés de natifs, chargés de juger les contestations entre indigènes d'après les règles de leur statut personnel « que la nation s'était engagée à respecter ». En 1827, l'ordonnance qui organisa les tribunaux de première instance à Karikal et à Chandernagor fit disparaître les chaudries de toute la colonie et fit passer leurs attributions aux tribunaux de première instance qui durent juger les contestations entre indigènes d'après leur statut personnel. Cette organisation fut maintenue jusqu'à l'ordonnance du 7 février 1842 portant organisation du service judiciaire dans l'Inde. Cette ordonnance, sauf quelques légères modifications résultant des décrets des 31 mai 1873, 1$^{er}$ mars 1879, instituant des juges de paix à compétence étendue à Mahé et à Yanaon, est toujours en vigueur ; d'après cette ordonnance, l'organisation des tribunaux et de la cour est ainsi fixée.

*Cour d'appel.*

1 procureur général chef du service judiciaire, 1 président de la cour, 3 conseillers, 2 conseillers auditeurs, 1 greffier.

*Tribunal de 1$^{re}$ instance de Pondichéry.*

1 juge président, 1 lieutenant de juge, 2 juges suppléants, 1 procureur de la République, 1 greffier.

*Tribunal de 1$^{re}$ instance de Karikal.*

1 juge président, 1 lieutenant de juge, 1 procureur de la République, 1 greffier.

*Tribunal de 1ʳᵉ instance de Chandernagor.*

1 juge président, 1 procureur, 1 greffier.

Des juges de paix à compétence étendue fonctionnent à Mahé et à Yanaon.

Des juges de paix à compétence ordinaire siègent à Pondichéry, Chandernagor et Karikal.

La justice criminelle est rendue à Pondichéry par une cour criminelle composée de trois conseillers et de quatre assesseurs ; dans les dépendances, elle est rendue par des tribunaux criminels composés des magistrats de la localité et de fonctionnaires auxquels on adjoint quatre assesseurs.

Des conseils commissionnés nommés par le gouverneur occupent et postulent pour les postes.

STATISTIQUE JUDICIAIRE.

*Cour d'appel.*

| | |
|---|---|
| Affaires civiles. | 190 |
| Affaires commerciales. | 6 |
| Affaires criminelles. | 24 |
| Appels correctionnels. | 59 |

*Tribunal de Pondichéry.*

| | |
|---|---|
| Affaires civiles. | 685 |
| Affaires commerciales. | 207 |
| Affaires correctionnelles. | 427 |

*Tribunal de Chandernagor.*

| | |
|---|---|
| Affaires civiles. | 157 |
| Affaires commerciales. | 20 |
| Affaires correctionnelles. | 60 |

*Tribunal de Karikal.*

| | |
|---|---|
| Affaires civiles. | 415 |
| Affaires commerciales. | 65 |
| Affaires correctionnelles. | 146 |

*Tribunal de Mahé.*

| | |
|---|---|
| Affaires civiles. | 61 |
| Affaires correctionnelles. | 15 |

*Tribunal d'Yanaon.*

Affaires civiles. . . . . . . . . . . . . . . . . . 28
Affaires correctionnelles. . . . . . . . . . . . . 14

*Justices de paix.*

Affaires civiles. . . . . . . . . . . . . . . . . . 3,954
Affaires de simple police . . . . . . . . . . . . 2,777

*Législation.* — Le Code civil a été publié dans l'Inde par l'arrêté du 6 janvier 1819; il ne s'applique qu'aux Européens ou aux indigènes qui renoncent à leur statut personnel. Le Code de commerce a été promulgué en exécution de la loi du 7 décembre 1850 et le Code pénal en vertu du décret du 6 mars 1877. Quant au Code d'instruction criminelle et au Code de procédure civile, certaines de leurs dispositions seulement sont en vigueur dans la colonie.

*Instruction publique.* — Le service de l'instruction publique est placé sous l'autorité du directeur de l'intérieur qui fait fonction de recteur. Un inspecteur primaire est chargé spécialement de la direction du service.

L'enseignement primaire supérieur compte trois établissements publics, deux pour les garçons : le collège Calvé, à Pondichéry, dirigé par des professeurs laïques, et l'école de Chandernagor, confiée à la direction des frères du Saint-Esprit; un pour les filles : le pensionnat des dames de Saint-Joseph de Cluny, à Pondichéry. Les premiers, avec un personnel de 26 professeurs, donnent l'instruction à 834 enfants; le troisième, avec 9 professeurs, reçoit 106 jeunes filles. En outre, 64 élèves fréquentent l'établissement d'instruction primaire supérieur libre dirigé par les sœurs de Saint-Joseph de Cluny.

L'instruction primaire simple publique est donnée aux garçons dans 26 écoles par des instituteurs laïques et aux jeunes filles dans 15 écoles par les sœurs de Saint-Joseph de Cluny.

Les écoles de garçons, dirigées par 74 maîtres, reçoivent 2,134 enfants ; les écoles de filles, ayant à leur tête 41 sœurs, sont fréquentées par 1,155 enfants.

Le seul établissement d'enseignement secondaire public est le collège de Pondichéry, dit collège colonial. Il est subventionné par la colonie et dirigé par les pères de la congrégation du

Saint-Esprit et du Saint-Cœur de Marie qui sont tenus de suivre les méthodes et les programmes universitaires. Cet établissement compte 175 élèves : le personnel enseignant est composé de 19 professeurs.

L'enseignement secondaire libre est donné dans le petit séminaire de Pondichéry et dans le séminaire-collège de Karikal dirigés par les prêtres de la congrégation des Missions étrangères. Ces deux établissements comportent 22 professeurs et 620 élèves.

Une école de droit a été instituée par arrêté local du 24 février 1876; les cours sont professés par des magistrats. Les élèves pourvus du diplôme de bachelier ès lettres qui justifient par des certificats d'assiduité et d'inscription, avoir régulièrement suivi pendant trois années ces cours, et qui ont subi avec succès les examens établis dans cette école, peuvent être admis au grade de licencié par une Faculté de droit de la métropole après avoir subi un examen spécial en France (décret du 17 mai 1881).

*Cultes.* — Antérieurement à 1763, les établissements français dans l'Inde étaient placés sous le gouvernement spirituel des Missions.

Aboli en 1789, le service du culte fut rétabli en 1802 et son organisation reconstituée comme avant la Révolution française.

En 1828 fut institué dans l'Inde un clergé séculier sous l'autorité d'un préfet apostolique nommé par décret. Toutefois, à Mahé, Yanaon et Karikal le service est assuré par des prêtres des Missions étrangères placés sous la direction d'un vicaire apostolique.

*Travaux publics.* — Les établissements français de l'Inde portent leur attention du côté des irrigations et la question de l'aménagement des eaux y est également à l'étude. On a construit aussi un pont-débarcadère en fer à Pondichéry, relié par un tramway à la voie ferrée qui met le chef-lieu de notre colonie en rapport avec le *South-Eastern Indian railway*.

Le chemin de fer français est depuis quelques années en pleine exploitation; il a été construit par une compagnie anglaise moyennant une subvention de 4,000,000 de francs prélevée sur le contingent de l'Inde.

*Cultures.* — Le système territorial de l'Inde est fort compliqué et soumis à des conditions toutes particulières à ces contrées. Nous

nous bornerons à en donner sommairement une idée générale en ce qui concerne nos établissements, principalement ceux de Pondichéry et de Karikal.

D'après le *Mamoul* ou coutume du pays, toutes les terres, à la côte de Coromandel, sont, en principe, la propriété du souverain. Elles sont divisées en cinq classes principales; savoir : 1° *jaguirs*, terres abandonnées par le souverain en faveur des princes, ou des chefs tributaires ; 2° *manioms*, terres affectées d'une manière irrévocable, soit à des fonctionnaires, soit à des établissements publics ou religieux ; 3° *strotrions*, petites portions de terres concédées avec ou sans redevances ; 4° *adamanoms* ou terres dont le souverain a aliéné la jouissance à perpétuité, mais non la propriété, moyennant une redevance en argent; 5° *brombocks*, terrains incultes ou occupés par la voie publique, les savanes, étangs, cours d'eau.

Le gouvernement français, en succédant aux princes indigènes, respecta ces principes fondamentaux; toutefois, en 1824, dans le but de favoriser l'agriculture locale, il entra dans une nouvelle voie en adoptant un système de concessions de terres qui fut définitivement réglé par une ordonnance du 7 juin 1828. Allant même plus loin, l'État renonça, en 1854, à son droit de propriété sur les terres *adamanoms* qui sont exploitées par les indigènes. Un décret du 16 janvier de cette année porte : « qu'à Pondichéry et dans ses districts, les détenteurs actuels du sol, à quelque titre que se soit, qui acquittent l'impôt réglementaire, sont déclarés propriétaires incommutables des terres qu'ils cultivent ». L'administration s'est seulement réservé un privilège sur les récoltes et, au besoin, sur le sol, pour le recouvrement de l'impôt.

Dans le district de Karikal, les terres de chaque aldée sont, en général, des propriétés indivises, exploitées d'après un mode spécial par les possesseurs communs. Ces propriétaires fonciers, qui sont désignés sous le nom de *mirasdars*, payent au Gouvernement la redevance des terres et ils emploient, pour les cultiver des sous-habitants qui, pour leur salaire, ont droit à une part déterminée dans le produit des récoltes. Ces sous-habitants ont, à leur tour, sous leur dépendance, une classe de travailleurs que l'on nomme *panéals*.

En résumé, la condition des cultivateurs indiens, loin de s'être aggravée dans nos établissements, depuis la reprise de possession, y a été partout améliorée et y est notamment beaucoup plus heureuse que celle des cultivateurs des autres parties de l'Hindoustan.

Les principales cultures sont celles du nelly (riz) et autres menus grains qui servent à l'alimentation des indigènes.

L'indigofère, dont la culture a été introduite dans le Sud de l'Inde, il y a cent ans à peine, donne aussi d'excellents produits qui sont employés à la teinture des toiles bleues dites *guinées*.

La culture des cocotiers est très importante dans nos établissements, surtout à Pondichéry et à Mahé ; on en tire du *cair* ou fibre du fruit; des noix sèches décortiquées, connues sous le nom de coprah, du callou et du jagre, de l'arrack et de l'huile. Le callou et le jagre s'obtiennent du suc de la sève et se boivent sans aucune préparation. L'arrack est une boisson fermentée tirée de la sève du cocotier.

Parmi les cultures secondaires, on peut mentionner celles du bétel, du tabac, de la canne à sucre, du coton, de plusieurs plantes oléagineuses, telles que le sésame, le gingely et le palma-christi.

Le bétel est d'une consommation générale parmi les indigènes des deux sexes. Ils en mâchent les feuilles saupoudrées de chaux et d'areck.

On cultive aussi, dans nos possessions, un grand nombre d'arbres fruitiers parmi lesquels on peut citer : le bananier, le citronnier, l'oranger, le grenadier, le pamplemoussier, le goyavier, le papayer, la vigne, le manguier, l'atier, etc.

Il existe, à Pondichéry, deux jardins botaniques désignés, l'un sous le nom de Jardin colonial, l'autre sous celui de Jardin d'acclimatation. Le premier, fondé en 1827, couvre une superficie de 18 hectares ; mais, vu la mauvaise nature de son sol, les essais de tout genre qui y ont été tentés ont presque tous mal réussi. Il est aujourd'hui à peu près abandonné comme jardin d'expérimentation. Il offre néanmoins au public un lieu de promenade très agréable en raison des magnifiques allées qui le sillonnent.

Quant au Jardin d'acclimatation, créé le 15 mai 1861, son

étendue est de 8 hectares 18 ares. On y voit de belles allées, régulièrement plantées d'arbres d'essences différentes et bordées de haies vives, deux vastes parterres paysagers pour la culture des plantes d'ornements, et une pépinière où sont tenues en réserve les espèces dont la propagation offrirait aux particuliers de sérieuses difficultés. Le jardin vient en aide au public en lui fournissant, à des prix qui ne sont que rémunérateurs, des plantes, fleurs, fruits et légumes.

Dans l'établissement de Pondichéry, 6,585 hectares sont plantés en riz, 10,000 hectares en menu grain, 275 hectares en potagers, 31 hectares en bétel, 6 hectares en tabac, 32 hectares en cotonniers, 2,277 hectares en arbres fruitiers, 442 hectares en indigotiers. La superficie consacrée aux habitations est de 508 hectares. Il y a, en outre, 3,741 hectares de terrains incultes et 5,293 hectares de terres appartenant au domaine public.

Dans l'établissement de Karikal, on compte 8,065 hectares plantés en riz, 603 hectares en menu grain, 132 en potagers, 16 en bétel, 12 en indigotier, 26 en cotonniers, 310 en arbres fruitiers ; 421 hectares sont surbâtis. Il y a, en outre, 2,337 hectares de terres incultes et 1,614 appartenant au domaine public.

Dans l'établissement de Yanaon, 635 hectares sont plantés en riz et en menu grain et 642 hectares en bananiers et en bois.

Dans l'établissement de Mahé, 1,469 hectares sont plantés en riz et 3,985 hectares en arbres fruitiers.

*Industrie.* — Les principales industries de Pondichéry sont la filature, le tissage et la teinture des étoffes de coton connues sous le nom de guinées, la fabrication des huiles, les tanneries. C'est à M. Desbassayns de Richemont, administrateur général de 1826 à 1828, qu'est due la première idée de la filature à mécanique. Grâce aux efforts réunis du fondateur, M. Charles Poulain, et du Gouvernement qui fournit de larges subsides, cette industrie devint bientôt prospère à Pondichéry. Il existe aujourd'hui trois filatures aux environs de Pondichéry. La plus importante, appelée Savana, a 160 métiers à tisser et emploie 15,000 broches et 2,000 ouvriers environ ; elle fabrique environ 1,200 kilogr. de fil par jour.

La filature Cou-Vingadapalachetty emploie 4,400 broches et

260 ouvriers. Les produits s'élèvent à 350 kilogr. de fil par jour.

Enfin, la troisième de ces filatures, appartenant à M. G. Gobalouchetty, fabrique en moyenne, 250 kilogr. de fil par jour et emploie 5,000 broches et 150 ouvriers. Les produits servent principalement au tissage des toiles dites guinées.

Le tissage à la mécanique remonte également à M. Desbassayns ; quant au tissage natif, il a éprouvé dans nos établissements la même décadence que dans toute l'Inde.

Réduit par la concurrence à circonscrire ses produits, ses seules ressources consistent aujourd'hui dans quelques mousselines, les guinées et divers tissus grossiers à l'usage des basses classes. Cependant, on compte encore sur le territoire de Pondichéry, près de 4,000 métiers de tisserands.

Les sources qui se trouvent sur le territoire de Pondichéry fournissent des eaux excellentes pour les teintures ; les pays environnants envoient des toiles blanches dans cette ville pour y être teintes en bleu. On n'y compte pas moins de 73 teintureries, qui teignent annuellement environ 400,000 pièces de toile mesurant chacune 16 mètres de long, sur un mètre de large.

On fabrique, à Karikal, les mêmes étoffes qu'à Pondichéry, mais en moins grande quantité. La ville de Karikal possède des chantiers pour la construction des bateaux ; il en sort chaque année, une notable quantité de grandes et petites embarcations.

A Chandernagor, Mahé et Yanaon, l'industrie des tisserands était plus prospère autrefois qu'aujourd'hui, sa décadence est principalement due aux droits de sortie élevés, imposés par les Anglais, sur les matières premières nécessaires à cette industrie et qu'il faut tirer de leur territoire.

La fabrication du sel, qui était autrefois très active dans nos établissements, y a été interdite depuis la convention passée avec l'Angleterre le 13 mai 1818.

Il y a, en outre, à Pondichéry, 99 indigoteries, 36 teintureries et 285 huileries ; à Karikal, 1 indigoterie, 2 teintureries, 1 savonnerie et 56 huileries.

*Navigation.* — Les navires étrangers sont admis à faire le commerce dans nos établissements, mais, on l'a dit plus haut, la navigation avec la France et les colonies françaises est encore réservée au pavillon national.

Les navires de tous pavillons sont soumis aux droits ci-après :

| | Par tonneau. |
|---|---|
| Droits de tonnage et de manifeste à Pondichéry, Karikal et Mahé quand le navire opère................ | 0f 20 |
| Droit de phare à Pondichéry .............. | 0 15 |
| Droits sanitaires par tonneau.............. | 0 02 |
| Droits de présence par jour............... | 1 20 |

Les droits sanitaires n'existent pas pour les navires venant de Madras, de Karikal et des points intermédiaires situés entre ces deux villes.

*Commerce.* — Le conseil général de l'Inde statue sur toutes les taxes et contributions, à l'exception des tarifs de douane, qui sont réglés par décrets. Il n'existe pas à proprement parler de droits de douane dans l'Inde. Il serait difficile, en effet, d'empêcher la fraude dans nos établissements, qui sont enclavés dans les possessions anglaises. Cependant, des droits d'entrée sont perçus sur les spiritueux extraits du cocotier, du palmier, de la canne à sucre et du riz, sur l'arrack et le rhum, sur le tabac et sur le bétel. L'introduction du sel est interdite.

Notre colonie de l'Inde a importé de France en 1880 pour 1,200,000 fr. de marchandises ; elle a exporté pour France pour 11,400,000 fr. Elle a importé de nos colonies pour 488,000 fr.; elle y a exporté pour 1,100,000 fr. Elle a importé de l'étranger pour 6,200,000 fr.; elle a exporté pour l'étranger pour 13,000,000 fr.

*Service postal.* — Les relations de l'Inde avec la métropole sont assurées par services français et anglais.

Le service français, confié à la Compagnie des Messageries maritimes, est mensuel ; les paquebots quittent Marseille le dimanche de toutes les quatre semaines à partir du 21 janvier 1883.

Le service anglais, assuré par la Compagnie péninsulaire et orientale, est hebdomadaire. Les correspondances sont déposées à Bombay et transportées entre Bombay et nos possessions par l'intermédiaire de la poste anglaise.

Pour le tarif des correspondances, voir à l'article *Martinique*.

Le service postal intérieur comporte 5 bureaux : Pondichéry, Karikal, Mahé, Yanaon et Chandernagor.

Le service postal pour les lettres expédiées à l'intérieur de nos établissements est fait par le gouvernement anglais.

L'Inde est reliée télégraphiquement à l'Europe par le câble de l' « Eastern Extension Company ».

*Services financiers.* — Le budget de la marine et des colonies (service colonial) comprend, pour l'Inde, une somme de 549,389 fr. (2,3 p. 100).

Le budget local comprend les dépenses et les recettes de chacun des établissements ; il s'élève, en recettes et en dépenses, à 1,884,792 fr., sur lesquelles Pondichéry figure pour une somme de 1,334,673 fr. Les recettes les plus importantes sont :

*Pondichéry.*

| | |
|---|---:|
| Contribution foncière. . . . . . . . . . . . . . . | 286,170f |
| Taxes de navigation . . . . . . . . . . . . . . | 16,000 |
| Droits sur les spiritueux . . . . . . . . . . . | 153,000 |
| Droits sur les cocotiers . . . . . . . . . . . . | 54,000 |
| Droits sur le sel . . . . . . . . . . . . . . . . | 212,000 |

*Chandernagor.*

| | |
|---|---:|
| Rente foncière. . . . . . . . . . . . . . . . . . | 26,000 |
| Droits sur les spiritueux . . . . . . . . . . . | 82,000 |
| Droits sur le sel et l'opium . . . . . . . . . . | 68,000 |

*Karikal.*

| | |
|---|---:|
| Droits sur le sel, le tabac, etc. . . . . . . . . . | 96,000 |

*Mahé.*

| | |
|---|---:|
| Impôt foncier . . . . . . . . . . . . . . . . . . | 12,000 |
| Droits sur les spiritueux . . . . . . . . . . . | 10,000 |
| Droits sur le sel, le tabac, etc. . . . . . . . . | 18,000 |

*Yanaon.*

| | |
|---|---:|
| Impôt foncier . . . . . . . . . . . . . . . . . | 13,000 |
| Droits sur les spiritueux. . . . . . . . . . . . | 13,000 |

*Monnaies et établissements de crédit.* — Le système monétaire français est en vigueur dans nos établissements de l'Inde, mais pour l'usage officiel et dans les actes authentiques seulement. La véritable unité monétaire est la roupie, qui, seule, alimente la circulation et sert de base à toutes les transactions.

La roupie vaut officiellement 2 fr. 40 c., mais, en réalité, 2 fr. 10 c. seulement; elle est en argent et se subdivise en 8 fanons de 30 cent. (24 caches) chaque. Il y a des pièces de 1, de 2 et de 4 fanons.

La monnaie de cuivre se compose de pièces de 6 caches, de 3 caches et de 1 cache (quart, huitième et vingt-quatrième de fanon).

Le *lach* est une monnaie de compte, qui vaut 100,000 roupies.

Il existe à Pondichéry une succursale de la Banque de l'Indo-Chine. Nous parlerons de cet établissement dans l'article *Cochinchine*.

*Services militaires*. — La garnison des établissements français de l'Inde comprend deux compagnies de cipayes, recrutées dans la colonie, commandées par des officiers d'infanterie de marine.

La colonie possède les ressources nécessaires à la subsistance des rationnaires militaires.

Un hôpital militaire est établi à Pondichéry aux frais de la colonie : le budget de l'État rembourse les frais d'hospitalisation de son personnel.

## XIV. — COCHINCHINE.

*Notice historique.* — La première intervention militaire de la France en Cochinchine remonte à 1779, époque où le dernier héritier légitime du royaume d'Annam, Théto ou Ngnien-Anh, s'étant échappé des mains des rebelles, qui avaient mis son père à mort, entreprit de reconquérir son royaume et demanda, pour cela, l'appui de la France par l'intermédiaire de l'évêque d'Adran, Pigneau de Béhaine. Un traité fut signé à Versailles, le 28 novembre 1787, moyennant lequel la France, en échange d'un corps auxiliaire de 1,500 hommes et d'un matériel de guerre, recevait en toute propriété la presqu'île de Tourane et l'île de Poulo-Condore. Ce traité ne fut pas suivi d'exécution de la part de la France.

Néanmoins Théto reconquit son royaume et régna sous le nom de Gia-Long. L'évêque d'Adran et les Français, qui l'y avaient aidé, furent écartés systématiquement sous son fils Ming-Manh, la persécution religieuse se continua avec violence sous ses successeurs Thien-Tri (1840), Tu-Duc (1847) et amena, de la part de la France, une intervention effective.

En 1856, un diplomate français, M. de Montigny, chargé de négocier un traité avec les souverains de Siam et d'Annam, fit porter à Hué une missive pour Tu-Duc. Non seulement les mandarins refusèrent de la recevoir, mais ils menacèrent le commandant du feu de leurs batteries. Le commandant français attaqua la garnison cochinchinoise, encloua ses canons et lui noya ses poudres. Alors seulement les mandarins vinrent faire d'hypocrites excuses dont ils se vengèrent bientôt en mettant à mort l'évêque espagnol Diaz. La France, à bout de patience, se décida à agir de concert avec l'Espagne et, le 31 août 1858, l'amiral Rigault de Genouilly se présenta devant Tourane, dont il s'emparait le 2 septembre; y laissant une garnison, il se dirigea sur Saïgon, qui tombait en son pouvoir le 17 février 1859. Revenant alors à Tourane où les attaques des ennemis nécessitaient sa présence, il donna le commandement de Saïgon au capitaine de frégate Jauréguiberry et alla rejeter l'ennemi sur la route de Hué.

Le contre-amiral Page, qui lui succéda, s'empara de Kien-San ; mais la guerre avec la Chine réclamant le concours de toutes nos forces, l'abandon de Tourane fut décidé et l'on se borna à conserver Saïgon, où on laissa une garnison sous les ordres du capitaine de vaisseau Dariès, qui dut tenir en échec toute l'armée annamite, jusqu'au moment où le vice-amiral Charner, après la fin de l'expédition de Chine, vint reprendre les hostilités en Cochinchine.

Le 24 février 1861, on se mettait en route avec un effectif de moins de 3,000 hommes sur le camp retranché de Ki-hoâ et, le lendemain, l'armée annamite forte de 20,000 hommes, était chassée de toutes ses lignes fortifiées pendant que le contre-amiral Page remontait la rivière de Saïgon et détruisait les forts de l'ennemi. La prise de Mytho nous livrait bientôt la province de Dinh-tuong et tout le pays entre le Donnaï et le Cambodge.

Le contre-amiral Bonard, qui succéda le 8 août 1861 au vice-amiral Charner, s'occupa de porter notre frontière à l'Est de Saïgon et entreprit l'expédition de Bien-hoâ, s'empara de cette ville, puis, se portant vers l'Ouest, de Vinh-Long. Tu-Duc se décida à signer la paix le 5 juin 1862 : il cédait à la France les trois provinces de Bien-hoâ, de Saïgon et de Mytho, ainsi que l'île de Poulo-Condore, en s'engageant à payer, en dix années, une indemnité de guerre de vingt millions de francs. Par contre, nous devions rendre la citadelle de Vinh-Long dès que le roi Tu-Duc aurait fait cesser la rébellion qu'il avait excitée contre nous. Mais les mandarins ne cessaient pas d'exciter la révolte et nos troupes durent sévir contre Go-cong dans le Sud, puis réduire les Moïs, peuplades qui confinent à notre territoire vers l'Est. Le 15 avril 1863, la ratification du traité du 5 juin 1862 eut lieu à Hué, où l'amiral Bonard s'était rendu en grande pompe.

Le contre-amiral de la Grandière, qui lui succéda, régla nos rapports avec le royaume de Cambodge où se faisait sentir l'influence du roi de Siam et, le 11 août 1863, le roi Phra-Norodom se plaçait sous le protectorat de la France.

Dans le courant de l'année 1863, le roi Tu-Duc avait envoyé

en France une ambassade chargée de proposer au gouvernement français le rachat de nos trois provinces et la concession d'un protectorat sur les six provinces de la Basse-Cochinchine, Bienhoâ, Saïgon, Mytho, Vinh-Long, Chaûdoc et Hâ-tien.

Non seulement ces propositions furent écartées, mais on reconnut la nécessité de compléter notre colonie par l'annexion des trois provinces de l'Ouest qui, en juin 1867, firent au vice-amiral de la Grandière leur soumission définitive.

La Cochinchine était conquise et le protectorat sur le Cambodge définitivement reconnu par le roi de Siam lui-même qui, par un traité, renonçait pour lui et ses successeurs à toute souveraineté sur le pays.

*Topographie.* — La Cochinchine française ou Basse-Cochinchine est située au S.-E. de l'Indo-Chine, entre le 102° et le 105° de longitude Est et le 8° et le 11°30′ de latitude nord.

Elle est bornée : au Nord par le royaume du Cambodge et le pays des Moïs; au N.-E. par la province de Binh-Thuân (royaume d'Annam), à l'Est et au Sud par la mer de Chine, et à l'Ouest par le golfe de Siam.

Ce pays se divise en six provinces : 1° Bienhoâ, 2° Saïgon, 3° Mytho, 4° Vinh-Long, 5° Chaûdoc, 6° Hâ-tien.

Ces provinces se subdivisent en 21 arrondissements : 1° Bienhoâ, 2° Baria, 3° Thû-da-ûmôt, à l'Est; 4° Tay-Ninh, 5° Saïgon, 6° Cholen au centre, 7° Gô-cong, 8° Tan-An, 9° Mytho, également au centre ; 10° Bentré, 11° Soc-Trang, 12° Tra-Vinh, 13° Vinh-Long, 14° Sadec, 15° Long-Xuyen, 16° Traôn, 17° Chaûdoc, 18° Hâ-tien (y compris l'île de Phu-Quoc), 19° Rach'Gia, 20° Poulo-Condore et 21° Bac-Lieu.

Ces arrondissements comprennent 207 cantons et 2,425 communes.

Le groupe des îles de Poulo-Condore, situé au Sud de la presqu'île de Camau, est une dépendance de nos possessions. La plus grande de ces îles sert de pénitencier pour les condamnés à une peine de moins de dix ans de prison.

Nos possessions présentent à peu près la forme d'un vaste trapèze dont la grande base s'étend du Sud à l'Est.

Le grand fleuve du Meï-Kong ou Cambodge divise à peu près

en deux parties égales la Basse-Cochinchine et court du N.-O. au S.-E.

Ce fleuve entre sur le territoire par deux branches; la première est appelée par les indigènes : Fleuve postérieur ; elle se rend directement à la mer avec de très légères inflexions dans son cours, et s'y jette par deux larges embouchures. La seconde ou Fleuve antérieur coule parallèlement au fleuve postérieur pendant la moitié de son parcours, et, arrivée à Vinh-Long, se divise successivement en quatre bras qui conduisent ses eaux à la mer par six embouchures.

La rive gauche du fleuve antérieur et celle du bras du Ba-laï séparent les trois provinces méridionales de la Basse-Cochinchine des provinces septentrionales.

Deux cours d'eau allant de l'Est à l'Ouest, le canal d'Hâ-tien et le Rach-Gia, mettent le fleuve postérieur en communication avec le golfe de Siam.

Il existe encore quatre autres fleuves profonds qui, quoique de peu d'étendue, sont parallèles entre eux pendant la plus grande partie de leur cours supérieur ; ils se relient deux à deux pour se jeter à la mer par les deux embouchures du Soï-rap et du cap Saint-Jacques.

Ces cours d'eau vont de l'Est à l'Ouest; ce sont : 1° le Donnaï, ou rivière de Bienhoâ; 2° la rivière de Saïgon; 3° les deux Vaïcos.

La partie occidentale du pays présente un sol généralement plat, très peu élevé et sillonné de tous côtés d'un nombre considérable d'arroyos. A partir de Saïgon et un peu au-dessus, le terrain s'élève progressivement jusqu'aux limites septentrionales de la province de Bienhoâ, pour rejoindre la chaîne de montagnes du royaume d'Annam, qui s'étend par la Chine jusqu'au Thibet.

Les hauteurs les plus remarquables de cette partie sont les monts : Nui-Dinh, Nui-Baria, Nui-Ganh-raï (cap Saint-Jacques), Nui-Tuy-van et le pic Ba-dinh.

Il existe encore à l'Ouest de nos possessions, dans les provinces de Chaudoc et d'Hâ-tien, plusieurs montagnes qui rejoignent la chaîne de l'Éléphant, dans le royaume de Siam.

Le pays est très boisé du côté des terrains élevés; dans les plaines basses, les cours d'eau sont bordés d'un ruisseau de feuillages, derrière lesquels s'étendent des champs et des rizières sans fin.

Sa plus grande longueur du N.-E. au S.-O. est de 385 kilomètres, et sa largeur de l'Est à l'Ouest est de 330 kilomètres. Sa superficie est d'environ 60,000 kilomètres carrés.

*Météorologie.* — Les travaux exécutés en Cochinchine, depuis la conquête, l'ont déjà bien assainie. Encore quelques années, et les nombreux travaux qui s'exécutent dans l'intérieur et à Saïgon rendront le séjour de la colonie sans doute meilleur pour les Européens que dans les autres colonies.

La température ne varie guère entre 20° et 30° centigrades ; elle s'élève quelquefois dans la saison sèche, qui dure de novembre en avril, jusqu'à 36° pendant le jour. C'est surtout en mars que le soleil est brûlant; les insolations à cette époque sont alors fréquentes.

La province de Bien-hoâ étant plus élevée que les autres, jouit d'une température plus fraîche.

Les pluies commencent en mai et finissent en octobre ; elles ne sont pas constantes et tombent le plus fréquemment en averses généralement une ou deux fois par jour.

Les vents régnant en Cochinchine sont ceux de la mousson du N.-E. qui dure d'octobre en avril, et ceux de la mousson du S.-O. qui dure de mai en octobre pendant la saison pluvieuse ; ces derniers donnent quelquefois lieu à de violentes bourrasques, mais les ravages commis par les cyclones sont rares dans le pays ; en novembre 1876, ils ont cependant causé quelques désastres.

Des observations sur les marées, dues à M. T. Vidalin, sous-ingénieur hydrographe, démontrent que le flot vient du Nord, le long des côtes de Cochinchine. Il est du reste facile de suivre la marche des marées dans la mer de Chine. Le plein a lieu les jours de nouvelle et de pleine lune, vers les huit heures du matin, dans les parages des îles Léma, au large de Hong-Kong; puis il arrive vers 9 heures 30 à Tourane, à 11 heures au cap Varella, à 2 heures au cap Saint-Jacques, à 2 heures 30 à Poulo-Condore, à 10 heures à l'entrée du détroit de Singapore et à 11 heures 30 à l'île Tree, où le flot de la mer de Chine rencontre celui du détroit de Malacca.

Les plus hautes marées de l'année ont été observées aux syzygies des équinoxes; leur niveau, qui atteint 3$^m$,80 au-dessus des plus basses mers, a été sensiblement le même le matin et le soir.

Le jusant prédomine en rivière de Saïgon pendant la saison des pluies, du mois de mai au mois d'octobre, tandis que, pendant la saison sèche, il ne se fait souvent sentir que dans la nuit; dans les mortes eaux de cette saison, les navires restent fréquemment en travers durant le jour.

L'évitage au jusant a lieu généralement une demi-heure ou trois quarts d'heure après la pleine mer; l'évitage au flot retarde souvent davantage après l'heure de la basse mer.

Il existe un phare de première classe au cap Saint-Jacques, situé par les 10°19'40" Nord et 104°44'43" Est de Paris. Son feu est blanc et fixe; sa portée est de 28 milles; elle a été vérifiée jusqu'à 33 milles par temps clair. La hauteur du plateau sur lequel est établi ce phare est de 139 mètres, la hauteur de la tour est de 8 mètres; ce qui donne, pour hauteur totale, 147 mètres. La distance en projection du sommet sur lequel est établi ledit phare à la pointe la plus Sud du cap, est de 710 mètres.

*Population.* — La Cochinchine a 1,550,497 habitants, sur lesquels: 1,825 Français, 139 étrangers, 1,483,506 indigènes, et 64,027 Asiatiques étrangers.

La ville de Saïgon, dont la superficie est de 405 hectares 60 ares, compte 14,028 habitants, parmi lesquels 1,056 Européens. Sur cette population, il y a 672 hommes, 219 femmes et 165 enfants. Les troupes de terre et de mer n'y sont pas comprises.

La population de Cholen s'élève à 39,451 habitants, dont 72 Européens, 15 Asiatiques sujets français, 20,047 indigènes, 19,181 Chinois; les autres sont des Asiatiques étrangers.

Le nombre des mariages à Saïgon, en 1880, s'est élevé à 7 pour les Européens. Il y a eu 46 naissances et 102 décès.

*Gouvernement et administration.* — La Cochinchine est représentée en France par un député.

L'administration de la colonie est dirigée par un gouverneur, qui est assisté d'un commandant supérieur des troupes, d'un commandant de la marine, d'un directeur de l'intérieur, d'un procureur général. Le chef du service administratif est chargé de la comptabilité et de l'administration des services militaires. Un inspecteur des services administratifs et financiers assure le service du contrôle. Le Conseil privé est composé, sous la présidence du gouverneur, des chefs d'administration, de deux habitants notables nommés par le chef de la colonie et de deux suppléants.

Nous avons indiqué, dans la notice préliminaire, les attributions du Conseil privé, du Conseil du contentieux administratif et du Conseil colonial. Ce dernier conseil est composé de 6 membres citoyens français ou naturalisés, élus par les citoyens français ou naturalisés; de 6 membres asiatiques sujets français élus à raison de un par chaque circonscription par un collège composé d'un délégué de chaque municipalité; de 2 membres civils du conseil privé, et de 2 membres délégués par la Chambre de commerce.

Par un arrêté du 12 mai 1882, le gouverneur de la Cochinchine a institué provisoirement et à titre d'essai des conseils d'arrondissement. Chaque canton de l'arrondissement élit un membre du conseil; toutefois, dans les arrondissements qui ont moins de dix cantons (Long-Xuyen, Rachgia et Sadec), le nombre des conseillers peut être fixé à deux dans les cantons les plus populeux. Dans les arrondissements qui renferment moins de cinq cantons (Baria, Gocong, Hâ-tien), les plus populeux peuvent élire trois conseillers. Sont électeurs tous les notables en exercice de chaque commune. Les conseillers sont nommés pour trois ans. Les conseils donnent leur avis sur toutes les questions intéressant l'arrondissement; ils votent le budget de l'arrondissement.

Un conseil municipal est institué à Saïgon. Il se compose de 8 membres français ou naturalisés nommés au suffrage universel par les citoyens français, et de 4 membres indigènes élus par les électeurs indigènes non citoyens français. Le maire et les adjoints sont élus par les conseillers municipaux.

La ville de Cholen est administrée par un conseil municipal composé d'un président, de trois membres européens présentés par la chambre de commerce et nommés par le gouverneur; de quatre membres annamites et de quatre membres chinois nommés à l'élection. Le président, nommé pour trois ans par le gouverneur, remplit les fonctions de maire; il est assisté de trois adjoints (un Européen, un Annamite et un Chinois) nommés par le gouverneur. Les électeurs annamites doivent être âgés de 21 ans, être domiciliés soit à Cholen, soit dans les villages voisins annexés à la commune, et payer une contribution directe de 100 fr. — Le chiffre de la contribution directe à payer par les électeurs chinois est fixé à 200 fr.

Les autres centres de la Cochinchine ont une organisation communale antérieure à la conquête. La population de chaque commune se divise en inscrits et en non-inscrits. Les inscrits se composent en principe de tous les chefs de famille âgés de 21 ans, propriétaires, commerçants dans une situation aisée, ayant des moyens d'existence indépendants et ayant qualité pour prendre part aux affaires publiques. Ils paient l'impôt personnel. Les non-inscrits sont les habitants qui sont en service chez d'autres ou à la charge de la commune. Ils sont tenus de fournir les corvées, la garde, les transports des notables.

La commune annamite est une personne morale qui s'administre elle-même. Elle est gouvernée par un conseil de notables. Les notables se divisent en grands et en petits notables. Les premiers seuls décident en réalité des affaires de la commune; les seconds ne sont que des employés. Ils tiennent deux assemblées par an, à l'époque des fêtes du printemps et de l'automne, et se réunissent à la pagode de l'Esprit protecteur du village sur la convocation du notable le plus élevé.

La direction des affaires appartient à deux notables; l'un, le *huongthan* (notable lettré), est chargé de faire connaître au peuple les ordres de l'administration; l'autre, le *huonghao* (homme riche), a le service de la police; en cas de retard dans le versement de l'impôt par les particuliers, il fait au village les avances nécessaires. L'auxiliaire des deux principaux notables s'appelle le *tong thruong* (dépositaire du cachet du village). C'est le maire et le premier agent responsable; il est assisté d'un certain nombre d'agents secondaires.

*Justice.* — Le décret du 25 juillet 1864, premier acte organique de l'administration de la justice dans la colonie, a établi le principe d'une double juridiction en créant des tribunaux français et des tribunaux indigènes. Cet acte, modifié par le décret du 7 mars 1868, qui institua une cour d'appel à Saïgon est resté en vigueur jusqu'en 1880, où le décret du 2 avril le modifia profondément, en attribuant à la cour d'appel la connaissance des appels des jugements rendus par les tribunaux indigènes, et en faisant ainsi passer sous le contrôle de la magistrature européenne tout ce qui concernait la justice indigène. Le décret du 25 mai 1881, dernier état de la législation, a encore accentué cette tendance en supprimant les tribunaux indigènes, et en instituant dans les provinces des tribunaux français composés de magistrats, mais qui appliqueront aux indigènes les prescriptions de leur législation. Dans l'organisation actuelle, la cour se compose de deux chambres, l'une plus spécialement chargée des affaires du droit européen, l'autre ayant la connaissance des affaires de droit indigène. Le procureur général, chef du service judiciaire, exerce sa surveillance sur l'ensemble du service. Un tribunal de première instance à Saïgon, 6 tribunaux de première instance dans les provinces, et un tribunal de première instance à Pnom-Penh (Cambodge), rendent la justice au premier degré; une justice de paix siège à Saïgon.

Le tableau ci-après donne la composition des différentes juridictions.

### Cour d'appel.

1 procureur général, chef du service, 1 premier substitut, 2 seconds substituts, 1 président, 1 vice-président, 5 conseillers, 4 conseillers auditeurs, 1 greffier.

### Tribunal de Saïgon.

1 juge-président, 1 lieutenant de juge, juges suppléants, 1 procureur de la République, 1 substitut, 1 greffier.

### Tribunaux de Binh-Hoa, Mytho et Bentré.

1 juge président, 1 lieutenant de juge, juge suppléant, 1 procureur de la République, 1 greffier.

### Tribunaux de Vinh-Long, Chaudoc, Soc-Trang et Pnom-Penh.

1 juge président, 1 lieutenant de juge, 1 procureur de la République, 1 greffier.

La justice de paix de Saïgon se compose de :
1 juge de paix, 2 juges suppléants, 1 greffier.

La justice criminelle est rendue par des cours criminelles siégeant aux chefs-lieux des tribunaux et se composant, à Saïgon, de trois conseillers et de deux assesseurs tirés au sort sur une liste de notables arrêtée tous les ans par une commission spéciale; lorsque les accusés sont indigènes, les assesseurs sont choisis par le sort sur une liste de notables indigènes arrêtée par le gouverneur en conseil privé.

Dans les provinces, la cour est composée de deux membres du tribunal et d'un conseiller à la cour président, deux assesseurs complètent la cour; si les accusés sont Européens, ces assesseurs sont tirés au sort sur la liste européenne de Saïgon.

Des défenseurs sont institués pour représenter les parties et plaider pour elles devant la cour et les tribunaux. La nomination de ces officiers ministériels est faite par le gouverneur.

Un notaire existe à Saïgon; dans les provinces, les fonctions en sont remplies par les greffiers.

*Législation.* — Le Code civil, le Code de commerce et le Code pénal sont promulgués dans la colonie tels qu'ils existent en France. Le Code de procédure civile et le Code d'instruction criminelle ont subi des modifications nécessitées par l'organisation judiciaire.

Les indigènes ont conservé le droit d'être jugés au civil conformément à leurs lois. Au criminel, un décret du 16 mars 1880 a promulgué un Code pénal spécial aux indigènes, et ne différant du Code métropolitain que par l'adoucissement de quelques pénalités en matière de vol.

*Instruction publique.* — Le service de l'enseignement est placé sous la direction d'un inspecteur primaire.

La population étant presque entièrement annamite, l'enseignement primaire diffère essentiellement de celui des autres colonies.

Dans les écoles primaires, on enseigne l'annamite et quelques éléments de français. Ces écoles sont au nombre de 443, et comportent 473 instituteurs pour 13,299 élèves (13,172 garçons et 127 filles).

Dans les écoles dites du premier degré, on enseigne aux enfants à lire et écrire en français, et on leur donne les premières leçons de grammaire, d'arithmétique et de géographie. Ces écoles, au nombre de 7, sont situées dans les grands centres de population. 47 professeurs (13 Européens et 34 indigènes) donnent l'enseignement à 1,062 élèves.

Dans les écoles du deuxième degré, les enfants reçoivent à peu près l'enseignement primaire français; ils y restent 3 années. Deux établissements seulement donnent cet enseignement : le collège Chasseloup-Laubat à Saïgon et le collège de Mytho. 35 professeurs y donnent l'enseignement à 279 élèves.

Ces deux derniers collèges sont destinés à donner plus tard les deux premières années de l'enseignement secondaire.

L'enseignement libre est très développé. Dans un grand nombre de villages, il existe des écoles dites de caractères, où l'on apprend à lire et à écrire les caractères chinois ou cambodgiens. Ces écoles sont entretenues par les cotisations des élèves ou par les dons des particuliers. On en compte 414 dirigées par 417 professeurs donnant l'enseignement à 6,008 élèves (5,928 garçons et 80 filles).

Enfin, les écoles de la mission sont au nombre de 64 pour 3,384 élèves (1,839 garçons et 1,545 filles) dirigées par 97 professeurs.

*Culte.* — L'administration française, lorsqu'elle prit possession de la Cochinchine, n'eut à pourvoir qu'à un nombre très restreint de besoins nouveaux au point de vue du culte. Elle s'adressa pour assurer ce service à la mission qui était établie dans le pays depuis de longues années, à laquelle une subvention fut allouée à cet effet.

En 1881, cette subvention a été supprimée. La colonie ne pourvoit qu'aux dépenses de matériel pour l'entretien de l'évêché de Saïgon et à l'achèvement de la cathédrale commencée depuis cinq ans environ.

La mission possède un grand séminaire à Saïgon, un petit séminaire à Caï-Nhum et une école de catéchiste à Tam-Dinh.

*Travaux publics.* — La Cochinchine a pu donner l'impulsion la plus vive à ses travaux publics. Un hôtel du Gouvernement, une cathédrale et d'autres édifices dignes d'une ville de premier rang ont été édifiés à Saïgon. De grandes constructions pour le logement des fonctionnaires et l'installation des écoles ont été faites dans les inspections.

Des études d'amélioration de rivières, de canaux et d'arroyos en vue de la facilité des transports et de l'assainissement du pays ont été poursuivies et, à l'heure présente, la colonie s'occupe d'adjuger les travaux indiqués par ces études. Il en est de même des chemins de fer de la colonie. Une première concession a été accordée, celle de Saïgon à Mytho avec prolongement éventuel sur Vinh-Long, et la voie ferrée qui en fait l'objet ne tardera pas à être livrée à l'exploitation. Un tramway fonctionne entre Saïgon et Cholen.

Enfin, l'administration de la Cochinchine a été chargée d'étudier le système de phares destiné à assurer l'éclairage des côtes de la colonie, et nul doute qu'une grande impulsion ne soit donnée aux travaux qui auront été jugés nécessaires à la sécurité de la navigation.

La colonie affecte chaque année près de 6,000,000 fr. aux travaux publics, comprenant à la fois les bâtiments, le port, les phares et l'entretien des routes.

*Cultures*. — Le Gouvernement possède, dans toutes les parties de la Cochinchine, des terrains vacants jusqu'aux environs de Saïgon ; mais ils sont très différents de valeur et réclament pour la plupart des frais d'appropriation assez élevés.

Aux termes d'un arrêté local en date du 30 mars 1865, les terrains devaient être vendus à bureau ouvert, par une commission permanente et sur des mises à prix variant de 10 à 70 fr. l'hectare. Le plus grand nombre de ces ventes avait lieu à 15 fr. en moyenne l'hectare ; enfin un autre arrêté du 3 novembre 1865 prescrivait, à l'égard de certains terrains dans le voisinage de Saïgon, le mode de la vente aux enchères.

Mais l'arrêté du 29 décembre 1871 est venu modifier ces dispositions et en créer de nouvelles sur une base plus large ; c'est ainsi que l'article 36 de l'arrêté précité du 30 mars 1865, qui règle la manière dont les terrains ruraux sont soumis à l'impôt, a été fait tout entier dans l'intérêt des concessionnaires.

Bien avant cette époque, des concessions de terrain ont eu lieu à raison de 10 fr. l'hectare, et elles sont nombreuses.

Enfin, l'arrêté local du 2 juin 1874, porte que des concessions gratuites pourront être accordées dans les parties continentales de la Chochinchine aux personnes qui en feront la demande pour se livrer à l'agriculture ou à l'élève du bétail.

L'impôt des terrains cultivés n'est exigible qu'à partir de la huitième année qui suit l'aliénation, et, pour les pâturages, à partir de la dixième année.

Des facilités de passage sur bâtiments de l'État sont accordées aux émigrants à destination de la Cochinchine ; mais comme la plupart d'entre eux se rendent plutôt dans la colonie pour s'y employer dans le commerce et l'industrie que pour s'y livrer à la culture des terres, le département ne consent à accorder l'embarquement de ces passagers sur navires de guerre qu'à charge de remboursement préalable des frais de nourriture à bord, évalués à 70 fr. environ. Mais l'administration locale rembourse ces frais de passage aux personnes qui se rendent en Cochinchine dans un but de colonisation ou qui peuvent exercer une industrie.

Les mêmes justifications de moralité que pour les émigrants en Calédonie et à Taïti sont exigées de ceux qui se dirigent vers Saïgon.

L'administration a aliéné jusqu'à présent 200 hectares à titre gratuit, 306 hectares par ventes de gré à gré et 95 hectares par vente aux enchères.

Les cultures prennent en Cochinchine un très grand développement : 522,040 hectares sont plantés en rizières, 4,400 en cannes, 2,110 en bétel, 3,383 en mûriers, 25,463 en aréquiers, 2,880 en cocotiers, 2,025 en arbres fruitiers, 10,040 en arachides, 2,103 en maïs, 70 en caféiers, 2,182 en tabac, 231 en indigotiers, 369 en cotonniers, 744 en ananas, 149 en ortie de Chine, 38,224 en jardins et comprennent aussi des terrains d'habitation ; enfin, 6,672 sont plantés en palmiers d'eau. Le nombre des animaux de trait et du bétail est le suivant : 4,505 chevaux, 187,590 buffles, 49,657 bœufs, vaches ou génisses.

Pour encourager l'agriculture, on a fondé un jardin botanique à Saïgon, et l'on donne des primes aux principaux agriculteurs.

La floraison des plantes et la maturité des fruits ne sont pas soumises, dans les pays tropicaux, à des règles aussi rigoureuses que dans les pays à saisons froide et chaude. La pluie et la sécheresse paraissent seules déterminer la végétation et la floraison des plantes ; le rôle de la chaleur qui est presque constamment élevée, se remarque difficilement. Les plantes herbacées fleurissent pendant et à la fin de la saison des pluies ; les arbres et les arbrisseaux, qui craignent peu la sécheresse et vont pomper l'humidité à d'assez grandes profondeurs, fleurissent à des époques assez bien déterminées et indépendantes des pluies. Néanmoins on constate, à l'époque de leur floraison, des différences d'un mois et plus, selon que le sol est plus ou moins imbibé d'eau ; beaucoup semblent même attendre un certain degré de sécheresse de la terre. Ainsi les arbres des clairières, des collines, des terrains sablonneux, sont presque constamment en avance d'un mois sur ceux des vallées et des terrains argileux. Le pays des Stiengs et des Moïs, qui possède en général un sol argilo-ferrugineux profond, voit ses arbres fleurir un mois plus tard que ceux de la Basse-Cochinchine proprement dite.

Les plantes indigènes ou tropicales doivent être en général semées au commencement de la saison des pluies ; les plantes d'Europe ou des climats tempérés préfèrent le début de la saison sèche. Elles paraissent profiter du léger abaissement de température de cette saison, et, d'autre part, elles n'ont pas à redouter les coups de soleil des mois pluvieux et les pluies trop abondantes, qui sont meurtrières pour elles et qui nuisent parfois aux végétaux indigènes. Chacun a pu constater un arrêt dans la végétation de certaines plantes après quelques jours de fortes pluies ; il est vrai que pendant les jours suivants leur croissance n'en est que plus active.

Il faut se rappeler, lorsqu'on arrose les plantes, que l'eau des arroyos et des rivières devient saumâtre à la fin de la saison sèche et qu'elle tue presque toutes les plantes qui en sont arrosées. Dans les parties des rivières et des arroyos où elle ne devient jamais saumâtre, elle acquiert même, pour quelques plantes, des propriétés malfaisantes qui doivent toujours faire préférer l'eau de puits.

Dans les provinces qui bordent le Cambodge et qui sont inondées pendant une partie de l'année, l'époque des semailles, coïncide avec le retrait des eaux dont elle dépend ; il en est de même pour les autres points de notre possession qui sont sujets aux inondations ou dont le sol s'imprègne d'une trop grande quantité d'eau, à certaines époques de l'année.

Les productions générales de la Basse-Cochinchine sont :

Le riz, qui est la richesse du pays, le coton, la canne à sucre, le tabac, le maïs, le chanvre (ramie), le poivre, l'indigo, le mûrier, la vanille (en petite quantité), le café et le cacao (cultures naissantes et d'un grand avenir), l'huile de cocos et d'arachides, la noix d'arec, le bétel, le thé vert ordinaire.

Les plantes légumineuses telles que haricots, patates douces, ignames, un grand nombre d'espèces de cucurbitacées, etc., etc., le sel, les bois (essences très variées et propres, pour la plupart, à la construction des maisons et des navires), le bambou, les divers palmiers, le rotin (espèce particulière très résistante avec laquelle on confectionne des câbles et des cordes de toutes sortes), la soie, les produits de pêches (poissons secs et salés, huiles de poisson, écailles, sauces de poissons, etc.), la pierre.

*Commerce.* — Les droits de douane et d'octroi de mer sont fixés par décret, après avis du conseil colonial. Jusqu'à présent, il n'en a pas été établi. On ne saurait, en effet, considérer comme tel le droit sur les alcools importés, représentatif de l'impôt de fabrication, et la taxe sur les riz exportés correspondant à un dégrèvement sur l'impôt foncier.

Nous donnons ci-après le tableau des importations et des exportations (valeurs en piastres)[1] par navires au long cours pendant les cinq dernières années :

|  | 1878. | 1879. | 1880. | 1881. | 1882. |
|---|---|---|---|---|---|
| Importation. . . . . . . . . | 8,432,889 | 7,704,612 | 7,543,249 | 7,690,292 | 9,224,735 |
| Exportation { Marchandises diverses. . | 1,869,359 | 1,396,628 | 1,825,179 | 3,504,143 | 3,045,148 |
| Riz et paddy. | 8,515,570 | 10,360,254 | 7,821,536 | 6,279,067 | 8,767,267 |
| Totaux . . . . . | 13,817,818 | 19,461,494 | 17,159,964 | 17,473,502 | 21,037,150 |
| Exportation de riz et paddy. Quantité de piculs[2] . . . . | 3,632,480 | 6,010,274 | 4,733,322 | 4,129,470 | 6,075,810 |

En 1882, la colonie a importé de France des marchandises

---

[1] La piastre vaut actuellement 4 fr. 56 c. Le taux est fixé par un arrêté du gouverneur.
[2] Le picul est un poids qui correspond à 61$^k$,280.

pour 1,344,432 piastres, et de l'étranger pour 7,880,303 piastres déduction faite des importations de métaux précieux qui s'élèvent pour la France à 16,074 piastres et pour l'étranger à 2,484,173 piastres.

Elle a exporté pour France en 1882 pour 315,029 piastres et pour l'étranger pour 11,497,386 piastres, déduction faite des métaux précieux qui figurent pour une valeur de 659,348 piastres dont 22,071 pour la France.

Les exportations de riz sont comprises dans ces chiffres pour les valeurs suivantes :

Pour France : riz cargo, pour 2,925 piastres ; riz blanc, pour 7,238 piastres.

Pour les Indes néerlandaises : riz cargo, pour 401,244 piastres ; riz blanc, pour 271,238 piastres.

Pour Singapore : riz cargo, pour 533,629 piastres ; riz blanc, pour 63,826 piastres ; paddy, pour 9,627 piastres.

Pour les Philippines : riz cargo, pour 250,081 piastres ; riz blanc, pour 54,075 piastres.

Pour Hongkong : riz cargo, pour 5,762,223 piastres ; riz blanc, pour 20,434 piastres ; paddy, pour 1,152,120 piastres.

Pour la Chine : riz cargo, pour 199,043 piastres ; riz blanc, pour 335 piastres ; paddy, pour 965 piastres.

Pour l'Annam : riz cargo, pour 8,504 piastres ; riz blanc, pour 6,669 piastres.

Pour l'Inde anglaise : riz blanc, pour 1,683 piastres.

Pour l'Australie : riz blanc, pour 20,808 piastres.

Les principaux ports sont ceux de Saïgon et d'Hâ-tien. Il existe aussi des ports fluviaux ; les plus importants sont ceux de Mytho, de Vinh-Long et de Chaûdoc.

Les marchés où se traitent les affaires commerciales les plus importantes sont ceux de Saïgon, de Cholen, de Gô-Công, de Mytho, de Vinh-Long, de Sadec, de Chaûdoc, d'Hâ-tien, du Rach-Gia et de Bay-Xâu, situé dans l'arrondissement de Soc-Trang.

Les principaux objets d'exportation sont : les sacs vides en jonc, les nattes, les peaux de buffles et de bœufs, les peaux de de cerfs et de tigres, l'écaille, le cuir de porc, l'ivoire, les os d'éléphants, les plumes d'oiseaux, les cornes, le bois d'ébène, les tuiles, les paillotes, les boîtes et meubles incrustés, les cheveux, etc., etc.

Les principaux articles d'importation sont : les vins et spiritueux, les bouchons, la bougie, le café, le charbon de terre, les cigares, le ciment, les cordages, l'essence de térébenthine, la farine, le goudron végétal et minéral, les huiles d'olives et de lin (en touques), les peintures assorties, les planches et voliges, le bœuf et le lard salés, les sardines à l'huile, les conserves de toute nature, le savon, le sucre raffiné en poudre, en pains et cassé, les toiles à voiles, les tissus anglais et français, les effets d'habillements, etc., etc.

*Service postal.* — La Cochinchine correspond avec la métropole au moyen des paquebots :

1° De la Compagnie des Messageries maritimes, dont le service est bimensuel, et dont les bâtiments quittent Marseille le dimanche de deux en deux semaines, à partir du 7 janvier.

2° D'une Compagnie anglaise, à service également bimensuel, mais s'arrêtant à Singapore en venant de France. Ce service correspond avec Saïgon au moyen des bateaux nombreux qui naviguent entre Saïgon et Singapore.

Les Messageries fluviales de Cochinchine assurent, dans l'intérieur de la colonie, le service avec Mytho et Pnum-Penh par le Cuâ-tien, Vinh-Long, Sadec, Soc-Trang, Chaûdoc et Bentré.

De plus, les messageries maritimes desservent deux itinéraires, l'un de Saïgon au Tonquin, l'autre de Saïgon à Singapore, en coïncidence avec la ligne anglaise qui assure les communications avec l'Europe.

Dans l'intérieur, les communications postales sont assurées par des courriers indigènes.

Les recettes du service de la poste s'élèvent par an à environ 110,000 fr.

Des relations télégraphiques sont assurées avec la France par la Compagnie « Eastern Extension », qui atterrit au cap Saint-Jacques.

Un réseau télégraphique dessert les principaux postes de la colonie.

Les recettes de l'année 1882, pour la télégraphie privée, se sont élevées à 11,220 fr.

*Services financiers.* — Le budget de la marine (service colonial) comprend, sur un crédit total de 24 millions (déduction faite du service pénitentiaire), une somme de 4,798,533 fr. (soit 20 p. 100) pour les dépenses de la Cochinchine; mais à ce crédit il faut ajouter la solde et les frais de passage de la garnison et d'un certain nombre de fonctionnaires, qui sont à la charge du budget de la marine. Il ne faut pas oublier que cette colonie subvient à toutes les dépenses de la justice, des troupes indigènes qui, dans les autres possessions, sont supportées par la métopole et qu'elle verse en outre au budget une subvention de 2 millions.

Le budget local s'élève, en recettes et en dépenses, à plus de 20,000,000 de francs.

Les principales recettes sont :

| | |
|---|---:|
| L'impôt foncier. . . . . . . . . . . . . . . . | 2,600,000ᶠ |
| L'impôt personnel. . . . . . . . . . . . . . . | 1,200,000 |
| L'impôt des patentes . . . . . . . . . . . . | 600,000 |
| L'impôt de capitation des Asiatiques étrangers. . . | 1,200,000 |
| Le produit des domaines et des forêts . . . . . . | 400,000 |
| La régie de l'opium. . . . . . . . . . . . . . | 7,000,000 |
| Les droits sur les alcools . . . . . . . . . . . | 1,200,000 |

Le service de l'enregistrement et de la curatelle est placé sous les ordres d'un vérificateur de l'enregistrement, qui a également sous sa direction le service des contributions. Les produits de l'enregistrement s'élèvent à 200,000 fr.

*Monnaies et établissements de crédit.* — La monnaie légale en Cochinchine est la piastre, qui vaut officiellement 4 fr. 56. Le budget local de la colonie est établi en piastres, et c'est aussi dans cette monnaie que se font les paiements et les recettes.

On a expliqué dans la notice préliminaire l'organisation et les statuts de la Banque de l'Indo-Chine.

Le mouvement des affaires de cette banque s'est élevé à 60,131,517 fr. 73 c., se décomposant ainsi :

| | |
|---|---:|
| Succursale de Saïgon : Opérations de prêts et escomptes. | 20,195,135ᶠ 40 |
| Opérations de change : Remises. . . . . . . . . . . . | 6,548,308 52 |
| — Tirages . . . . . . . . . . . . | 3,388,506 96 |
| Succursale de Pondichéry : Prêts et escomptes . . . . | 3,933,339 60 |
| — Remises. . . . . . . . . . | 10,685,109 15 |
| — Tirages . . . . . . . . . . | 15,381,128 10 |

Déduction faite des prélèvements statutaires, les bénéfices ont permis de distribuer aux actionnaires un dividende de 10 fr., soit 12 fr. 50 p. 100 du capital engagé.

*Services militaires.* — La garnison comprend un régiment d'infanterie de marine, deux batteries d'artillerie de marine, un détachement de gendarmerie et un régiment de tirailleurs annamites.

La colonie possède les ressources nécessaires à la subsistance de ses rationnaires.

L'hôpital militaire est à Saïgon et le service médical est dirigé par le chef du service de santé.

## XV. — SERVICE PÉNITENTIAIRE.

TRANSPORTATION A LA GUYANE ET A LA NOUVELLE-CALÉDONIE.

*Historique.* — La question des établissements pénitentiaires extérieurs a pris naissance en 1848.

La loi du 8 juin 1850 désignait les îles Noukaïva et Waïtaha comme siège de la déportation à deux degrés.

Un décret-loi du 8 décembre 1851, le point de départ de la législation actuelle, donna au Gouvernement la faculté de transporter pour 5 ans, au moins, et pour 10 ans, au plus, soit à Cayenne, soit en Algérie, les individus placés sous la surveillance de la haute police, reconnus coupables de rupture de ban ou d'avoir fait partie d'une société secrète.

Le décret du 27 mars 1852 ouvrit la porte des bagnes aux forçats disposés à se rendre volontairement à la Guyane. Il offrait, en outre, aux condamnés *libérés en France,* un asile à la Guyane contre la misère et les sollicitations dangereuses qui les attendent à la sortie des bagnes et des prisons. Il créait la transportation volontaire.

Le 31 mai 1852, un second décret ordonnait le transfèrement à la Guyane des transportés de 1848 et de 1852 condamnés à une peine afflictive et infamante ou qui se refusaient au travail et à l'obéissance.

Le 20 août 1853, un décret rendu sur la proposition du ministre de la marine autorisait le transfèrement à la Guyane des individus d'origine asiatique ou africaine condamnés aux travaux forcés ou à la réclusion par les juridictions coloniales.

Enfin, la loi du 30 mai 1854 vint donner une base strictement légale à la réforme pénitentiaire. Cette loi reproduit la plupart des dispositions du décret du 27 mars 1852.

Le décret du 29 août 1855 soumet à l'obligation du travail, à la juridiction et à la discipline militaire, tout individu subissant la transportation à quelque titre que ce soit.

Le décret du 21 juin 1858 a, dans son article 12, consacré de nouveau les dispositions du décret de 1855 en ce qui concerne les individus subissant la transportation dans les colonies françaises.

### Guyane.

C'est le 31 mars 1852 que le premier bâtiment ayant des forçats à bord partit de France à destination de la Guyane. Depuis lors, les convois se sont succédé plus ou moins rapidement jusqu'en 1863. A cette époque, on pensa que le climat de la Guyane ne convenait pas à la transportation européenne, et cette colonie fut réservée pour devenir le lieu de transportation des individus de race asiatique ou africaine condamnés aux travaux forcés ou à la réclusion par les cours et les tribunaux des possessions d'outre-mer.

L'effectif à la Guyane au 1$^{er}$ décembre 1882 comprenait 3,430 transportés de différentes catégories, savoir :

*Hommes.*

| | | | |
|---|---|---|---|
| Condamnés aux travaux forcés | Européens | 450 | |
| | Arabes | 1,242 | 2,144 |
| | Créoles | 452 | |
| A la réclusion | Créoles | | 85 |
| Libérés astreints à la résidence | Européens | 534 | |
| | Arabes | 322 | 1,059 |
| | Créoles | 203 | |

*Femmes.*

| | | | |
|---|---|---|---|
| Condamnées aux travaux forcés | Européennes | 45 | |
| | Arabes | 13 | 71 |
| | Créoles | 13 | |
| A la réclusion | Européennes | 4 | 8 |
| | Créoles | 4 | |
| Condamnées à l'emprisonnement | Européennes | | 5 |
| Libérées | Européennes | 44 | |
| | Arabes | 2 | 58 |
| | Race noire | 12 | |

D'après leur origine, les créoles et les Asiatiques se divisent comme suit :

| | |
|---|---|
| Cochinchine | 46 |
| Sénégal | 74 |
| Réunion | 101 |

Guyane. . . . . . . . . . . . . . . . . . . . . . . . 6
Martinique. . . . . . . . . . . . . . . . . . . . . . 109
Guadeloupe. . . . . . . . . . . . . . . . . . . . . 159
Inde (Coolis) . . . . . . . . . . . . . . . . . . . . 273

Les différents points occupés par la transportation ont été les suivants :

Les îles du Salut (île Royale, île Saint-Joseph, île du Diable), situées à quelque distance de la côte en face de la rivière de Kourou, servirent, au début, de dépôt pour les condamnés qui arrivaient de France. Cet établissement existe encore comme lieu d'internement des incorrigibles, des malades et des impotents.

L'îlet la Mère, situé à proximité de Cayenne.

La Montagne-d'Argent, à l'embouchure de l'Oyapock.

Saint-Georges, sur la rive gauche du haut Oyapock.

Atelier forestier des Trois-Carbets, à l'embouchure du Kourou.

La Comté, quartier de Cayenne.

Saint-Laurent-du-Maroni, créé en 1858.

Montjoly, dans l'île de Cayenne.

Kourou, sur les bords de la rivière de ce nom.

De ces différents points, quatre seulement restent encore aujourd'hui occupés par la transportation.

Cayenne, où se trouvent réunis les condamnés employés aux services de la salubrité de la ville, du port, des ponts et chaussées, du génie et de l'artillerie.

Les îles du Salut, Kourou et enfin, Saint-Laurent-du-Maroni, avec ses annexes Saint-Maurice et les Hattes, forment aujourd'hui le centre de la colonisation pénale à la Guyane.

Malheureusement, la colonisation pénale à la Guyane eut, dès le début, à lutter contre des conditions climatériques défavorables. Aux prises avec des difficultés sérieuses qui engageaient au plus haut point sa responsabilité, l'administration n'hésita jamais entre le devoir que l'humanité lui imposait et l'intérêt de son œuvre. Là où des colons libres, luttant à leurs risques et périls, eussent peut-être persévéré, l'administration aima mieux reculer que d'avoir à rendre compte d'un succès trop chèrement acquis.

Ainsi s'expliquent les tentatives faites sur divers points de la colonie et qui, pour le plus grand nombre, ne donnèrent pas les résultats qu'on avait espérés.

Cependant il ne faudrait pas croire que le climat de la Guyane soit un obstacle insurmontable à toute colonisation pénale, car il résulte des tableaux de mortalité de la colonie, que la moyenne des décès n'a pas dépassé, en 1882, 7,57 p. 100.

En France, la mortalité ressort sur l'ensemble de l'effectif à près de 4 p. 100. Mais il y a lieu de remarquer que sur certains pénitenciers, notamment en Corse, cette moyenne est dépassée. D'après la statistique des trois dernières années, publiée par le ministère de l'intérieur, nous trouvons pour Chiavari une moyenne de 4,6 p. 100, et pour Casabianda 6,3 p. 100.

On est donc autorisé à penser que le climat de la Guyane n'est pas, comme on l'a dit, un obstacle insurmontable à la transportation des condamnés dans cette colonie.

Aujourd'hui, le Maroni est le centre de la colonisation pénale. Les condamnés doivent y être employés aux travaux de culture et d'exploitation des forêts ; des concessions de terres pour cultiver la canne à sucre leur sont accordées, et l'usine de Saint-Maurice, constituée en entreprise industrielle, assure à un prix rémunérateur l'écoulement régulier de leurs produits.

En 1880, le développement de ce centre pénitentiaire agricole permit de penser que le moment était venu de le doter d'institutions qui lui assureraient la propriété directe de tous les biens dont il avait déjà la jouissance.

Tel est le but du décret du 16 mars 1880, qui a constitué la commune pénitentiaire de Maroni.

En vertu de ce décret, le Maroni restait toutefois un établissement pénitentiaire, et, en raison du caractère spécial de sa population, il était maintenu sous la tutelle de l'administration.

La *commune pénitentiaire* ne peut bénéficier de toutes les libertés et franchises des municipalités de droit commun. Elle n'a droit à aucune libéralité du budget local de la Guyane, mais elle profite par contre de toutes les recettes, sauf les droits de douane, d'enregistrement, de timbre et d'hypothèques qui restent acquis aux finances locales de la colonie.

Un décret du 5 décembre 1882, modifiant celui du 30 mai

1860, a déterminé, le domaine pénitentiaire qui représente aujourd'hui 147,000 hectares environ.

C'est à Saint-Maurice, annexe de Saint-Laurent, que se trouve l'établissement sucrier créé en 1867, et qui fonctionne, depuis 1875, à l'aide de ses propres ressources.

En 1881, l'usine a manipulé 13,290 stères de cannes qui ont produit 277,500 kilogr. de sucre, soit $20^k,880$ par stère, et 162,375 litres de tafia, soit $12^l,22$ par stère.

L'usine possède aujourd'hui un fonds de roulement de près de 170,000 fr. et elle va remplacer prochainement des appareils aujourd'hui défectueux, ce qui lui permettra de donner à ses travaux une impulsion plus vive et plus productive.

Le département de la marine se préoccupe de développer l'élève du bétail sur les vastes pâturages dépendant du domaine pénitentiaire. Des troupeaux existent déjà aux Hattes (annexe du Maroni) ainsi qu'à Kourou.

*Dépenses de la transportation.* — Le budget de la transportation s'est élevé en 1883 à la Guyane à 2,076,346 fr.; il faut y ajouter les frais d'entretien de la garnison et ceux de transport des condamnés. On peut estimer à 250 fr. en moyenne le prix de transport d'un condamné, et à 830 fr. son revient annuel (sans compter la garnison).

*Budget sur ressources spéciales.* — La création du budget sur ressources spéciales est une mesure commune aux deux colonies pénitentiaires, et qui a pour but d'améliorer la situation des condamnés.

L'accroissement continu des effectifs de transportés plaçait l'administration dans l'obligation de demander chaque année de nouveaux sacrifices à l'État.

Mais comme la transportation est un service producteur et consommateur à la fois, il a semblé que ce double caractère devait le soustraire aux règles d'une comptabilité ordinaire, et qu'on devait trouver, dans la combinaison d'un régime particulier, le moyen de compenser ses dépenses par ses produits.

C'est le but du budget sur ressources spéciales.

Des ateliers pénitentiaires sont installés industriellement. Le prix du produit vendu est encaissé au compte du service pénitentiaire, et sert à payer les salaires des ouvriers, les frais de transport, les achats de matières premières, l'entretien de l'outillage, etc., etc., en un mot tout ce qui se rattache aux besoins de la production. La différence entre les dépenses et les recettes constitue un bénéfice qui doit servir à accroître les moyens de production et à améliorer les salaires des travailleurs.

Il est bon d'ajouter que 20 p. 100 sont prélevés sur le produit de chaque vente au profit du Trésor public, et sont encaissés sous le titre de *Produits divers du budget*.

D'après le compte de 1880, les fonds disponibles au titre du *Budget sur ressources spéciales* à la Guyane et à la Nouvelle-Calédonie s'élevaient, au 31 décembre, à plus de 200,000 fr. Cet excédent de recettes sur les dépenses s'est accru, depuis cette époque, et l'on peut évaluer à plus de 300,000 fr. le crédit actuel.

Parmi les travaux d'utilité générale effectués par le service pénitentiaire, on peut citer au premier rang la ligne télégraphique de Cayenne au Maroni.

Cette ligne, qui dessert Kourou, les îles du Salut au moyen d'un sémaphore, Sinnamary, Iracoubo, Mana, les Hattes et Saint-Laurent, compte 290 kil. de longueur. Elle a dû être mise complètement en exploitation au 1$^{er}$ avril 1883.

*Nouvelle-Calédonie.*

Au moment où les établissements pénitentiaires de la Guyane subissaient les rudes épreuves rappelées plus haut, on s'était préoccupé de rechercher un autre lieu de transportation sous des latitudes plus favorables aux Européens.

La douceur et la salubrité de la Nouvelle-Calédonie, dont le sol fertile se prête à la fois aux cultures de l'Europe et à celles des tropiques, désignèrent cette colonie au choix du Gouvernement. Des études furent commencées en 1859, et un décret du 3 septembre 1863 vint consacrer définitivement le projet de transportation dans cette colonie et ouvrir une nouvelle voie à la réforme pénale.

En dehors de la question de salubrité, la transportation à la Nouvelle-Calédonie semblait présenter un double intérêt. D'un côté, le voisinage de l'Australie, née pour ainsi dire d'un fait semblable à celui qui allait se produire en Nouvelle-Calédonie, promettait les avantages d'un modèle à étudier ou d'un exemple à suivre. D'un autre côté, la possibilité reconnue de se livrer, sur les terres de l'Océanie, aux cultures européennes, offrait aux transportés une ressource qui avait été pour beaucoup dans le succès de la transportation anglaise, et qui avait fait défaut à celle de la Guyane.

Le premier convoi composé de 250 condamnés aux travaux forcés, partit de Toulon, le 2 janvier 1864; depuis lors, 51 convois se sont succédé et ont amené en Nouvelle-Calédonie 14,000 forçats.

L'effectif de la population pénale au 30 novembre 1882, s'élève à 8,804 hommes et 145 femmes ainsi répartis :

*Hommes.*

| | | | |
|---|---|---|---|
| Condamnés aux travaux forcés. | Européens. . | 6,711 | 6,840 |
| | Africains . . | 77 | |
| | Asiatiques. . | 46 | |
| | Océaniens. . | 6 | |
| Réclusionnaires . . . . . . . | Coloniaux. . | 3 | 11 |
| | Européens. . | 8 | |
| Libérés astreints à la résidence. | Européens. . | 1,878 | 1,953 |
| | Africains . . | 55 | |
| | Asiatiques. . | 20 | |
| Total pour les hommes . . . . . . . . . | | | 8,804 |

*Femmes.*

| | | |
|---|---|---|
| Condamnées aux travaux forcés. . . . . . . | 70 | 145 |
| Condamnées à la réclusion . . . . . . . . | 18 | |
| Libérées astreintes à la résidence . . . . . | 46 | |
| Condamnées à l'emprisonnement. . . . . . . | 11 | |
| Total pour les femmes. . . . . . . . . | 145 | |

Il existe en outre dans la colonie 531 hommes et 40 femmes libérés définitivement.

Les espérances que l'on avait fondées sur le climat de la Nouvelle-Calédonie se sont réalisées. La moyenne des décès n'a pas dépassé 5,3 p. 100; et de 1864 à 1881 cette moyenne a été de

2,5, c'est-à-dire inférieure à celle de la plupart des prisons de la métropole.

Le principal dépôt de la transportation à la Nouvelle-Calédonie est l'île Nou, dans la rade de Nouméa, en face du chef-lieu. Sur la grande terre l'élément pénal se répartit sur plusieurs pénitenciers agricoles. Les principaux sont :

Le Fonwhari, Bourail, Canala, le Diahot, Koé, Dumbéa et annexes, la presqu'île Ducos et l'île des Pins, Uaraï, la baie du Prony, pour l'exploitation forestière.

On cultive principalement sur les pénitenciers le maïs et les haricots.

Presque tous les concessionnaires ont une petite plantation de caféiers qu'ils augmentent tous les ans d'un nombre assez considérables de pieds.

Dans les trois principaux centres agricoles, le recensement des plantations de caféiers a donné, en 1881, le chiffre de 60,000 pieds de tous les âges.

La culture de la pomme de terre et des pois secs réussit très bien à Bourail.

La canne à sucre viendrait bien également. Malheureusement les ravages causés par les sauterelles rendent cette culture difficile et aléatoire et les concessionnaires préfèrent planter du café qui est à l'abri des attaques de ces insectes.

La principale richesse de la Nouvelle-Calédonie réside dans l'élevage du bétail, et le développement que cette industrie a pris dans ces dernières années a permis à l'administration de substituer aux rations de conserves et de lard salé, de la viande fraîche sans augmentation de prix.

Ainsi, dans le début on craignait que, par suite de l'éloignement de la Nouvelle-Calédonie, le prix de la ration du condamné n'y fût plus élevé qu'à la Guyane. L'expérience a démontré que ces appréhensions n'étaient pas fondées.

A la Guyane, presque toutes les denrées qui composent la ration du condamné européen sont envoyées de France.

A la Nouvelle-Calédonie, au contraire, la viande est achetée sur place et à un prix très modéré (1 fr. 31 c. le kilogramme). L'administration se procure sur place et dans les mêmes conditions de bon marché, les légumes secs, le café et le tafia. La viande conservée est achetée en Australie ; la farine à Adélaïde. La métropole n'a donc à envoyer que le vin, le vinaigre et l'huile d'olive.

*Dépenses de la transportation.* — Le budget de la transportation pour la Nouvelle-Calédonie est en 1883 de 6,183,534 fr. (sans compter les frais de transport et de garnison supplémentaire). Le transport d'un homme de France en Nouvelle-Calédonie revient à 1,000 fr. environ. L'entretien dans la colonie à 760 fr. par homme.

*Discipline.* — En terminant, il convient de parler du décret disciplinaire du 18 juin 1880 qui a profondément modifié la condition du transporté sur les établissements pénitentiaires.

L'article 14 de la loi du 30 mai 1854 avait confié à un règlement d'administration publique le soin de déterminer tout ce qui concerne l'exécution de cette loi et notamment :

1° Le régime disciplinaire des établissements des travaux forcés ;

2° Les conditions sous lesquelles les concessions de terrains provisoires ou définitives pourront être faites aux condamnés ou libérés, eu égard à la durée de la peine prononcée contre eux, à leur bonne conduite, à leur travail et à leur repentir ;

3° L'étendue du droit des tiers, de l'époux survivant et des héritiers du concessionnaire sur les terrains concédés.

Les deux dernières obligations imposées au Gouvernement par cet article ont été remplies par la promulgation du décret du 31 août 1878, rendu en Conseil d'État, qui a réglé la situation des transportés et des libérés concessionnaires de terrains dans les colonies pénitentiaires, ainsi que les droits de leurs héritiers.

Il restait encore à remplir la première de ces obligations, celle qui concerne le régime disciplinaire des établissements. C'est l'objet du décret du 18 juin 1880.

La principale disposition de ce décret a trait à la suppression des peines corporelles.

Les transportés, voyant disparaître un châtiment qui ne pouvait être maintenu comme contraire aux principes de notre civilisation, ont pu espérer que l'administration se trouverait désarmée vis-à-vis d'eux.

Mais l'application stricte et rigoureuse du décret disciplinaire du 18 juin 1880 a eu bientôt raison des tentatives de rébellion qui s'étaient manifestées, surtout en Nouvelle-Calédonie, parmi la population pénale.

La loi de 1854 avait deux buts : éloigner de la métropole un élément dangereux, qui, rentré dans la société après la peine subie, était une menace perpétuelle pour les personnes et les propriétés ; en second lieu, enlever à la peine des travaux forcés son caractère d'ignominie, et donner au condamné les moyens de rompre avec le passé et de tenter une vie nouvelle.

« Sur le sol métropolitain, ainsi que le disait le rapporteur de
« la loi de 1854, avec le système des bagnes, le condamné, après
« avoir subi sa peine, est forcément replongé dans le crime par
« le mépris, par la répulsion des honnêtes gens, par l'impossi-
« bilité de se procurer par le travail d'honnêtes moyens d'exis-
« tence.

« En France, il était fatalement voué au désespoir et au crime ;
« aux colonies, au contraire, l'espérance lui est rendue ; il y
« trouve l'intérêt à bien faire, les facilités du travail, les en-
« couragements pour le bien. Dans cette société nouvelle, loin
« des lieux où sa faute fut commise, il devient un homme nou-
« veau : propriété, famille, rapports sociaux, estime de lui-même,
« tout lui devient possible. Dangereux dans la métropole, dans
« la colonie, il est utile. Pour lui, à l'excitation irrésistible du
« mal, succède l'excitation puissante du bien. » Telle est en substance, la seconde partie du programme tracé par le législateur de 1854 et dont le département de la marine a été chargé de poursuivre l'exécution à la Guyane et à la Nouvelle-Calédonie.

Il a déjà obtenu un résultat satisfaisant en accordant des concessions, à la Guyane, à 426 condamnés ou libérés qui, avec leurs femmes et leurs enfants, forment une population de 665 individus, et à la Nouvelle-Calédonie, à 307 condamnés ou libérés qui, avec leurs femmes et leurs enfants, forment une population de 758 individus.

# TABLE DES MATIÈRES

Avant-propos. — v.

Notice préliminaire. — Législation, 1. — Finances. Recettes et dépenses des services coloniaux compris dans le budget de l'État, 9. — Banques coloniales, 17. — Crédit foncier colonial, 23. — Exposition permanente des colonies, 25. — Archives coloniales, 26.

I. — Martinique. — Notice historique, 31. — Topographie, 32. — Météorologie, 33. — Population, 34. — Gouvernement et administration, 35. — Justice, 36. — Législation, 40. — Instruction publique, 40. — Cultes, 41. — Travaux publics, 42. — Cultures, 43. Industrie, 45. — Régime commercial, 46. — Service postal, 61. — Services financiers, 62. — Monnaies et établissements de crédit, 63. — Services militaires, 64.

II. — Guadeloupe. — Historique, 65. — Topographie, 66. — Climat, météorologie, 73. — Population, 73. — Gouvernement et administration, 73. — Justice, 75. — Législation, 77. — Instruction publique, 77. — Cultes, 78. — Travaux publics, 78. — Cultures, 79. — Industrie, 81. — Commerce, 81. — Service postal, 91. — Finances, 92. — Monnaies et établissements de crédit, 93. — Services militaires, 94.

III. — Réunion. — Historique, 95. — Topographie, 95. — Géologie, 98. — Météorologie, 99. — Population, 100. — Gouvernement et administration, 100. — Justice, 101. — Législation, 104. — Instruction publique, 104. — Cultes, 105. — Travaux publics, 106. Cultures, 106. — Industrie, 109. — Commerce, 109. — Service postal, 116. — Services financiers, 116. — Monnaies et établissements de crédit, 117. — Services militaires, 118.

IV. — Sainte-Marie-de-Madagascar. — Notice historique, 119. — Topographie, 119. — Météorologie, 120. — Population, 121. — Gouvernement et administration, 121. — Instruction publique, 121. — Cultes, 122. — Travaux publics et cultures, 122. — Commerce, 122. — Postes, 122. — Services financiers, 123. — Monnaies, 123.

V. — Sénégal. — Notice historique, 124. — Topographie, 124. — Météorologie, 129. — Population, 130. — Gouvernement et administration, 132. — Justice, 132. — Législation, 134. — Instruction publique, 134. — Cultes, 135. — Travaux publics, 135. — Agriculture, 136. — Industrie, 137. — Commerce, 138. — Service postal et télégraphique, 140. — Services financiers, 142. — Monnaies et établissements de crédit, 143. — Services militaires, 144. — Pénétration au Soudan, 144.

VI. — Gabon. — Historique, 145. — Topographie, 145. — Population, 146. — Gouvernement et administration, 147. — Justice, 147. — Législation, 147. — Instruction publique, 147. — Cultes, 147. — Travaux publics et cultures, 148. — Service postal, 150. — Services financiers, 151. — Monnaies et établissements de crédit, 151. — Services militaires, 151.

*Établissements de la Côte d'Or.* — Notice historique, 152. — Grand-Bassam et Dabou, 152. — Assinie, 154. — Commerce, 155.

VII. — Guyane. — Notice historique, 156. — Topographie, 157. — Météorologie, 158. — Population, 160. — Gouvernement et administration, 160. — Justice, 161. — Législation, 162. — Instruction publique, 162. — Culte, 163. — Travaux publics, 163. — Mines, 165. — Cultures, 167. — Industrie, 169. — Commerce, 169. — Service postal et télégraphique, 170. — Services financiers, 171. — Monnaies et établissements de crédit, 172. — Services militaires, 173. — Transportation, 173.

VIII. — Saint-Pierre et Miquelon. — Notice historique, 174. — Topographie, 174. — Météorologie, 177: — Population, 179. — Gouvernement et administration, 179. — Justice, 180. — Législation, 180. — Instruction publique, 181. — Cultes, 181. — Travaux publics, 181. — Cultures, 181. — Industrie, 182. — Commerce, 184. — Service postal et télégraphique, 187. — Services financiers, 188. — Monnaies et établissements de crédit, 188. — Services militaires, 188.

IX. — Mayotte. — Notice historique, 189. — Topographie, 189. — Météorologie, 192. — Population, 192. — Gouvernement et administration, 192. — Justice, 193. — Législation, 193. — Instruction publique, 193. — Culte, 193. — Travaux publics et cultures, 193. — Commerce, 194. — Service postal, 194. — Services financiers, 194. — Monnaies, 194. — Services militaires, 195.

X. — Nossi-bé. — Notice historique, 196. — Topographie, 196. — Météorologie, 197. — Population, 199. — Gouvernement et administration, 199. — Justice, 200. — Législation, 200. — Instruction publique, 200. — Cultes, 200. — Travaux publics, 200. — Cultures, 200. — Commerce, 201. — Service postal, 201. — Services financiers, 201. — Monnaies, 202. — Services militaires, 202.

XI. — Taïti. — Notice historique, 203. — Topographie, 207. — Météorologie, 210. — Population, 211. — Gouvernement et administration, 211. — Justice, 212. — Législation, 213. — Instruction publique, 213. — Culte, 213. — Travaux publics, 213. — Cultures, 214. — Industrie, 217. — Commerce, 217. — Service postal, 218. Services financiers, 219. — Services militaires, 220.

XII. — Nouvelle-Calédonie. — Notice historique, 221. — Topographie, 222. — Population, 229. — Gouvernement et administration, 229. — Justice, 230. — Législation, 231. — Instruction publique, 231. — Cultes, 232. — Travaux publics, 232. — Mines, 233. — Commerce, 236. — Service postal, 237. — Services financiers, 237. — Services militaires, 238.

XIII. — Établissements français dans l'Inde. — Notice historique, 239. — Topographie, 240. — Météorologie, 244. — Émigration, 246. — Population, 246. — Gouvernement et administration, 247. — Justice, 249. — Législation, 251. — Instruction publique, 251. — Cultes, 252. — Travaux publics, 252. — Cultures, 252. — Industrie, 255. — Navigation, 256. — Commerce, 257. — Service postal, 257. — Services financiers, 258. — Monnaies et établissements de crédit, 258. — Services militaires, 259.

XIV. — Cochinchine. — Notice historique, 260. — Topographie, 262. — Météorologie, 264. — Population, 265. — Gouvernement et administration, 265. — Justice, 267. — Législation, 269. — Instruction publique, 269. — Cultes, 270. — Travaux publics, 270. — Cultures, 271. — Commerce, 274. — Service postal, 276. — Services financiers, 277. — Monnaies et établissements de crédit, 277. — Services militaires, 278.

XV. — Service pénitentiaire. — Historique, 279. — Guyane, 280. — Nouvelle-Calédonie, 284.

www.ingramcontent.com/pod-product-compliance
Lightning Source LLC
Chambersburg PA
CBHW070740170426
43200CB00007B/593